阿格妮丝·赫勒政治哲学的现代性逻辑和民主诉求

The Logics of Modernity and the Appeal of Democracy
in Agnes Heller's Political Philosophy

王秀敏 ◎ 著

国家社科基金后期资助项目
出版说明

　　后期资助项目是国家社科基金设立的一类重要项目，旨在鼓励广大社科研究者潜心治学，支持基础研究多出优秀成果。它是经过严格评审，从接近完成的科研成果中遴选立项的。为扩大后期资助项目的影响，更好地推动学术发展，促进成果转化，全国哲学社会科学工作办公室按照"统一设计、统一标识、统一版式、形成系列"的总体要求，组织出版国家社科基金后期资助项目成果。

全国哲学社会科学工作办公室

目 录

导 论 ……………………………………………………………… 1

第一章 《日常生活》所确立的主题及其意义 …………………… 25
  第一节 《日常生活》中关注的重点问题 …………………… 26
    一、特性与个性的分野及其关联 ………………………… 27
    二、日常生活的相关概念阐述 …………………………… 37
    三、日常生活革命 ………………………………………… 42
  第二节 《日常生活》的意义：开启了赫勒的诸多研究领域 …… 57
    一、为现代性理论的提出做了铺垫 ……………………… 57
    二、蕴含着政治哲学中诸多问题的萌芽 ………………… 59
    三、勾勒了道德理论的大致框架 ………………………… 62

第二章 现代性逻辑的运行及蕴含的可能 ………………………… 67
  第一节 现代性中隐含的两种想像机制及其引导的三种逻辑 …… 68
    一、两种主要想像机制的缘起与含义 …………………… 69
    二、现代性中的三种逻辑 ………………………………… 73
    三、现代社会中处于支配性地位的是技术想像机制以及
        技术的逻辑 …………………………………………… 79
    四、在三种逻辑间保持脆弱平衡的现代性 ……………… 80
  第二节 两种想像机制引导下的三种逻辑的失衡引发的现实
         灾难 ……………………………………………………… 86
    一、现代主义想像对现在的忽视 ………………………… 86

二、大屠杀的悲剧 ……………………………………………… 88
　　三、斯大林式社会主义的各种弊端 …………………………… 90
　第三节　真正的社会主义建构的可能性及构想 …………………… 96
　　一、缘何坚持社会主义的目标？ ……………………………… 96
　　二、现代社会坚持怎样的社会主义？ ………………………… 102
　第四节　不满是三种逻辑的内在深层推动力 …………………… 115
　　一、不满的内容及推动因素 …………………………………… 115
　　二、不满的根源 ………………………………………………… 117
　　三、不满的解决方式 …………………………………………… 120

第三章　后现代视角下现代具体的理论乌托邦构想 …………… 124
　第一节　后现代视角及后现代人的姿态 ………………………… 125
　　一、后现代视角阐释 …………………………………………… 126
　　二、泾渭分明的后现代视角和虚无主义 ……………………… 129
　　三、后现代人面对现实的姿态 ………………………………… 133
　第二节　激进需要及其满足、激进哲学以及激进乌托邦构想 … 135
　　一、激进需要及其满足的重要性 ……………………………… 136
　　二、激进哲学和激进乌托邦构想 ……………………………… 149
　第三节　具体的理论乌托邦的希望：具有个性的个体 ………… 157
　　一、乌托邦的承载者的转变：从无产阶级到个体 …………… 157
　　二、有个性个体是社会全面变革的关键要素 ………………… 162
　　三、有个性的个体的生成 ……………………………………… 165

第四章　共和主义思想的发展：大共和制 ……………………… 171
　第一节　赫勒的大共和制模式概览 ……………………………… 172
　第二节　赫勒大共和制模式实施的要求 ………………………… 179
　第三节　与大共和制密切相连的概念概述 ……………………… 186
　　一、作为根基的自由、生命等普遍价值 ……………………… 187
　　二、重释现代政治概念 ………………………………………… 201
　　三、民主的内涵以及民主政治的运转 ………………………… 205
　第四节　对赫勒大共和制的简要评析 …………………………… 215

第五章　分配正义中"三位一体"模式的倒置 …………… 220
　　第一节　当代自由理论家们的分配正义中蕴含的共同模式及
　　　　　　存在的问题 ……………………………………… 221
　　　　一、"三位一体"模式是自由理论家们的分配正义中共同
　　　　　　的模型 …………………………………………… 221
　　　　二、"三位一体"模式中存在的问题 ………………… 225
　　第二节　"生活机会平等"实现的前提：分配平等还是某些
　　　　　　形式的分配不平等 ……………………………… 229
　　第三节　分配正义中的关键问题：尊重的分配应给予什么？ … 232
　　第四节　倒置的"三位一体"模式实施的环境：多种生活
　　　　　　方式的同等并存 ………………………………… 236
　　　　一、不完备的伦理—政治的正义概念为多种生活方式的
　　　　　　并存提供规范化基础 …………………………… 237
　　　　二、作为正义程序的动态正义是多种生活方式能够并存
　　　　　　的关键 …………………………………………… 238
　　　　三、自主选择是实现不同生活方式之间转换的核心因素 … 240

结语　承继与反思 ……………………………………………… 246

参考文献 ………………………………………………………… 260

导 论

东欧新马克思主义包含着丰富的内容，与西方马克思主义一样也揭示了很多深刻的社会和政治问题，但是为什么在学界中并没有引起非常大的反响？其中很重要的原因就是国内外学术界对其学术价值的评估不足。关于这一点有学者指出，在被文字书写的世界历史图册中，在被绘制的世界精神图谱中，中东欧却总是被忽视、被忽略、被遗忘，成为历史进程的匿名者。对中东欧的冷漠、忽视和遗忘是人类的历史叙事和研究的最大盲区和偏见之一。这种事实性的指认表明学术界低估了东欧新马克思主义学术价值的重要性。而在被低估的精神成果中，也包括对其政治哲学的忽视。在大多数的政治哲学史或者政治哲学思想史的书籍中，对东欧政治哲学流派都没有过多的介绍，更别提本研究中要关注的布达佩斯学派的代表人物赫勒的政治哲学了。

东欧新马克思主义者们因为其特殊的生存际遇以及独特的切身体验，他们对马克思主义的理解，对大屠杀、现代性、西方式的民主、斯大林主义等问题都有自己独特的看法。在他们的理论中大都坚持社会主义的方向，并以此为指导，对西方资本主义社会以及斯大林式的社会主义进行了深刻的反思和批判。这种两面批判的做法在某种程度上会引起东西方主流意识形态的不悦，反映在学术界中就表现为有意的回避和忽略。从经典马克思主义的立场上和现实发展趋势上来说，西方资本主义社会无论形式上发生怎样的新变化，但都不能改变它也在培养自己掘墓人的事实和趋势，因此，未来社会向着更高的社会形态转变是必然的。同样，我们熟知的是，斯大林式的社会主义尽管也取得了很大成就，然而在苏共二十大之后被揭示出存在很多问题。对于这些问题，在西方学术界中批判的居多，这也包括曾经是社会主义国家的东欧的学者们的深刻反思，例如卢卡奇在20世纪60年代的《民主化的进程》中曾经写道："斯大林和他的对手们都从列宁那里倒退,都让政治在总体上受到策略考虑的控制。……而把这个由斯大林和他的机构系统建构起来的历史的传奇撕得粉碎,这应当是我们当代转变时期和努力重建真正马克思主义的重大意识形态的任务之一。"[1] 基于此,卢卡奇为了维护真正的马克思主义,把马克思主义与斯大林主义、列宁主义与斯大林主义区分开来,并对斯大林主义的理论从各个方面进行了批判,当然这也包括他重新定义了社会主义,进而为复兴马克思主义做了很大的贡献。而围绕着卢卡奇形成的匈牙利的布达佩斯学派也为复兴马克思主义这一目标做了很多努力,也就是说,这些学者在其各自的研究领域中,他们将斯大林主义与马克思主义进行了分割,而且对斯大林主义进行了非常深刻的反思。在我国的学术界中,我们也对斯大林主义以及在他带领下的社会主义道路进行了反思,然而由于文化的差异和限制,有些反思还有待深入。无论怎样,东欧新马克思主义者们所做的这些理论工作值得引起学界的严肃重视,如果不能直面这一领域的思想资源,就不能理解他们的思想线索,也就不能认识其内含的巨大价值,更不用提对真正马克思的理论遗产进行继承和发展了。在此背景下,在众多的东欧马克思主义学者中挑选出具有典型意义的政治哲学理论,即阿格妮丝·赫勒(Agnes Heller)的政治哲学,对其进行梳理和阐述就显得尤为重要。

赫勒于2019年7月在游泳时意外去世给学术界留下了巨大的遗憾。在她的一生中,从理论研究来看,她成果卓著、著述颇丰,作为匈牙利布达佩斯学派的一位主要代表人物,她在卢卡奇的带领下,与这一学派中的其他几位重要的代表人物(费伦茨·费赫尔[Ferenc Fehér]、乔治·马尔库什[György Márkus]、米哈伊·瓦伊达[Mihály Vajda])一道为"马克思主义的复兴"这一伟大目标做了种种努力,尽管在复兴的道路上,他们和传统的马克思主义有很多不同。此外,赫勒在道德理论、政治哲学、社会哲学和历史理论等领域中颇有建树,在这些领域中她反思了大屠杀、现实的社会主义中存在的种种问题,并就伦理道德、民主、现代性等一系列问题进行了讨论,她自身比较波折的人生历程以及丰富而独特的思想给国内外学术界留下了宝贵的精神财富,

---

[1] 卢卡奇:《民主化的进程》,张翼星、夏璐译,北京:中国人民大学出版社2016年版,第55页。

她在道德哲学和历史哲学的写作中亦偿还了作为大屠杀的一位幸存者对不幸遇难者的债①。与她个人而言，她既践行着她在道德哲学中刻画的好人形象，也一直走在成为好公民的路上，此外，她更是一位优秀的哲学家。

不可否认，在她所有的研究领域中，对道德理论的研究无疑居于中心的位置。不仅国外的研究者 John Grumley 在其著作 *Ágnes Heller: A Moralist in the Vortex of History* 中这样评价过，而且赫勒本人在 2011 年出版的《我的哲学简史》中回顾自己的哲学历程时也表明了这一点。她曾将自己的哲学历程之划分为四个阶段："学徒时期"（The Years of Apprenticeship）（1950—1964 年晚期）②、"对话时期"（The Years of Dialogue）（大约 1965 年—1980 年）、"建构和介入时期"（The Years of Building and Intervention）（1980 年—1995 年）以及"漫步时期"（The Years of Wandering）（1995 年—2010 年）。在她的学徒时期中，赫勒写的著作大多是关于伦理学的，例如：1952 年至 1954 年写的博士论文《车尔尼雪夫斯基的伦理思想》（*The Ethical Views of Chernyshevsky*）、1957 年写的《从目的到结果》（*From the Intentions to the Consequences*）、1958—1959 年的《亚里士多德的伦理学和古代精神》（*Aristotelian Ethics and the Ethos of Antiquity*）。这从一个侧面表明她在年轻时就关注到了伦理学的问题。之所以如此，主要与二战期间的大屠杀密不可分，尤其是赫勒一家的集中营经历更加深了伦理道德问题在她心中和哲学中的重要性，同时也影响了她之后的写作。正是拥有这样的经历，她开始对"大屠杀怎么能够发生？人们怎么能做这样的事情？"等问题颇感兴趣。为此，赫勒在其哲学历程的第三个阶段中更是专门写了"道德理论三部曲"——《一般伦理学》《道德哲学》和《个性伦理学》（*General Ethics, A Philosophy of Morals and An Ethics of Personality*）从不同的角度

---

① 之所以这样说是因为 Csaba Polony 在对赫勒的访谈录中，赫勒曾经明确表示过："对我而言，书写道德哲学和历史哲学成为了偿还作为一个幸存者对那些没有幸存下来的人们的债务的一种方式。因此，在这方面，我的哲学成为了一种牺牲品，但却是我很喜欢的一种牺牲品。"从赫勒的这段话中我们可以看到，作为大屠杀的幸存者的赫勒在这一经历之后，既对死去的犹太人存在着一种愧疚，同时也在这种愧疚中承担起一种责任，希望能够通过哲学的书写避免再次发生类似的人为灾难。

② 尽管在这里赫勒回忆的学徒时期是到 1964 年晚期，但是在国内学者张笑夷对赫勒的访谈时，她说学徒时期在 1956 年就结束了。具体见访谈文章《伦理学、现代性与马克思》，载《马克思主义与现实》，2019 年第 4 期。

来阐述道德问题。① 由此可见，伦理道德问题一直是她理论关注的中心内容。

在赫勒的众多研究领域中，还有一个与道德理论领域紧密相联的政治哲学领域也是她非常关注的，尽管这一领域在其整个学术历程中并不如道德理论那样居于中心的位置，然而它仍然占有非常重要的位置。赫勒对政治哲学的阐述与道德理论紧密相联，通读赫勒关于政治哲学的著作和文章，几乎在其中都能看到后者的影子，而且有的文章题目中就包含着道德的字眼儿（例如：发表于1981年的论文 "The Moral Maxims of Democratic Politics"），尽管如此，这并不意味着她主张道德化的政治，极度的道德化的政治恰恰是她时时保持警惕和避免的，本书的结语部分将稍加展开这一问题。

赫勒之所以给予政治哲学以很重要的位置，主要出于两个方面的原因：第一，特殊的时代背景以及自身经历让赫勒的生活、学术研究与政治密不可分；第二，现代社会中建立在合理性基础上的政治出现了危机，那么如何拯救现代政治则成了赫勒政治哲学思考的问题。当然这一点赫勒更多的是在马克斯·韦伯和卢卡奇的思考基础上继续进行的，为此她重新界定政治的概念，强调了自由等价值的重要性，赋予了民主以新的内涵，有预见性地在1968年西方新左派运动发起之前明确提出了日常生活革命的问题，也进一步讨论了合理性、激进需要和激进乌托邦等问题。对于第二个原因，在之后章节的具体阐述中将会涉及，在这里需要着重展开第一个原因。

特殊的时代背景以及自身经历使政治哲学成为赫勒生活和学术研究中不可越过的主题。由于赫勒的犹太人出身以及时代的裹挟使得她经历了如前所述的纳粹集中营，她也经历了现实中的1956年匈牙利事件、1968年西方新左派运动、1989年的东欧剧变等，特别是集中营恐怖的经历使得她在其众多研究领域中特别关心政治哲学的议题。她曾经在西蒙·托米（Simon Tormey）对她的访谈中说道："我的生活从一开始就是政治的。我是一个犹太人，我成长在一个充满歧视的时代，当然

---

① "道德理论三部曲"（*General Ethics*, *A Philosophy of Morals* and *An Ethics of Personality*）目前已经被翻译成中文，同时我的博士论文也依据英文版本详细阐述了赫勒的道德理论，参见拙著《个性道德与理性秩序——赫勒道德理论研究》（黑龙江大学出版社2011年版）。

还有大屠杀。"① 这简要概括了她的经历与政治的密切关联。由此可见，犹太人的身份以及二战后匈牙利所实行的苏联式的社会主义使得政治在赫勒的一生中成为了无法逃避的话题，与她的生活也一直如影随形。接下来有必要简要地回顾下赫勒成年后比较波折的经历，这种回顾尽管琐碎但却是必要的，它可以使人们更加深刻地理解她在政治哲学领域中所关注的主题。

赫勒在进入大学时原本想要学习物理，想要成为科学家，但是因为1947年的一天跟随着男友上了卢卡奇的课后，在同年的10月开始决定放弃原来的专业和理想转而从事哲学研究，因为她认为哲学可以提供对所疑惑的问题的答案，当然这一选择诚如她后来所说的那样是很重要的一次选择，也是一种政治的选择。经历过集中营的赫勒为了寻找一种确定性和救赎，为了寻找一直以来令她感到困惑的问题，诸如为什么世间会存在着苦难和压迫之类问题的答案，她在这一年也加入了匈牙利共产党。在她看来，当时的党能够为她感到困惑的一系列问题提供解释和答案。然而悲剧的是，赫勒还是个没有失去自己独立思考能力的人，她认为人们应该拥有用自己的头脑思考的能力，而这恰恰不被当时由苏维埃控制的匈牙利共产党所接受，也就是说，是完全地服从党的宣传还是保留自己的独立思考能力在赫勒内心中产生了冲突。正是因为这种张力的存在，她才突然发现，一切都与看起来的并不相同，而且她也开始有意识地进行反抗。在这种背景下，1949年她第一次被驱逐出党。通过对比，我们也能看到在1949年这一年，卢卡奇也被攻击为右翼修正主义。1953年，斯大林逝世，匈牙利整体的斯大林化进程大大减缓。伊姆雷·纳吉（Imre Nagy）担任总理后，政治气氛稍微宽松，布达佩斯学派的主要成员才得以相对安全地进行研究，也才开始读马克思的著作。在这种相对宽松的背景下，赫勒在1954年又重新入党，1956年，匈牙利发生动乱，其间苏联两次派兵镇压，史称"匈牙利事件"。这次事件对赫勒来说具有至关重要的意义。实际上这次事件不仅仅对于赫勒，对于很多思想家诸如阿伦特等来说也是一个重要的事件，对赫勒来说，这次事件证实了她的一种观点，即马克思及其思想对于人们来说意味着政治自治和对社会生活的集体决定。从这次事件中，赫勒和其他马克思主义者一道更加相信：

---

① Simon Tormey: Interviews with Professor Ágnes Heller（I）. Budapest, $1^{ST}/2^{ND}$ July 1981. *Revista de Filosofía*, 1998, p. 22.

各个民族和国家应该以自己的方式运用马克思主义以及建设社会主义，其他国家没有权力对其干涉，而这种观念也为日后她再次被驱逐出党组织埋下了伏笔。1958年她再一次被驱逐出党，因为她从匈牙利事件中得出的观点与莫斯科支持下的卡达尔·亚诺什（Kádár János）政府主张的意识形态发生了冲突。同年，因为积极批判"斯大林主义"，拒绝谴责"修正主义"，她也被终止在布达佩斯大学的任教资格。之后的五年内，她只是在一所中学讲授匈牙利语言，并且不被允许出版任何书籍。在1963年，赫勒得到平反，回到匈牙利科学院的社会学研究所工作，这才重新开始进行受限制的学术研究。同年赫勒幸运地参加了南斯拉夫的科尔丘拉夏令学园（Korčula summer school）。这一学园是由南斯拉夫的"实践派"组织的每年在科尔丘拉古城召开的国际性的哲学年会，从1963年开始直到1974年被迫终止。参加过科尔丘拉夏令学园的有布洛赫、马尔库塞、弗洛姆、汤姆·博特莫尔、欧根·芬克、哈贝马斯、戈德曼、列斐伏尔、曼德尔、科西克、马尔科维奇、科拉科夫斯基、赫勒等非常著名的学者。这一学园的学术活动在1968年达到了高峰，因为这一年西方的"新左派"运动开展起来，为了呼应现实，这一年会议的主题是"马克思与革命"，吸引了众多的学生和学者前来参加。

1964年[1]围绕着卢卡奇形成了以赫勒、费赫尔、马尔库什和瓦伊达为核心代表人物的布达佩斯学派。赫勒曾经在多种场合中都介绍过这一学派的形成以及学派形成的初衷："围绕着卢卡奇的是一群年轻的哲学家们（马尔库什、费赫尔、瓦伊达和我）。我们既是私人朋友，也是哲学和政治上的盟友。我们中每个成员的手稿都被其他三位历'成员'仔细阅读。我们非常挑剔，这为大家所接受，我们也喜欢其他人所写的、所思考、所创造的任何东西。虽然那时我们已经对哲学的不同分支感兴趣并且喜欢不同的方法，但是这并不妨碍我们宣称自己致力于一项共同的计划或者事业。卢卡奇将这项事业称为'马克思主义的复兴'，意思是把马克思从后来所有的歪曲和篡改中解救出来。"[2] 这表明布达佩斯学派初创的理论目的是想要重新还原马克思及其思想的本来面貌，以区别于

---

[1]　关于布达佩斯学派初步形成的时间实际上是有不同说法的，根据对赫勒的访谈，她说的是起于1964年，但也有学者说始于1957年，如Kenneth A. Megill，在这里采取赫勒自己的说法。

[2]　Agnes Heller, *A Short History of My Philosophy*, Lexington Books, 2011, pp. 21–22.

所谓正统的马克思主义。从某种意义上也可以说，布达佩斯学派的形成以及努力的目标实际上宣告了他们与苏联马克思主义的公开决裂。

1971年卢卡奇去世，布达佩斯学派的成员成了政治迫害的牺牲品，1973年匈牙利学术界举行了一场由党牵头的"哲学家的审判"——对赫勒等异见者进行核查，尽管赫勒在之后的访谈录中说到了这场审判，但对其原因赫勒并没有谈太多，然而我们可以从美国学者Kaitlyn Tucker Sorenson的文章"'Dionysian Socialism?': The Korčula Summer School as Kurort of the New Left"中的一段话找到主要的原因。这次审判与1968年赫勒参加科尔丘拉夏令学园时的行动密切相关。1968年的年会在历年中是规模最大的，然而在召开的过程中发生了一件事儿，那就是在第七天的深夜，即8月20日的深夜，苏联及华沙条约成员国入侵了捷克斯洛伐克，结束了从一月份开始的布拉格之春。当这些参会者第二天得知这件令人震惊的事件时，他们集体发表了一份声明以表示对这种公然入侵的反抗，而且他们也都纷纷给自己国家的首脑发电报或者发信谴责和抗议入侵行动。匈牙利的代表团是以赫勒为首来做这件事情的，最终引发的结果就是当他们回到匈牙利后受到了批评并被禁止再参加学园的年会。而最终的清算是以1973年在匈牙利学术界发生的这场所谓的"哲学家的审判"为标志的。当然也正是这次审判彻底打碎了赫勒留下来的幻想，也成了压垮布达佩斯学派中几位主要成员的最后一根稻草，即成了他们离开匈牙利的直接动因，正如赫勒在后来的访谈中所披露的那样：这是党发布的一个的决议，它反对一群哲学家和社会学家，其中大部分都是卢卡奇的学生和他们的学生。在现实生活中，他们大都被解除了现有的工作，并且受到了秘密警察的严密监视。在这种情况下，要想继续践行赫勒之前对哲学的选择以及哲学事业，只能选择离开祖国，否则根本无法进行真正的哲学研究，同样布达佩斯学派的其他人也不得不离开匈牙利。在离开前的1976年布达佩斯学派解散，最终在1977年赫勒和费赫尔因不堪忍受官方的监视而离开了匈牙利，首先去了澳大利亚，之后在1984年赫勒获得了美国纽约新学院的工作，但直到1986年才和费赫尔移居到了美国。东欧剧变后，匈牙利官方恢复了他们的名誉，他们两个人也频繁访问布达佩斯，并被正式引入匈牙利科学院。费赫尔在1994年去世，赫勒在退休后又回到了匈牙利，而布达佩斯学派中的其他成员马尔库什夫妇和瓦伊达先去了德国的不莱梅，后来马尔库什夫妇去了澳大利亚并一直居住在那里，而瓦伊达在德国居住了几年后又回到了布达佩斯。

以上就是对赫勒成年后的波折经历所做的简要概述，之所以要做这种迂回而琐碎的概述，是想表明尽管赫勒认为道德哲学是其理论的核心内容，但是因为其一出生就已注定的犹太人身份、她在大学时所做出的下决心成为哲学家的生存选择、两次入党、两次又被驱逐出党的过程中所抱有的期望和幻灭、最终被迫流亡……使得赫勒的整个生命历程中一直与政治相伴而行，因此这种独特的政治经历以及对现实和一些哲学家政治理论的批判性反思就构成了她独特的政治哲学思想。从时间的节点回顾其著作以及主张后可以看到，赫勒从匈牙利移居到澳大利亚再到美国的经历中，其政治哲学思想也发生了几次重大转变，总的趋势是从极度激进逐渐过渡到温和激进的态势。她在匈牙利期间写了《日常生活》《马克思的需要理论》《激进哲学》等著作，在《激进哲学》中她曾提出"理性乌托邦"（rational Utopian）的设想，然而到澳大利亚之后从她完成的著作《历史理论》《对需要的专制》《论1956年的匈牙利革命》《超越正义》以及这期间的一系列政治哲学的论文中，她则希望发展一种"可行的社会主义"（feasible socialism）以此代替之前提出的理性乌托邦的设想，而且她也更加注重形式民主（formal democratic）与激进哲学的结合，然后在美国期间她则将重点放在道德哲学和现代性研究上，主要完成了"道德理论三部曲"和《现代性理论》，而这期间比较有代表性的政治哲学著作是《后现代的政治状况》。无论是对于政治的论述还是现代性的论述，赫勒更多地都是自觉站在后现代的视角，从而也使得她的理论从原来极度的激进回归到具体的现实中来，这与她生活环境的变换有着密切的关系。赫勒后来在访谈录中也一直强调，美国是后现代视角的典范，从1776年起美国就没有宏大叙事。总的说来，赫勒自从移居到澳大利亚之后，她的政治哲学中逐渐出现立场相对中立的对称性（symmetric reciprocity）、完全包容（radical tolerance）、相对自律（relative autonomy）等词汇和思想都表明了这一变化。

如上所述，如果说赫勒与政治相连在最初有些被迫的意味，即在某种意义上是自身的经历和时代的裹挟促使她毕生与政治密不可分，那么在后来她则积极介入政治生活中，毕生都在履行一个好公民的职责，这不仅仅表现在她对曾经发生的纳粹大屠杀和斯大林式社会主义的反思和批判，而且她也一直致力于用行动来反对和纠正现实中的不公正制度，即便是晚年仍然如此。在晚年当她回到了布达佩斯后，一直坚守着自由和生命的价值，坚定地对奥尔班政府所制定的各种政策进行批评，从而促使政府做出改变。她曾经在对好人和好公民的区分中界定了好公民，好公民就是担忧其所在的国家、所在的城市中的事情，进而参与到目的在于纠正行为中（对于好公民的讨论在之后的章节中还会涉及）。正是基于此，她一直身体力行地践行着公民的职责。正是在这种践行中，她阐述了一系列重要的政治哲学思想，诸如重新界定了政治的含义，坚定了自由、平等、生命的价值，主张形式民主，大共和制等思想。当然，其政治哲学思想如她所说的那样，尽管在她哲学历程的第二个阶段（对话的岁月）的作品中也有涉及，但这一阶段主要是通过哲学介入政治。而对政治哲学思想的集中阐述则是在哲学历程的第三个时期（建构和介入的岁月）进行的，尽管这一时期有时候与费赫尔或者其他人合著著作，但在著作中有她单独完成的章节，同时在这段时间内赫勒也写了一系列的政治哲学的文章。正是通过这些政治哲学的文章和著作的写作，她履行了好公民的职责。

在简要介绍了赫勒与政治密切相关的时刻之后，将重点阐述在赫勒生命历程中其父亲的形象以及在 20 世纪中所发生的几个重大事件对她理论的影响。尽管这些背景性的资料平淡无奇，甚至有些琐碎而啰唆，但正是这些看起来为人所熟悉的背景，才对她所坚守的信念和政治哲学的建构方向产生了重要的影响。当然，这也为之后本书对其政治哲学的论述奠定了基础。

首先要谈及的是赫勒的父亲对她的影响。这一影响毫不夸张地说贯穿了她一生，每当遇到重大选择时，她父亲的影响立刻从背景转到了中心。如果说人们在赫勒的历史理论、政治哲学、现代性问题中没有感觉到这种影响很明显的话，那么在其道德理论以及很多访谈录中则非常明确看到她父亲的影子，她曾经在与 Csaba Polony 的访谈录中说道，她的父亲是政治上很重要的一个人，是匈牙利 Burger 党（the Hungarian Burger Party）中的一员。在二战期间，被关入了集中营，最终没能幸存下来[①]。而在《道德哲学》的导言中她则明确地描述了父亲以及对她的影响：

[①] 参见 *The essence is good but all the appearace is evil*——An Interview with Agnes Heller by Csaba Polony; *Simon Tormey Interviews with Agnes Heller* 等访谈录。

这部著作中隐含的男主角，这个在我心中从未消失的人的形象，并不亚于曾经被塑造为道德哲学之肖像的那些任何正直、诚实的人们。就是我的父亲。我的父亲很幸运，拥有很多天赋，然而却未曾有机会发展它们。为了养活他的寡母，他从事了一项他不喜欢而且无须天赋就可以做的职业。他在持久悲惨的日常压力下很贫穷、痛苦。他是一个犹太人，生活在世界上首个官方认可的种族主义国家中，饱受迫害和歧视。他有各种各样的"理由"——如果"理由"是必需的——为他的不幸悲伤，把他的不幸带给其他人，仅仅关心他自己的事务，成为许多无情的、愤世嫉俗的利己主义者中的一员。然而，恰恰相反。我依然看到他为了做所有他尽其所能的事情而探访俘虏收容所，以及做更多的事情。我也看到他爱护一朵花或者一棵树，或者惊奇地凝视星空；我能回想起他的爱、智慧和欢乐。别人告诉我们，在集中营中他使他的同伴振作，就好像他拥有的并不是任何虚幻的希望。他，这个从不相信上帝的人，依然认为我们的生活就是一种为获得听觉、视觉、味觉、爱以及一切的恩宠而做的祷告、感恩。①

在对其父亲做了如上细致的描述之后，赫勒也谈到了一件对自己影响巨大的事情。在第二次世界大战期间犹太人受迫害时，有很多犹太人为了更好地融入到自己所处的社会或者为了自己以及家人能够幸存，都改信了基督教。赫勒父亲的好朋友出于好意也劝说他改信基督教以保全孩子和家人。当时赫勒也在场，但是她的父亲却以"我也不相信基督教的上帝"为由拒绝了这一劝说，正是这一忠诚、决绝、本真而正直的态度影响了赫勒一生。他为赫勒传达了一种人生态度：一个人不应该只是为了幸存的原因而离开一艘正在下沉的船或者一项没有希望的事业。也正是这一态度才使得赫勒笔下的"好人"的形象跃然纸上，现代社会的好人就是能够践行柏拉图的"宁愿蒙受不公也不给别人带来不公"这一格言的人们，他们依据普遍性的范畴进行了生存的选择、完成了生存的跳跃，他们是拥有个性的人们。正是通过对现实生活中如父亲一样的众多好人的描述，赫勒从不同的角度回答了现代社会中"好人存在，但好人何以存在？我们应该做什么？"等一系列道德理论中的核心问题，也区

---

① Agnes Heller, *A Philosophy of Morals*, Basil Blackwell Ltd, 1990, p. xii.

分了好人和好公民，并且将之融入到了政治哲学的领域中。此外，她父亲并没有机会将自己的天赋发展成为才能的事实以及麦金太尔理论的影响也促成了赫勒在《超越正义》中论述分配正义时与罗尔斯等自由理论家们的分野。对此，在后面的章节中将详细论述其正义理论中对这些自由主义理论家们分配正义中"三位一体"模式的倒置。

其次，卢卡奇的经历以及理论对于赫勒在各个领域中的思想都起了非常重要的引导作用。毫不夸张地说，赫勒的日常生活理论、现代社会中的革命观、道德理论、政治哲学、美学理论等都能寻到卢卡奇的影子。赫勒在大学期间就做出了生存的选择，选择跟随着卢卡奇从事哲学事业，从学者们对赫勒的访谈以及她自己的相关论述中可以看出，她从内心里非常尊重卢卡奇，在卢卡奇陷入政治争端被监控时期，她仍然时常拜访卢卡奇。正因此，她理解政治领域的残酷性，也理解卢卡奇的妥协，并写了许多分析和评价卢卡奇的文章，在这些文章中，赫勒从卢卡奇的经历和理论中挖掘出隐含的一些深层问题，而这些问题也构成了她在其研究的各个领域中反复讨论的主题。例如：在1983年出版的赫勒主编的论文集《卢卡奇再评价》中，收录了她的几篇文章，在《格奥尔格·卢卡奇和伊尔玛·塞德勒》这篇文章中，赫勒通过对两人来往书信的分析来梳理卢卡奇和伊尔玛作为现代社会中不确定的个体最终走向了悲剧结局的演变逻辑，从而引发了赫勒在其道德理论中反复思考的一个主题：现代社会中的个人如何能从偶然性走向必然性的生存，最终赫勒也强调纯粹的语言和行动不同，只有行动才能转化成命运，从而走向必然性的生存。窥一斑而知全豹，作为卢卡奇的学生，赫勒的很多思想都与卢卡奇的经历和理论密切相关，在后面的章节中还会回到这个问题上来。

最后，赫勒生命中经历和见证的几次重大历史事件构成了赫勒政治哲学思考的核心，这些事件主要有大屠杀、苏联社会主义模式、1956年匈牙利事件、1968年西方新左派运动、1989年苏联的解体。无疑，这些重要的事件不仅影响了20世纪的诸如法兰克福学派、解构主义等许多哲学家们，而且在某种意义上可以说直接促成了东欧新马克思主义的发展，当然这些事件更是赫勒的政治哲学从宏大政治向微观政治转变的现实背景。

1. 纳粹大屠杀以及苏联社会主义模式推动赫勒探寻其背后的现代性逻辑和想像

第二次世界大战后期所发生的大屠杀可以说引起了众多有良知的学

者的深思,大屠杀当然是现实生活中的梦魇,它残酷地切断了西方近代一直以来呈现出来的乐观主义的社会进步观,然而"它到底是怎样发生的"以及它带来的影响则成了众多学者从不同角度探讨的严肃课题。赫勒亦不例外,她从分析现代性出发来探寻其发生的背后原因,并且对其背后原因的探寻也直接促成了她的"道德理论三部曲"的书写。此外,苏联社会主义模式也对她产生了深刻的影响,她在探寻其背后发展的现代性逻辑基础上进一步思考真正的社会主义是怎样的。因此,对大屠杀和苏联社会主义模式的反思也促使了她后来对现代性的重点关注,深刻揭示了现代性内在的三种逻辑以及两种想像所导致的现实灾难。

2. 1956 年匈牙利事件引发了赫勒对普遍价值的关注和对大共制的构想

赫勒在很多场合中都谈到匈牙利事件的重大意义,例如在西蒙·托米对她的访谈中,她曾经说过:"1956 年的匈牙利事件仍然是我生命中最重要的政治事件,因为它是一场真正的革命,是历史上唯一真正的社会主义革命,这吸引着我。这场革命意味着解放(liberation),意味着美国独立战争意义上的解放(liberation),即一方面独立,另一方面政治解放(liberation)。"[1] 由此可见,这次事件对于她的重要性,这也奠定了她后来构想大共和制的基础,而且在这次事件中被唤醒的还有匈牙利原来残存的自由等价值。对于这一点,有必要把镜头拉远一些来看匈牙利社会,多一些背景知识,以便于更加清楚地了解匈牙利事件及其影响。

透过历史的画卷很容易看到,苏联与中东欧各个国家的关系在 20 世纪或明或暗地交织在一起,分分合合的背后当然有基于利益的合作和冲突,但民众的心理也是不容忽视的重要因素,换句话说,20 世纪一系列事件包括匈牙利事件的发生,固然可以从高度集中的经济模式、高度集权的政治模式所引发的社会问题以及苏联管控的放松等角度加以解释,但不可忽略的还有来自农民的不停抗争,以及苏联和中东欧各个国家内部人们内心长久以来积压的怨恨、不满等情绪因素也起到了重要的催化作用,正是在压迫和反抗的过程中人们对独立、自由追求的愿望日益强烈。因为本研究主要关注布达佩斯学派中赫勒的政治理论,所以我们也更多关注匈牙利与苏联之间的关系。

---

[1] Simon Tormey: Interviews with Professor Ágnes Heller (I). Budapest, $1^{ST}/2^{ND}$ July 1981, *Revista de Filosofía*, 1998, p. 23.

我们可以把目光拉回19世纪末期20世纪初期匈牙利社会主要的指导思想以及与苏俄之间的联系，从而更加深刻理解匈牙利事件背后的农民因素以及双方心理因素所起的作用，也更深刻理解匈牙利事件的历史意义。

第一，匈牙利的农民对于正统马克思主义曾存在着抵触的情绪和反抗的行为。依据英国学者罗伯特·拜德勒克斯和伊恩·杰弗里斯在《东欧史》①中的资料，中东欧各个国家的农民一直对正统马克思主义学说存在着抵触的情绪和反抗的行为。他们在这部著作中表明，在欧洲，自从19世纪末以来，大规模的工业化和马克思主义社会主义不断传播，导致城市产业工人运动与农民运动间的裂隙越来越大，这进而加剧了彼此间在意识形态方面的分离。马克思主义正统学说过于抽象、学术化和教条化，很难在独立的小农那里获得支持。因此，在1942年6月，波兰、南斯拉夫、捷克斯洛伐克、匈牙利、保加利亚、罗马尼亚和希腊的代表们在伦敦发表了一个有关农民运动的政策和宗旨的联合声明，在声明中，强调了以圣经的名义，要在自愿基础上建构安全而进步的农业共同体，也强调了法律规定的每个农民的不动产不能受到侵犯等条例。尽管农民运动在现实中在各个国家遇到了不同程度的曲折和变故，但无疑其中所强调的民主要素、个人财产权不受侵害等原则却为之后人们的反抗留下了一笔宝贵的财富。

第二，匈牙利事件中表现出来的苏联一方的疯狂压制实质上是为长久以来的怨恨找到一个发泄口，同时，这也使得匈牙利一方对独立、自由、平等和民主的追求和诉求凸显出来。匈牙利事件的发生可以追溯到20世纪30年代德国对匈牙利经济的控制，德国采取的方式是向匈牙利和其他一些国家提供市场和一些物品的看似有利的出口条件，而用不可兑换的德国马克作为货币支付手段，这无疑从某种程度上改变了匈牙利等国的经济条件和生活状况。虽然过后我们可以说匈牙利低估了纳粹德国的扩张主义野心，但不能否认的是，经济因素的重要性以及蕴含的利益问题浮现出来，当社会出现经济危机影响或者威胁到人们的生活状况以及执政者的位置时，就有可能使得人们为了各种利益与看起来更加强大的团体或者国家结盟，无论这种结盟是否正当，也无论这个团体或者

---

① 罗伯特·拜德勒克斯、伊恩·杰弗里斯：《东欧史》（下），韩炯等译，上海：东方出版中心2013年版。

国家是正义的还是非正义的。只是后来匈牙利等国家很快就堕入到对德国完全的依赖中，等意识到想要摆脱的时候，才发现要想摆脱这种控制已经变得非常困难了。而到了1938年到1939年间，随着奥地利、捷克和波兰西部相继遭受德国蹂躏之后，匈牙利政权对德国的恐惧感与日俱增，当时执政者是以霍尔蒂将军为首的贵族寡头，他们试图以牺牲捷克斯洛伐克、罗马尼亚和南斯拉夫为代价，攫取自己的利益——土地，为此他们在政治上支持轴心国，但又设法使自己不卷入战争中。的确，在之后的时间里，匈牙利收复了很多土地。但这种依靠纳粹德国的各种力量所获取好处的做法却使得匈牙利付出了惨痛的代价。

尽管匈牙利力图保持自己的独立主权，但在经济上对纳粹德国的深刻依赖致使这个国家政治上也做不到独立，因此，匈牙利的统治者们认为，必须与纳粹德国捆绑在一起，必须在1940年签署反共产国际协定，积极参加德国从1941年中期至1944年底的对苏作战，并参与把匈牙利犹太人驱逐到纳粹集中营的行动。

从罗伯特·拜德勒克斯和伊恩·杰弗里斯两位学者所总结的这些史料中可以看到，在纳粹德国与苏联之间的抗争中，在反犹主义以及后来愈演愈烈的大屠杀的浪潮中，匈牙利当局无疑扮演了并不光彩的角色。之后就是我们所知道的史料，二战末期，苏联和共产党领导的反法西斯主义取得了胜利，英美苏三大同盟国在划分势力范围时把匈牙利划分给了苏联，因而1944年底，匈牙利和大部分巴尔干国家都被划入到共产党的势力范围内。正是基于这样的背景匈牙利和苏联建立了直接的联系，但正如罗伯特·拜德勒克斯和伊恩·杰弗里斯两位学者总结的那样，苏联对"东中欧和巴尔干的同情实在少之又少"，"数年来，在苏联人眼里，匈牙利、罗马尼亚、保加利亚、奥地利和德国一直都是'法西斯主义'敌国。"[①] 正是由于敌我的划分，再加上战后饱受战争摧残的苏联经济亟待恢复，为了获取自己所需要的物品，它就必须借助政治高压的方式来处理和这些国家之间的关系。这也能解释在1956年的匈牙利事件中苏联之所以那么强硬的原因了，从某种意义上可以说，无论是匈牙利有意识也好无意识也罢，正是因为匈牙利在非常时期趋利性的想法埋下了后来苏联对匈牙利实施报复性镇压的种子。

---

① 罗伯特·拜德勒克斯、伊恩·杰弗里斯：《东欧史》（下），韩炯等译，上海：东方出版中心2013年版，第743页。

如前所述，也正是在1956年的匈牙利事件中，残存在匈牙利社会民众中的自由、独立、平等和民主等因素被唤起。如今从历史资料中人们很容易看清1956年在匈牙利都发生了什么。二战后匈牙利成立匈牙利共和国，1949年改为匈牙利人民共和国，几乎完全复制了斯大林模式。在审判了拉伊克后，以劳动人民党的主要领袖拉克西为首的领导集团在建设社会主义过程中不顾本国国情，一味全盘照搬苏联模式，进行专制统治，并且大搞个人崇拜，结果给经济和政治生活带来了很大的困境。1953年，纳吉就任总理后，政治气氛稍微宽松，也正是在这之后布达佩斯学派的主要成员才得以相对安全地进行研究，也才开始读马克思的著作。但纳吉与拉克西在具体的执政策略和政策上存在着很大的矛盾，1955年纳吉总理职务被罢免，并被撤销一切学术头衔。1956年，匈牙利共产党召开党代会，卡达尔任中央委员会书记。同年10月在群众的不断请愿中，恢复了纳吉的党籍。同时布达佩斯的学生和群众也举行了声势浩大的游行示威，要求摆脱苏联的干涉，要求民主自由，在这种情况下纳吉又接替了总理职务。在接下来的日子里，苏联军队两次进驻布达佩斯对游行示威进行干预并向匈牙利工人开枪，而11月初卡达尔在苏联的支持下上台，纳吉被宣布为叛乱分子，匈牙利事件被平息。尽管苏联或许出于报复性的目的残酷镇压了匈牙利人民的示威活动，但这却使苏联声誉一落千丈，正如美国学者罗兰·斯特龙伯格在《西方现代思想史》中所评论的那样，"1956年，苏联坦克出现在布达佩斯的大街上，向匈牙利工人开枪。莫斯科的声誉遭受了最致命的打击，它一直没有从这次打击中真正缓过气来。"①

基于不同立场的人对这次事件的定性是不同的，甚至有时候是截然相反的，卡达尔政权对之的定性是"反革命的"，但对于当时很多敏锐的学者来说它是一场重要的政治革命，对于赫勒来说亦如此，与当时官方将之评价为"反革命事件"不同，赫勒认为这一事件是一场真正的革命，意义重大。正如她后来在访谈中所表达的那样，在她心目中，这次事件在历史上是唯一真正的社会主义革命，而且它确证了马克思真正的思想在于让人们获得政治自由。而这一说法在罗伯特·拜德勒克斯和伊恩·杰弗里斯那里也进一步得到确证，"它还是要求实现'真正社会主

---

① 罗兰·斯特龙伯格：《西方现代思想史》，刘北成、赵国新译，北京：金城出版社2012年版，第546页。

义'的运动,由苦难而又绝望的工人和知识分子发动、旨在为工人阶级和农民获取更长远利益的一场更纯粹的社会主义革命。"①

这次革命最终在苏联的武力镇压下而告终,也是在这一年,布达佩斯学派的一个哲学论坛在卢卡奇的周围逐渐形成。1956年苏共20大后,卢卡奇及他的学生积极参加非斯大林化运动,参加了裴多菲俱乐部,要求维护个人权利和自由,实行多党政治,改革和复兴马克思主义等。无论怎样,经过了这次事件后对社会主义和马克思主义的严肃思考构成了布达佩斯学派,乃至东欧新马克思主义的理论主题。因为身处特殊的历史境遇中,这些知识分子对这一主题有着更独特的理解,正如南斯拉夫的思想家弗兰尼茨基所说的那样:"我属于这样一代克罗地亚和南斯拉夫的知识分子,他们早在战前就在反对社会不平等现象的最深入的运动中把自己的历史存在同工人阶级的命运联结在一起。因此,我对于为了社会主义和马克思主义而进行斗争和力求实现的东西,无论在理论上或情感上,从来都不会无动于衷。"② 尽管匈牙利革命以失败而告终,但却为学者们留下了丰厚的遗产和现实的启示,对民主的追求成了布达佩斯学派研究的一项重要论题。

概而言之,本部分不仅仅谈到赫勒所推崇的匈牙利事件及其显示出来的意义,还透过历史,表明追求自由、平等、独立等价值一直存在于匈牙利的民众中。无疑这些价值也贯穿在了赫勒的政治哲学中,尽管她并未表明对这些价值的重视来自于其传统,但这并不意味着传统对于她的理论没有任何影响。

3. 1968年西方新左派运动证实赫勒的思想直接促成了赫勒的《马克思的需要理论》这一著作的写作

美国学者马克·科兰斯基曾经说过:"从来没有一个年份像1968年,以后也不大可能再会有这样的年份。那时各个国家和文化仍相互独立、形神迥异——1968年时的波兰、法国、美国和墨西哥的差别远比今日显著——然而却在世界范围内同时出现了反叛精神的

---

① 罗伯特·拜德勒克斯、伊恩·杰弗里斯:《东欧史》(下),韩炯等译,上海:东方出版中心2013年版,第770—771页。
② 普雷德拉格·弗兰尼茨基:《马克思主义与社会主义》,杨元恪、陈振华译,哈尔滨:黑龙江大学出版社2014年版,前言第1页。

自燃。"① 的确如此,这一年各个文化相异的国家几乎都发生了反叛的事情:在美国,越来越多的人通过示威游行来抗议越战;在西班牙,马德里大学的学生继续向佛朗哥政权抗议示威;在古巴年初举行周年庆典的时候,格瓦拉的大幅壁画展出;在苏联,正处在勃列日涅夫统治时代,经济动荡不安,尽管其统治更加专制和严密,但经过了赫鲁晓夫时代比较宽松的统治后,很多人开始对过去的斯大林时代和苏维埃制度进行反思;当然这一年,东欧一些国家仍在为试图摆脱苏联的控制而努力着,南斯拉夫在铁托的领导下独立倾向更加明显,罗马尼亚也呈现出这样的倾向,在捷克斯洛伐克,这一年的年初杜布切克取代了诺沃提尼成为了党的第一书记并发动了"布拉格之春",当然我们也知道在同年的八月这场运动因为苏联以及华沙条约成员国的强势入侵和干涉而以失败告终。如前所述,这种入侵行动引发了来自世界各国参加科尔丘拉夏令学园的学者们的一致抗议,这其中就包括来自匈牙利的赫勒。当然,这种抗议活动也让赫勒回国之后受到一系列不公正的待遇。

无论怎样,20世纪60年代席卷世界各国的这场反叛运动与物质的绝对匮乏并没有太大的关系,而是与人们尤其是年轻一代精神上的空虚和迷茫有很大的关系。客观来说,在20世纪二三十年代西方世界经济大萧条的时候没有人能够想象到二战后西方社会能进入一个快车道发展。二战后,欧洲和亚洲很多国家都遭受了战争的极大破坏,而美国经济却不断增长,出现了一个被西方经济学家称之为"黄金时代"的时期。当然在科技发展引发物质产品快速增长的同时,也带来了一系列的问题。对于这一问题,在20世纪50年代的时候,美国学者加尔布雷思(John Kenneth Galbraith)就在其著名的著作《丰裕社会》(*The Affluent Society*)中指出了仍然存在着随之相伴的贫困问题,正如他所说:"贫困的确存在着。这种现象并无确切的定义,而且除了作为对付有智识的妨碍者的战术而外,也毋需有精确的定义。贫困一部分是一种物质上的事物;那些遭受不幸的人们的食物如此有限而不足,衣衫如此破旧,住所如此拥挤、寒冷和肮脏,以致生活极为痛苦,生命极为短暂。但假如说在生活标准上一切都是相对的,未免太迷惑人了,那么把一切东西都相对化也是错的。当人们的收入即使足够生存,但若显然落后于社会上其他人的时候,

---

① 马克·科兰斯基:《1968:撞击世界之年》,洪兵译,北京:民主与建设出版社2016年版,第1页。

那么他们仍然是为贫穷所苦恼的。那时他们不能够拥有社会上大多数人认为维持体面的最低限度必需的东西；因此他们不能全然避免社会上大多数人认为他们是不体面的评价。他们是堕落了，因为就严格意义上讲，他们生活在社会上认为可以接受的等级或范围以外。"① 在这段话中，加尔布雷思实质上区分了两种类型的贫困，一种是因衣食住行等引发的物质上的贫困，另一种是缺乏维持体面生活条件的贫困，即虽然衣食住行等基本的物质都不缺乏，但与其他人相比仍低于其他人，因此引发他人眼中的否定评价而使自己不能体面生存。实质上，在这里加尔布雷思已经在考虑当时的人们需要高级需求满足的问题。正是当时西方社会与以往相比物质产品的丰富与实际的贫困以及存在的其他社会问题之间强烈的反差引发了60年代人们大规模的反叛行为，特别是学生这个群体，他们正值反叛、热情、冲动、充满活力、无所畏惧、追求自由、追求个性的年龄。

其中法兰克福学派在二战后的西方名声大振不仅仅是因为其理论符合了学生的运动，更重要的原因还在于其中几位代表人物的理论深刻揭示了这个时代技术一体化的发展以及给现代人和现代社会的影响。例如，马尔库塞在其著作中很深刻地描述了现代以技术为核心的社会发展的趋势："在技术的媒介作用中，文化、政治和经济都并入了一种无所不在的制度，这一制度吞没或拒斥所有历史替代性选择。这一制度的生产效率和增长潜力稳定了社会，并把技术进步包容在统治的框架内。技术的合理性已经变成政治的合理性。"② 正是在这个一体化的进程中，人们内心中否定性的思维的力量，即理性的批判力量丧失了，原来具有否定思维的双向度的人从而转变为单向度的人，为此马尔库塞也具体阐述了单向度的人在现实中越来越向着维护现存社会制度和秩序的方向发展。在这样的社会中，个人的良知、内疚感渐渐消逝，个性越来越朝着齐一化的方向发展，爱欲退化为性欲等。

弗洛姆在其多部著作中继续深入剖析资本主义社会中现代人内心的感受以及形成的内在的性格、生存方式等，正如他在《逃避自由》中揭示的那样，"在资本主义经济活动中，成功、获得物质利益成了目的本

---

① 加尔布雷思：《丰裕社会》，徐世平译，上海：上海人民出版社1965年版，第271页。
② 赫伯特·马尔库塞：《单向度的人》，刘继译，上海：上海译文出版社2006年版，导言第8页。

身。人的命运便是促进经济制度的进步,帮助积累资本,这并非为了自己的幸福或得救,而把它作为目的本身。人成了巨大经济机器上的一个齿轮,如果他有很多资本,便是一个重要齿轮;如果没有资本,便是个无足轻重的齿轮,但都总是一个服务于自身目的之外的齿轮。"[①] 也就是说,在资本主义的生产方式下,活生生的人变成了单一的齿轮,由此,便衍生出了"逃避自由""重占有生存方式"以及各种怪异性格的现代人。

简而言之,上述这些清醒的学者们对当时西方社会的深刻分析契合了当时大学生这个还没有完全被整合到社会一体化进程中的群体心理的感受。他们继承了老左派激进革命的精神,但搁置了他们传统的激进革命的内容,对具体问题和实际行动更加感兴趣,因而他们组织了一系列的游行示威、静坐等活动,从而成了新左派分子。众所周知,左、右派的划分最初起源于法国大革命期间,当时在国民代表会议上,比较激进的人坐在左边,他们就被称为左派,而比较保守的人坐在右边,被称为右派,之后就自然而然沿袭了这一说法,在马克思和恩格斯的理论中,无产阶级是变革资本主义社会的主要力量,他们就被称为左派,而维护资本主义制度的人就被称为右派。左派、右派并没有确定的含义,不同时代、不同的国家和地区语境中它们也有不同的含义和特指。无论怎样,它们主张的观念中包含着通常的含义,正如英国学者阿德鲁·海伍德在《政治学核心概念》中归纳的那样,带有左翼特征的观念有自由、平等、友爱、权利、进步、改革和国际主义等,带有右翼特征的观念有权威、等级、秩序、义务等。而20世纪60年代西方学生的反叛则既反对苏联式社会主义,又试图通过具体行动对现代西方工业社会进行激烈而全方位的批判。而马尔库塞等哲学家的思想恰恰符合了当时学生的心理。

1968年西方的新左派运动以及东欧国家纷纷对独立、自由的追求对赫勒的思想意义重大。**第一,这种意义在于印证了她在《日常生活》中表达的种种观点。**1967年在匈牙利首次出版的《日常生活》中,赫勒表达了现代革命的方向从注重政治革命转向日常生活革命,这一预见与她对现实的敏锐洞察密切相关。1953年伴随着斯大林的去世以及赫鲁晓夫的秘密报告的公开,人们的反思和反叛精神逐渐被唤醒,也酝酿着后来的新左派的形成。如前所述,西方新左派和老左派的主要区别在于老左

[①] 埃里希·弗洛姆:《逃避自由》,刘林海译,香港:国际文化出版社2007年版,第79页。

派相信政党、发动劳工的政治运动、坚定地持有无产阶级政治革命的思想。然而自从秘密报告出来之后，人们之前所拥有的各种美好幻想都消失了，当希望变成失望后，人们看不到社会未来发展的出路，同时在西方社会中随着青年学生的幻灭感的日益增长，各种反叛活动也逐渐爆发，20 世纪 60 年代后期的新左派也日渐生成。但是在新左派真正生成之前，赫勒就已经预见性地明确表达了新左派的主张，例如她主张日常生活的革命，因此她在多次访谈中一直说："新左派之前我就是一个左派人士了，在 1968 年我发现我所有的想法真的都得到了证实，尤其是我们并不需要一场政治革命。我们需要的是一场生活革命，'日常生活'的革命。生活本身需要被超越，这是重要的事情。"① 这就表明了 1968 年之前社会的各种变化已经被赫勒捕捉到，并且对她的革命观已经产生了影响，这从她在 1968 年之前写的《日常生活》这部著作中倡导日常生活的革命可以看到这一点，而 1968 年让她确证了她所捕捉到的这种变化的正确性。此外，她在西蒙·托米对她的访谈录中还继续说道："在 1968 年之后，我面对着一种全新的左派，在这里就社会结构而言夺权和全面的社会变革成为过时的，因此，在 1968 年之后，因为这种新左派，我的激进主义不再是这种 19 世纪的社会主义者的激进主义，即我们需要一种全面的社会变革因为我们知道社会需要被转变。我们知道如果我们进行集体性的生产，我们将会比我们现在更加人道、更加富裕。因此，现在我会问：'你怎么知道会这样呢？'"② 也就是说，经过了 1968 年，赫勒继续向着微观的日常生活革命观的方向努力，这具体表现在她在 70 年代早期写成并在 1976 年出版的《马克思的需要理论》一书中阐述的内容里。在这部著作中，赫勒通过对马克思的需要理论的深入挖掘，创造性地提出了西方社会中存在的"激进需要"理论以及对建立联合起来的生产者的社会中新需要系统的期待。由此可见，赫勒对现代人的需要的关注说明了在 1968 年之后她开始指向资本主义社会中更微观的要素，是她之前提出的日常生活革命的进一步深化。当然这一路径的深入拓展也有着深刻的社会背景和同时代学者的影响，诸如科技的日益影响以及法兰克福学

---

① Simon Tormey: Interviews with Professor Ágnes Heller (I), Budapest, 1ST/2ND July 1981, *Revista de Filosofía*, 1998, p. 32.

② Simon Tormey: Interviews with Professor Ágnes Heller (I), Budapest, 1ST/2ND July 1981, *Revista de Filosofía*, 1998, p. 38.

派中很多哲学家的影响，对于这一点在之后的章节中还将涉及。

第二，这种意义还体现在赫勒对现代性的看法从现代视角转向后现代视角。可以说正是1968年发生的西方新左派运动中人们对于反抗目标的变化导致了赫勒的视角的转变，无论她看待现代性还是与此相关的其他问题都从现代视角转向了后现代视角。赫勒在后来的访谈录中谈到了这个问题："1968是存在着一个转向的时期，不是从现代转向后现代，而是从现代性的现代主义的视角转向现代性的后现代主义的视角。以一个不同的视角看现代性，因为在1968年，这就是一种想像的总体转换，正是这种想像的转换，我称为后现代，不是因为后现代像1968年中的人们，而是因为这种想像的转换意味着我们将世界视为我们的世界。它既不在形成的过程中，也不会很快就会消失。它是一个与我们同在的世界。"① 正是这种视角的转换，赫勒将关注这个世界的目光放在了绝对的现在上，这从某种意义上也意味着她的革命观从激进日益趋近保守，然而这种保守不意味着无所事事、顺其自然，她仍然强调人们的行动以及公民积极的活动，然而行动的目标并不是要建立一个完美的毫无瑕疵的世界，而是要建立最佳理想的社会，这一世界是开放的、动态的。尽管转换后的视角是赫勒在其学术研究中经常运用的视角，但在20世纪80年代时才被她明确地提出来。

以上对赫勒的生平、学术阶段以及政治哲学背后的时代背景和理论背景进行了阐述，下面要说明的是本书的基本思路。本书的开篇对《日常生活》做详细的阐释，这种安排既重要也必要。之所以说这很重要，是因为在《日常生活》中所阐述的各种思想，诸如个性与特性的区分、日常生活的三个领域的划分等奠定了之后《马克思的需要理论》《激进哲学》《超越正义》以及"道德三部曲"等一系列政治哲学和道德理论著作和思想的基础，尽管在赫勒写作这本书时还未意识到这一点或者说这部著作并没有有意识地显示这一点，但它仍然在赫勒后续写作中对多个领域论述提供了一般的框架。之所以说这很必要，很大一部分原因是这本书中蕴含的深刻思想及其影响意义尚未被完全理解和解读。根据赫勒在多种场合表达过的说法，这本书于1970年第一次以匈牙利文发表，

---

① Simon Tormey: Interviews with Professor Ágnes Heller (Ⅱ), Budapest, 1ST/2ND July 1998, *Revista de Filosofía*, 1999, p. 9.

但是它写于 1966—1967 年间①，在写作的过程中有过短暂的间断。而西方新左派运动尽管在 20 世纪 60 年代零零散散地进行着，但其大规模爆发诚如美国学者罗兰·斯特龙伯格在《西方现代思想史》中所说的那样："它在 1967 和 1968 年的校园造反行动中实现了一次辉煌的爆发，在 1968 年巴黎之春中达到高潮。"② 按照赫勒的说法，从某种意义上可以说，《日常生活》这部著作中表达的思想蕴含着后来新左派主张的思想，可以说它是西方新左派运动的先声，新左派运动则反过来证实了她的思想并促使她进一步发展其思想。但有些学者并未完全意识到《日常生活》和西方新左派运动的关系，例如：美国学者理查德·沃林（Richard Wolin）曾经在《阿格妮丝·赫勒论日常生活》（"Agnes Heller on Everyday Life"）一文中对赫勒日常生活进行了精彩而深刻的评述，但遗憾的是他将这部著作与现实的新左派运动之间的关系弄反了。在这篇文章中他认为这部著作"是一部完全带有 1968 年 5 月事件印记的著作（写于 1970 年）；后者显然是直接历史环境的产物，《日常生活》就是在这种历史环境中孕育和产生的。"③不仅仅国外学者，有些学者也弄反了两者。正是基于以上两方面的原因，本书才将《日常生活》这部著作作为单独的一章来讨论。接下来第二章主要讨论了赫勒对现代性的两种想像以及现代性的三种逻辑的阐述，她对此问题与对二战后期的大屠杀以及斯大林式社会主义的批判密切联系在一起。也就是说，赫勒的批判不仅仅是从文化、历史或者个人性格等方面批判，而是立足于后现代视角，从现代性内含的三种逻辑以及两种想像出发展开的批判，当然她的批判并不只是停留于批判，更是包含着对真正的可行的社会主义的建构。这种建构基于东欧社会的现实，然而其中包含着很多值得我们借鉴的要素。此外，在这一章中还阐述了赫勒所探寻的现代性发展的深层动力，即社会中存在的不满问题，正是基于普遍不满的存在才引出下一章激进需要的

---

① 因为这部著作是赫勒比较早期的著作，因此她的记忆可能有些模糊，此种说法是根据她 2011 年出版的《我的哲学简史》（*A Short history of My Philosophy*）中的说法，但是在本书的 1984 年英文版本的序言中，她说的是本书写于 1967—1968 年间，但第一次以匈牙利文发表的时间没有错，都是 1970 年。但无论是哪个时间段，都是写于 1968 年西方学生运动高潮之前。

② 罗兰·斯特龙伯格：《西方现代思想史》，刘北成、赵国新译，北京：金城出版社 2012 年版，第 552 页。

③ 理查德·沃林：《阿格妮丝·赫勒论日常生活》，文长春译，载《学术交流》，2018 年第 7 期。

问题。第三章立足于后现代视角对赫勒的激进需要和激进哲学乌托邦进行论述，尽管赫勒在后期移居澳大利亚和美国之后，逐渐放弃了先前激进的态度和立场，渐渐趋于保守，这主要体现在她在写作中所用词汇的改变，然而这并没有完全改变赫勒试图将自由、生命等普遍价值以及民主等理念彻底化和激进化的做法，她对资本主义社会中激进需要的呼唤始终没有改变，尽管通过对纳粹大屠杀、斯大林式社会主义的反思后，她不再期盼救赎式乌托邦的实现，然而这并不意味着她放弃了对最佳可能世界以及良善生活的追求，因此，在这一章中讨论了她的激进需要和乌托邦构想。第四章主要涉及赫勒的共和主义思想，讨论了她的大共和制构想，以及与之密切相关的自由等普遍价值、现代政治概念以及民主等概念。从某种意义上可以说，她在很大程度上回归了亚里士多德等古典共和主义的传统，当然这种回归并不是全部，而是部分回归，比如她对好公民以及公民美德的强调，在回归的同时去除了其中包含的传统意义上的目的论因素。第五章则主要就正义中的分配正义这一微观要素来讨论赫勒和现代西方自由主义理论家的分歧。尽管这一论题着眼点很微小，但正是在这里才能更加清楚看到赫勒与现代西方自由主义理论家们的正义观的差别。

　　以上就是在本书的正文部分对赫勒政治哲学的阐述和探讨，表面上看起来这五部分非常散乱，然而细看起来，其实有贯穿其中的共同基础，这一基础就是各章力图都体现赫勒的后现代视角以及她所珍视的自由和生命等普遍的价值，除了第一章概括性的章节外，其他的每一章都蕴含着这些普遍的价值。通读赫勒的政治哲学作品，会发现她特别强调她的后现代的视角以及珍视普遍价值，之所以如此恰恰是因为她从历史和现实中吸取了经验，通过反思历史，尤其是18世纪的法国大革命和美国革命，两者之间存在着鲜明的对比，进而反思其经历的20世纪的"大屠杀"和苏联社会主义模式，向我们揭示无限进步的宏大叙事坍塌，通过亲身体验的匈牙利、澳大利亚和美国的完全不同的生活方式，使得自由和生命等普遍价值在赫勒的理论中作为重要的基础而存在。正是基于此，本书各章的共同主题就是立足于赫勒的后现代视角以及她反复主张的自由和生命等普遍的价值。

　　此外还需要做出说明的是：尽管本书的研究比较广泛地涉及了赫勒的政治哲学的思想，但却不能说这是最全面的研究成果或者已经穷尽了对赫勒政治哲学的阐述。她的政治哲学思想涉及的内容纷繁复杂，所集中的只是其主要的脉络中涉及的思想。另外，还需要交代两点内容：第一，本书的初衷将写作的重点放在梳理和解释方面，然而这并不意味着完全赞同赫勒的观点，所以有些时候会涉及一些比较和评判，例如，对她提出的大共和制的评析，但本书的确并没有对此展开过多的阐述。之所以如此，一方面是因为我认为目前当务之急是有一本初步对赫勒的政治哲学思想进行介绍的著作；另一方面尽管赫勒对传统马克思主义的思想进行了修改，但这不影响其政治哲学中存在着很多闪光之处，而这些闪光点对于中国特色社会主义民主政治建设有着一定的借鉴意义。因此，本书重点在于尽可能系统全面地呈现赫勒的政治哲学思想以及发展的节点，在这一过程中虽然有比较和评判，但这不是重点阐述的内容，对其思想进行的评判是下一步的任务和目标。第二，本书只是从我的立场上力图对赫勒的政治哲学思想进行的系统阐述和理解，在这种阐释中或许存在着其他学者看来误释之处，正如赫勒在《激进哲学》中曾经指出："对一个哲学的哲学接受以**解释**为基础。接受者往往只能通过来自他们自己的世界和与他们自己的世界有关的问题和经历来理解哲学……根据乔治·卢卡奇早年艺术哲学的激进公式，**每个解释都是一个误释**（misinterpretation）。"① 因此，本书作为对赫勒政治哲学的梳理和阐释，起的最大作用是抛砖引玉，真诚欢迎来自学界的各种交流和讨论。

---

① 阿格妮丝·赫勒：《激进哲学》，赵司空、孙建茵译，哈尔滨：黑龙江大学出版社2011年版，第29页。

第一章 《日常生活》所确立的主题及其意义

"日常生活"是卢卡奇晚期著作所着重要强调的术语和回归的领域，1963年他的《审美特性》的德文版出版，他在这本尝试建立马克思主义美学体系的著作中，强调了人们的日常态度和日常生活的重要性，日常生活是人们进行反映活动和精神活动的场域，这些精神成果又会丰富和补充日常生活，正如他所说："如果把日常生活看作是一条长河，那么由这条长河中分流出了科学和艺术这两种对现实更高的感受形式和再现形式。它们互相区别并相应地构成了各自特定的目标，取得了具有纯粹形式的——源于社会生活需要的——特性，通过它们对人们生活的作用和影响，而重新注入日常生活的长河。"[1] 同样在写于1968年的《民主化的进程》这部试图从政治方面复兴马克思主义的著作中，卢卡奇在批判斯大林体制以及重新界定社会主义民主时依然反复强调了日常生活的重要性。由此可见，日常生活这一问题在卢卡奇那里占有很重要的位置。而卢卡奇在《审美特性》中对日常生活的阐述深深影响了赫勒，赫勒以此为书名，于1970年第一次以匈牙利文发表，但这部在学界非常有影响的《日常生活》写于1966—1967年间，即写于卢卡奇的《审美特性》发表之后、《民主化的进程》之前，也在西方60年代后期出现的"新左派"之前。从《日常生活》和《审美特性》这两本书的内容中能够很清楚地看到赫勒对卢卡奇的日常生活的继承，对此赫勒也丝毫没有隐瞒，她后来曾经回忆道，《日常生活》的写作"受到了两本书的启发：卢卡奇的《审美特性》和海德格尔的《存在与时间》"。[2] 根据她的讲

---

[1] 卢卡奇:《审美特性》（上），徐恒醇译，北京：社会科学文献出版社2015年版，序第1页。

[2] Agnes Heller, *A Short History of My Philosophy*, Lexington Books, 2011, p.31.

述,从卢卡奇那里,她继承了日常思维是其他思维的来源和基础,这一思维可以被科学思维或者艺术想象同质化。但是,她对此也进行了补充,她认为日常思维不仅仅是思维,它是嵌入在日常生活中的;从海德格尔那里,她继承了此在存在的本真状态和非本真状态,但是在对"人如何才能成为本真的"这一问题的看法上两人之间产生了分歧,换句话说,此在或者人在日常生活中如何从非本真状态进入本真状态,两人对此问题的回答是不同的,海德格尔讲求"向死而生",而赫勒则立足于日常生活来探求个人走向本真生存的可能性。在这种探求中,她仍然是首先从马克思的"再生产"的概念出发进行了更深入以及更细微的研究,从而形成了自己独特的日常生活理论。因此,本章主要探寻赫勒在《日常生活》中关注的重点问题或者所确立的主题,以及它们对赫勒后来研究的诸多领域的影响,从赫勒这本比较早期的著作所产生的影响来看,无可否认,它在赫勒的思想史上占有很重要的地位,可以说它开启了现代性、道德哲学、政治哲学等诸多领域的研究,也就是说《日常生活》中对日常生活含义以及框架的独特理解、将个人区分为特性的个人和个性的个体、对革命转向的阐述等主题成为了后续这些研究领域的萌芽。当我们纵观赫勒的诸多著作后再重读《日常生活》时才很清楚地看到这一点,正是基于《日常生活》在赫勒诸多研究领域中所处的基础性的地位,本书将这本著作单独列出。

第一节 《日常生活》中关注的重点问题

《日常生活》的写作诚如赫勒后来回忆的那样,前两部分和后两部分之间存在着写作上的中断,前两部分"特性、个性、社会、类本质"(Particularity, individuality, society, species-essentiality)和"日常生活与非日常生活"(The everyday life and the non-everyday life)写于1966年,后两部分"日常生活的组织架构"(The organizational framework of everyday life)和"产生于日常生活中的、导致'自为的'类本质的需要和对象化的根源"(The roots of the needs and objectivations making for species-essentiality 'for itself', as generated in everyday life)于1967年完成。赫勒在这部著作的英文版序言中曾经明确说过,本书的首要目的是勾画关于日常生活的理论,更大的目的的一方面是要制定哲学的方法,为此赫勒结合了胡塞尔、海德格尔的现象学方法和亚里士多德的分析方法，另一方面则确立新的哲学的框架，以保持对马克思精神的忠诚。正是基于这样的目的，在这部著作中赫勒首先从马克思的"再生产"的理论来界定日常生活，并对之进行全面分析，分析了其内在的要素、组织的架构以及两种思维，完成了对日常生活理论的勾画。同时，在新的时代背景下，现代社会在技术理性的全方位笼罩下，已然变成一个"铁笼"，而马克思所设想的"建立在个人全面发展和他们共同的社会的生产能力成为从属于他们的社会财富这一基础上的自由个性"仍然处在一种潜在的可能性中，那么寻求马克思主义理论中的革命主题如何能够持续下去成了很多马克思主义者的理论思考的核心内容，当然这也成为了赫勒思考的主题。作为卢卡奇的学生，她加入到了卢卡奇的"复兴马克思主义"以及继续走马克思所开辟的革命道路中来，以此继续保持对马克思精神的忠诚。那么在现代社会中如何能够做到这一点，赫勒认为需要改变革命的方向，她想到的就是要进行微观层面上的日常生活革命，使之向着人道化和民主化的方向转变，尽管其中有某些不变的因素。沿着此方向，她在《日常生活》中具体加以展开。大致来说，她关注的主题首先是对日常生活从个体的角度进行了界定，并将重点放在了特性与个性区分上，进而对日常生活的相关概念进行了阐述，而这些概念的厘清为后来的现代性理论的展开打下了基础，最后她更加关注的是日常生活的革命，这种革命的转向是在另一个角度上发扬了马克思思想中的革命主题。

一、特性与个性的分野及其关联

大概十年前我做博士论文期间，研究的是赫勒的道德哲学，其中就涉及她的特性与个性的问题。但随着更系统地阅读赫勒的其他著作，可以发现特性与个性这对范畴的重要性不仅仅体现在其道德哲学中，而且体现在其政治哲学领域中。而对两者比较集中的论述则体现在《日常生活》中，因此，基于这对范畴的重要性，在这里需要予以进一步阐述。

赫勒在这部著作的第一章中就对日常生活进行了界定，即它可以被界定为"那些同时使社会再生产成为可能的个体再生产要素的集合。没有个体的再生产，任何社会都不存在，而没有自我再生产，任何个体都不存在"①。无疑，赫勒对日常生活的这种界定继承了马克思和恩格斯的再生产的概念，并将之扩大到对日常生活的界定和解释中。马克思和恩格斯在《德意志意识形态》中曾经明确指出："我们开始要谈的前提不是任意提出的，不是教条，而是一些只有在臆想中才能撇开的现实前提。这是一些现实的个人，是他们的活动和他们的物质生活条件，包括他们已有的和由他们自己的活动创造出来的物质生活条件。"② 在这里，马克思和恩格斯谈到的历史的出发点是现实的个人，现实的个人在现有的条件下进行物质性的生产活动以生产出维持人们生存的各种资料。如果说在马克思和恩格斯这里，人们更加注重物质性的再生产的话（这并不意味着个人的再生产不重要），那么赫勒在对日常生活的界定中则更加注重个体的再生产，这是社会能够存续下去的前提，而个体的再生产中，重要的是自我的再生产，自我无论对于特性还是对于个性来说都是核心要素。由此，赫勒对人的特性（particularity）和个性（individuality）以及两者之间的关系进行了比较细致的描述。

实质上，如果向前追溯，赫勒的特性和个性的说法来源于马克思，马克思曾经在《1844年经济学哲学手稿》中明确使用了特性和个性这对范畴。他在说明人是独特的（particular）时说道："人是一个**特殊的**个体，并且正是他的特殊性使他成为一个个体，成为一个现实的、**单个的**社会存在物"。③ 这段引用中的"特殊性"如下面的注释中所说的那样，与赫勒所说的特性用的是同一个英文词，而且通读两个人对于这个词的阐释，可以发现赫勒在继承这个词的独特性或者特殊性的基础上进一步将之丰富。但是如果对照英文版本，赫勒对于特性和个性的理解与马克思的又稍微有些不同。在赫勒那里，个性是与个体（individual）密切相关的概念，它是个体的生成，而个体是指"在其自身之中综合了偶然的单一的特性和普遍性的类的人"。④ 即个体是所有人中通过对象化的实践活动能够摆脱自在性，从而自觉地与人的"类本质"保持一致的个人。

---

① Agnes Heller, *Everyday Life*, Routledge & Kegan Paul, 1984, p. 3.

② 《马克思恩格斯选集》（第1卷），北京：人民出版社2012年版，第146页。

③ 马克思：《1844年经济学哲学手稿》（单行本），北京：人民出版社2000年版，第84页。（在这段引用中，通过对照《1844年经济学哲学手稿》和《日常生活》的英文版本，在这里翻译成中文的"特殊性"就是赫勒的中文版本中的"特性"，两者使用的都是同一个词particularity，因为引用使用的中文版本，因此保留了原文，特此说明。）

④ Agnes Heller, *Everyday Life*, Routledge & Kegan Paul, 1984, p. 20.

个性或者个体的生成并不是一劳永逸的事情，它会根据时代的发展采取不同的形式，处在永恒的变化之中。而特性是个人的一种形式，与个体的关系并不大。但是在马克思那里，如上面引用的那样，他将特性与个体联系起来，认为正是人的特性才使得个人成为一个个体。因此，尽管赫勒对于特性和个性概念的使用来源于马克思，但是她又有了一些修正。

对于特性的理解，如果说马克思是在独特、特别的意义上来理解人的特性的话，那么赫勒则在此基础上从三个方面来进行讨论：第一个方面，她与马克思一样，从独特的角度来描述人，每个人都是一个特别的个人，这是一种事实的描述；第二个方面，其独特观点（particular viewpoint）的产生；第三个方面，提到的异化产生出来的特殊性的动机（particularistic motivation），后两个方面是赫勒深化和拓展的两个方面。在她看来，一方面，这两者之间存在着关联；另一方面，基于特殊性观点（particularistic viewpoint）可以将情感区分为完全特殊性的情感和情绪（purely particularistic affects and emotions）和不完全特殊性的（not purely particularistic）情感和情绪。

首先，独特的观点与特殊性的动机之间的关联在于，后者的发展是建立在前者基础上的。由于人的独特观点的本体论上以及人类学上的事实，人的存在在一定程度上都有或多或少的特殊性的动机，在这里关键性的问题是这些动机究竟是什么，其具体内涵是什么，其活动的强度有多大以及我们和我们的特性之间存在什么关系。在这里可以看到，人的独特的观点或者看法与特殊性的动机存在着较大的关联，正如赫勒说的那样："作为动力的特殊性观点的运转是最基本最自发形式的特殊性的动机。"[1] 对于这一点，她也以例子的形式加以说明，比如：我饿了，因而我拿了邻居的面包；我对某人的评价很低，因为他不喜欢我（或者至少我怀疑他不喜欢我），无论是哪种情况，很明显的是充当动力的都是特殊性看法，而即根据特殊性观点的具体内容和强度，它有可能发展成为异化状态中出现的特殊性的动机，从而使得个人完全表现为特性的一面。

其次，基于特殊性观点可以将情感分为完全特殊性的情感和情绪以及不完全特殊性的情感和情绪。赫勒的这一区分意义重大，她实际上是为其个性的提出和生成提供了理论前提。完全特殊性的情感数量很少，

---

[1] Agnes Heller, *Everyday Life*, Routledge & Kegan Paul, 1984, p. 10.

主要的形式有嫉妒（envy）、虚荣和懦弱，还有妒忌（jealous）和自私。除了这几种完全特殊性的情感之外，其他的情感都不是完全特殊性的，而其他的情感在赫勒看来可能与人的特性和个性相关，也可能与人的类本质相关。也正是在这里，个性有可能形成。此外，赫勒也强调，完全特殊性的情感相比其他的情感并不具有本体论上的或者人类学上的优先性。也就是说，完全特殊性的情感并不是个人与生俱来的，它是在特定的社会中逐渐形成和发展的。赫勒对这一点的强调，在某种意义上为她主张的民主共和制、反对极权专制奠定了基础，尽管也许她并非有意识做这样的理论安排。

赫勒在区分了两种情感之后，她又把目光转向了对语言的阐述上。她认为，特性的表现之一是用语言以某种方式来掩盖和维护某些情感，尤其是掩饰完全特殊性的情感，这种掩饰的形式包括从临时的掩饰到伪善和深思熟虑的欺骗手段的所有方式。这种掩饰的目的是使其行为动机合理化，赫勒也说道，这种合理化不仅仅是使过去的行为动机合理化，也用于未来以及未来要做的事情，拥有特性的个人总会运用"正义"等比较高尚的词汇和名义使自己特殊性的动机和情感合理化。在论述这一问题时赫勒也用了狼吞食羊的暗喻，即狼在吞食羊之前，必须为自己的行动寻找理由。从某种意义上可以说，赫勒是在揭示现代社会运转的方式，无论西方的资本主义还是社会主义都是建立在合理化的基础之上的。

在对个人的特性进行了详细的分析后，赫勒认为虽然如此，但不意味着人的个性不会出现，两者之间并没有非常严格不可逾越的界限。总的说来，根据赫勒对特性和个性的描述，我们可以将两者的区别进行如下的概括：首先，特性与自我直接等同以及与"我们的认识"（we-awareness）直接等同，而个性则与自我保持距离；其次，特性同人的类本质不具有自觉的关系，而个性则与类本质保持着自觉的关系；最后，自律是个性独有的特征。对于这几方面的对比具体如下：

首先，特性与自我直接等同以及与"我们的认识"直接等同，而个性则与自我保持距离。也就是说，在特性的个人身上，他与其自我还处于未分的一体状态中，这个人也在进行着各种活动，但是他并不能跳出这整个过程来对之加以审视，而个性的个体尽管也居于日常生活中，但是他却能与类自觉地发生关联来与自我和世界保持着距离。实际上在对这两者的区分中蕴含着另外一层含义，即特性与自我认识（self-awareness）相联，而个性则与自我意识（self-consciousness）相联。赫勒认为，自我认识首先是在一般化的工作和语言中，随着对象化而形成，它是对自己特性的认识。而自我意识则是个体独有的，它是从类本质意识中再生出来的自我意识，拥有自我觉悟的个体与自我保持着特定的距离。实质上赫勒在这里说的自我认识属于个人的前反思意识，它是自我意识形成的前提。在这一认识中，个人认同特性、也有从属于类本质的意识，但却不会反过来进行反思，而自我意识则属于反思性的意识，它与自我保持着一定的距离，自觉地从类本质的角度来反思和审视自我与此的关系。这种反思性的意识与个性的不断变动和生成是一致的。

赫勒在对特性和个性的区分中所引入的自我认识和自我意识从某种意义上将黑格尔意义上的自我意识引入，这一概念也为赫勒所强调的个体的行动或者个人进行的生存的选择这一个体的行动奠定了前提。无疑，卢卡奇在论述无产阶级意识的生成时也引入了这一概念，但是随着时代背景的变换以及由此引发的时代主题的变化，使得赫勒更加强调个体的自我意识的生成。

其次，特性同人的类本质不具有自觉的关系，而个性则与类本质保持着自觉的关系。无疑，这一点赫勒也是在马克思的类本质和类特性思想基础上的发展。马克思在《1844年经济学手稿》中用了很多篇幅来谈从费尔巴哈那里继承来的人的类的问题。在马克思那里，人的类本质是与自由的存在联系在一起的，如他明确地指出的那样："人是类存在物，不仅因为人在实践上和理论上都把类——他自身的类以及其他物的类——当做自己的对象；而且因为——这只是同一种事物的另一种说法——人把自身当做现有的、有生命的类来对待，因为人把自身当做**普遍的**因而也是自由的存在物来对待。"① 在此基础上，马克思也明确指出了类特性："一个种的整体特性、种的类特性就在于生命活动的性质，而自由的有意识的活动恰恰就是人的类特性。"② 由此可见，人的类本质与自由密不可分，其类特征就在于自由的有意识的活动。如果说在马克思那里他以类本质和类特征为基点来划定了人和工人的话，那么在赫勒那里，她则以个人与类本质是否结成自觉的关系为前提划分了特性与个性，即特性的人与类本质并没有形成自觉的关系，而个性的人则与类本质形

---

① 马克思：《1844年经济学哲学手稿》，北京：人民出版社2000年版，第56页。
② 马克思：《1844年经济学哲学手稿》，北京：人民出版社2000年版，第57页。

成了自觉的关系。

　　在马克思的理论视野中，工人的异化劳动中包含着个人与类的相异化，即个人把体现为自由有意识的类的活动变为维持个人存续下去的手段，本来这样的活动是人的目的。而在赫勒的理论中，不同于马克思的人和工人的说法，她更加强调拥有特性的个人与拥有个性的个人的区分，特性的个人也将作为目的的类本质成为手段，但是个性的个人则没有进行这种转换。正是因为这样，赫勒认为两者对待生命的态度存在着较大的区别："特性倾向于自我保存，并使其他一切都屈从于这种自我保存。但是，如果这个人成为一个个体，这就不再是他所屈从的戒律了；个体未必希望'在所有情况下'以及'以一切可能的方式'保存自己。他的日常生活也由某些对他来说比自我保存更重要的价值（抛开别的不说）所驱动。个体——仅仅是由于他与类本质价值的自觉关系——能够选择自我毁灭或自我受难。"① 也就是说，拥有特性的个人和拥有个性的个人在看待生命和自由这两种价值的地位时，所表现出来的态度截然不同：前者将自我保存放在了第一位，而后者尽管也同自我保存相关联，但是他的活动也超越日常性，可以将自由等更重要的价值放在第一位。

　　进而也可以看到，赫勒对特性与个性的这点区别，把"类本质"的重要性凸显出来。尽管我们知道这个概念是马克思在《1844年经济学哲学手稿》中强调的一个概念，但看起来赫勒对这一概念的继承直接源于卢卡奇。赫勒在分析卢卡奇的晚期哲学时，谈到《1844年经济学哲学手稿》引发了卢卡奇的不安和焦虑，进而她对给卢卡奇带来的这种思想上的冲击进行了说明："卢卡奇经常向我们，即他的弟子，谈及《巴黎手稿》的阅读对他的自我批评具有多么决定性的意义：人的类概念，以及'类本质'（gattungswesen）在马克思思想中的核心作用的发现，对他是一个巨大的思想震撼。'阶级'不能代替'类'——他当时开始这样理解马克思的立场，但是，正是这样一种替代，构成了《历史和阶级意识》的特征。"② 从赫勒的描述中，我们也能够理解了卢卡奇在1967年为《历史与阶级意识》写的"新版序言"中表现出来的决绝态度是真实的，他在其中写道："这次声明同我早些时候关于勃鲁姆提纲的自我批评

---

① Agnes Heller, *Everyday Life*, Routledge & Kegan Paul, 1984, p. 20.
② 阿格妮丝·赫勒主编：《卢卡奇再评价》，衣俊卿等译，哈尔滨：黑龙江大学出版社2011年版，第230页。

的区别'只是'在于，这一次我真诚相信《历史与阶级意识》是错误的，并且直到今天我还这样认为。"① 我们知道，在这本早期著作中，卢卡奇对德国古典哲学的分析中融入了马克思的思想，力图形成内容与形式相统一的辩证法，进而生成无产阶级的阶级意识，从而服务于现实中的无产阶级的革命。而这一论证合理的革命观在卢卡奇读到《1844年经济学哲学手稿》之后却崩塌了，20世纪30年代在《1844年经济学哲学手稿》发表之前，卢卡奇在苏联因为参与《马克思恩格斯全集》的编辑工作所以有机会读到了这部著作，其中表达的很多思想无疑给了卢卡奇很大的震动，这也表明了他后来的真诚而决绝的思想改变的确是发自内心的。而卢卡奇这种从阶级到类的转变也直接影响了赫勒，她也随之放弃了阶级的概念，将目光转向马克思的类概念和类本质，根据个人与类本质是否结合区分了个人的个性与特性，在继承马克思主义传统中对革命坚持的同时，放弃了宏大的阶级和阶级意识的概念而转向了微观层面上的个体。

赫勒在区分特性和个性时认为两者很重要的一个区分就是"选择"（choice）和"自律"（autonomy）的不同，也是可选择的意识（alternative awareness）和自主性的意识（autonomous consciousness）的不同。她所谓的选择是受前反思性的意识支配的在不同的选项之间进行选择，而自律的选择则是受到反思性的意识所支配，它可以被界定为："当个体在不同的选项之间进行选择时，并把自己个性的印记印在选择的事实、选择的内容和轮廓上等，他就是在运用自律。"② 对于两者的关系，前者是后者的基础，即自律是在选择基础上产生的，但有前者未必会一定产生后者。对于自律的运用，赫勒在某种意义上承袭了康德的理解。康德的哲学以现象界与本体界的二分为前提，在前者中，人服从于外界的经验对象，因而是他律的，而在后者中，人服从于的是内在的先验法则，因而体现的是人的自律性。赫勒也继承了这一点，强调自律的选择中个性的印记，这就意味着在这种选择中人和自我以及世界因有反思性觉知的参与而拉开了距离。

对于自律的选择本身，赫勒又进一步进行了区分：个体故意选择邪

---

① 卢卡奇：《历史与阶级意识》，杜章智、任立、燕宏远译，北京：商务印书馆2012年版，第37页。

② Agnes Heller, *Everyday Life*, Routledge & Kegan Paul, 1984, p.22.

恶以及选择正面的道德。这两种在选择中同样体现了个性的印记，尽管前者比较少见，但在现实中仍然会存在这样的个体选择。的确，见证过大屠杀和苏联社会主义模式运行的赫勒肯定对此并不陌生，但是赫勒却明确表明，前者最终将会失去个性使得个人的生存变得虚空。因此，在她的理论中，她进一步区分了个体与道德个体，后者指的是其行为有意识地赋有道德价值内涵的个性。尤其是20世纪80年代末90年代初她写的"道德理论三部曲"中更是对此加以论述，她更加支持的是道德自律，即在选择的过程中进行道德的选择，从而成功地汲取道德价值、充分地发展自己的个性，成为"典型的个体"。进而，她在其道德理论中也对自律和道德自律本身进行了详细的论述和区分，将之区分为绝对自律、相对自律、绝对他律、相对他律、绝对道德自律、相对道德自律、绝对道德他律和相对道德他律。赫勒之所以在理论上支持道德自律，在某种程度上主要指向了现代社会的弊病。现代社会中，当人们行动所倚靠的绝对性的标准和戒律失去了以往的权威之后，相对主义和虚无主义浮现，因而她是希望最终人们能够走出现代社会中盛行的虚无主义的弥漫状态，从而为现代人的生存寻找相对确定性的根基，尽管她一直强调现代人的生存因为建立在漂浮的自由之上并不存在固定的根基。

此外，赫勒也借鉴了亚里士多德的实践智慧（phronesis）来说明个性与特性的区分，这种能力是个性所独特拥有的。当然这种能力也是好公民拥有的一种德性，对于这一德性在第四章会涉及。这一词汇实质上就是亚里士多德所说的"明智"这一概念，亚里士多德在其著作《尼各马可伦理学》中认为，人的德性可以分为道德的德性和理智的德性两个部分。理智的德性又可以分为理论理性的和实践理性的，而明智则属于理智德性中的实践理性的部分。亚里士多德对明智的理解是通过对明智的人的特点进行考察而得出的。他认为，明智同人的事务相关，明智的人的特点就是善于考虑对于他自身是善的和有益的事情，这种有益是对于一种总体上的好生活而言。因此，一个在一般意义上善于考虑的人是一个能够通过推理而实现可获得的最大善的人。而这种考虑则主要是指好的考虑，即考虑的目的是善的那种正确的考虑，但如果目的是善的而达到目的的中介或手段不是善的也不能称之为好的考虑。明智的人在做任何事情的时候考虑的结果与手段是一致的，即都是与善相关的。通过这些解释，亚里士多德认为所谓明智是"一种同人的善相关的、合乎逻各斯的、求真的实践品质。"① 明智虽然属于理智的德性，但是它又与道德德性密不可分，因为离开与"善"相关的明智，离开好的、正确的考虑，所有的德性就无法存在。

由此赫勒沿用了亚里士多德的这一概念，她有的时候将之解释为"审慎"（prudence），有的时候将之解释为"良好的判断力"（good judgement），无论怎样它都是内在于个性的一种能力，是个性具有的良好品质。正如她指出：

"实践智慧，'审慎'是个体的品质。当然，我说的'审慎'并不是用来指一般的心灵特征，而是指一种特殊的心灵能力，它完全是作为同特性保持一定'距离'的结果，对个体来说它在某种程度上成为一种'感觉'（sense）。在亚里士多德著作中被称之为'phronesis'。'中庸价值'是用于情感的尺度，也就是在同给定的一般规范的关联中评价一种情感如何、在多大程度上、何时、为什么以及为了什么目的是适用的。个体一定会选择能提供其个性、事实、一般要求和具体环境的最佳可能结合的程序，也就是说，根据三种要素（特殊事实，一般要求和具体环境），他一定会将它作为一种动力，并有意识地挑选某个特殊性的动机，或者仅仅使其自我中心主义的观点成为其行动的引导原则。"②

在这里引用了这么长的一段话意在表明赫勒对亚里士多德的这一概念的重视，也是为了展示赫勒是如何描述这样一种能力的，它是具有个性的个人或者"好人"的内在素质，当然它也是好公民应该具有的一种美德，这种公民美德则是赫勒所阐述的维持大共和制持续运转的动力所在，对于这一问题在这里暂且搁置，后面的章节中还会涉及。这种素质并不仅仅是理论的存在，更是实践的存在物，因为它是与慎重考虑事物并且希望出现好的结果密切相关。

总而言之，以上比较详细地论述了赫勒的特性和个性之间的区别，但是如上所述，两者之间并没有严格不可跨越的界限，它们之间也存在

---

① 亚里士多德：《尼各马可伦理学》，廖申白译注，北京：商务印书馆2003年版，第173页。

② Agnes Heller, *Everyday Life*, Routledge & Kegan Paul, 1984, pp. 24–25.

着联系：个性中始终包含着特性。在前面已经分析过特性的三个方面，其中前两个方面（个人是独特的事实以及个人有独特的观点）是个性与特性共有的因素。无论个人如何与类本质形成多么紧密的关系，都不能排除掉个人是独特的这一事实，每个人都拥有自己独特的禀赋、独特的观点和看法，因此个性的形成和发展中始终包含着特性。此外，对于个性的描述，赫勒在1987年出版的《超越正义》和1996年出版的《个性伦理学》中也有说明，在《个性伦理学》中她借劳伦斯（Lawrence）之语对个性进行了概括："我们称之为个性的东西是神秘的，不仅仅因为人们不能解释个性是什么，而且因为个性被一种气氛（aura）围绕着。它们像艺术作品，在阐释学上是无穷无尽的，并且尽管它们可能被充分信赖的，但是仍然保持变化的。"[①] 赫勒在这里所提到的"气氛"主要是人在同质化与自我的建构的融合过程中所创造的通常涉及作为"个性"的东西，而"这种气氛涉及某些非理性的倾向，诸如对神秘经验的敏感，自我放任的能力、幽默感、创造力等。"[②] 尽管这种对个性的描述将这一概念似乎引入神秘的境地中，然而并不能否认个性中包含的创造性的因素。

尽管赫勒对个性寄予很高的期望，但她也清醒地认识到，在迄今为止的历史中，在绝大多数社会关系中，特性仍然是日常生活的主体，日常生活中的个人大多仍然是尚未自觉地与类本质相连的特性的个人。尽管如此，有些个体也正在生成，它经常会发生在共同体中，这种共同体要求个人与整体发生关联，而这种共同体即民主共同体。赫勒在写《日常生活》时，她还没有离开匈牙利，匈牙利仍然处在苏联社会主义模式的支配下，但赫勒已经自觉意识到这一模式的专制特征，因此在这里她提出来民主共同体对于个体生成的重要性，尽管在这本著作中她并没有过多地阐述这一点，但是已经奠定了她之后政治理论的方向。为此，她也区分了个人与阶级、个人与团体、个人与群伙、个人与共同体。通过区分和对比，她认为在共同体中，尽管个人与共同体之间可能会存在矛盾，但是个人却可以获得相对同质的价值体系，以及个人必然从属于结构化和有组织的团体和单位。因此，共同体对于个性的生成和发展具有重要的作用。

---

① Agnes Heller, *An Ethics of Personality*, Blackwell Publishers Ltd, 1996, p.179.
② Agnes Heller, *Beyond Justice*, Basil Blackwell Ltd, 1987, p.312.

二、日常生活的相关概念阐述

《日常生活》这部著作中的第二部分尽管在写作时间上与第三、四部分之间有个短暂的中断,但是在内容上有着一定的连续性,第二部分中具体分析了日常的"自在的"类本质对象化领域到非日常的"自为的"类本质对象化领域的波动和起伏,而在第三、四部分中则重点对日常生活的组织构架以及以此为基础的"自为的"类本质对象化领域进行了分析。由于之后赫勒在不同的著作和文章针对的问题不同,因而内容中强调的重点亦不同。如果说赫勒在《日常生活》中区分了自在的和自为的类本质对象化,并主要分析了前者的话,那么在后来的一篇发表于1987年的论文《日常生活面临着危险吗?》(该文后来被收录在1990年的《现代性能够幸存吗?》一书中)中则更细致地阐述了社会结构中的三种领域:自在的对象化领域(the sphere of objectivation in itself)、自为的对象化领域(the sphere of objectivation for itself)以及自在自为的对象化领域(the sphere of objectivation-for-and-in-itself),并主要分析了三者之间的关系。此外,在这篇文章中她还阐明了人类条件的范式以及对日常生活面临危险的担忧。从赫勒对日常生活分析的演进来看,她对于日常生活的思考已经深入到对现代性以及现代人生存的考虑。为了明晰赫勒的这一主题,在这部分中,有必要对赫勒的与日常生活相关的各种概念做一个清晰的梳理,只有这样才能看清赫勒对日常生活给予如此多的强调的意义所在。

赫勒对日常生活以及社会结构的阐述与"类本质"和"对象化"密切相连,这两个概念有时同时出现,有时单独出现,无论怎样,在赫勒那里,所有对象化领域都被称作"类本质的"。很明显,赫勒对这两个概念的使用承接于马克思和卢卡奇的思想,尤其是直接继承了卢卡奇在其晚年的著作《审美特性》中表达的对象化的理论,对此在20世纪70年代中期当赫勒和布达佩斯学派的其他成员在谈到卢卡奇的这部著作的创新时仍然说道:"对我们来说,整部著作隐含的**对象化理论**(the theory of objectification)才是它哲学上的**创新**所在。这一理论至少解答了马克思的哲学论述过的一些未解答的问题。"[1] 同样赫勒在20世纪80年代为

---

[1] 阿格妮丝·赫勒主编:《卢卡奇再评价》,衣俊卿等译,哈尔滨:黑龙江大学出版社2011年版,第171页。

《日常生活》写英文版序言时也明确指出，尽管"类本质"概念与对象化同时使用有些重复，但并不想删除它，"因为'类本质'概念表明我主要受益于马克思的遗产，尤其受益于卢卡奇的遗产。正是卢卡奇在他的《审美特性》第一章（论日常思维）中把类本质概念置于讨论的前沿，我常常参考此书。"① 的确，如前所述，卢卡奇晚期哲学中对马克思的类本质和类特征以及对象化概念的运用影响了赫勒，使得赫勒在此基础上进一步发展了其日常生活理论。

在这里需要明确的一个问题是：为什么赫勒在其关于日常生活理论的论述中会如此重视这两个概念？它们与政治哲学领域有什么潜在的关系？马克思理论中的类本质或者类特征如前所述，主要指的是人的自由的有意识的活动，这种活动中蕴含的自由要素恰恰是赫勒所特别珍视的价值，她在政治哲学中特别阐述了自由这一价值既是现代人生存所倚靠的凭据，尽管在现代社会中，它也是无根基的、漂浮的存在。赫勒对日常生活的阐述之所以与对象化密不可分，原因在于一方面生活在日常生活中的人们不可避免地都要进行对象化的活动，只要人们为了维持自身的生存，进行生产和再生产性的活动，这一对象化的活动就需要进行，因此她才将日常生活定义为"那些同时使社会再生产成为可能的个体再生产要素的集合"；另一方面也只有通过不断的对象化活动，个人才能超越日常生活走进更高的领域，从而与世界和自身拉开距离，在这种超越的过程中也包含着批判的维度。因此，正是由于类本质和对象化这两个概念中隐含着自由的价值以及批判、超越的要素，才使得赫勒继承了马克思和卢卡奇的思想并进行重点阐述。接下来需要对赫勒使用的与日常生活相关的概念进行梳理，这些概念主要是人类条件、自在的类本质对象化领域、自为的类本质对象化领域以及自在自为的类本质对象化领域，将力图厘清它们分别的含义以及与日常生活的关系。

如前所述，赫勒将日常生活界定为那些同时使社会再生产成为可能的个体再生产要素的集合，这样界定的日常生活主要包括两个部分：易变的内容和相对固定的结构，而在相对固定的结构中则栖居着"人类条件"（human condition），即人类条件仅仅是日常生活的一部分，相对固定的结构部分，它是一个常量。所谓的人类条件"首先可以确定（**规**

---

① Agnes Heller, *Everyday Life*, Routledge & Kegan Paul, 1984, p. xi.

定）为社会法规代替本能法规"①，即人类条件是人类社会的各种法规的综合，它们共同构成了社会的秩序，作为社会法规的人类条件，它是所有的人，无论活着的、逝去的，还是没出生的人们，所共同分享和面对的社会世界。对于"人类条件"的阐述并不是《日常生活》分析的重点内容，而是后来的论文《日常生活面临着危险吗?》中重点阐述的问题，尽管如此，但它是一个与日常生活密切相关的概念。

此外，赫勒还对人类社会中存在的三个领域进行了区分：自在的类本质对象化领域、自为的类本质对象化领域以及自在自为的类本质对象化领域。首先这三个领域总体上都是对象化的，即生活在社会中的人占有对象并持续地作用于客观对象同时也被对象塑造的过程。所谓**自在的类本质对象化领域**，这是人类社会中基础的领域，它是当下生存的人以及前人活动的结果，但同时也是尚未出生以及新出生的人进行活动的前提条件，即它对于新生儿而言是自在的，新生儿一出生就会面临着已经存在的一个对象化的世界，它对于新生儿来说是对象、他者，新生儿可以在其成长的过程中在这一对象化的世界中继续进行对象化的活动。这一领域内在大致包括三个部分：日常语言以及语言使用的规则和规范；工具和产品以及使用、处理这些工具和产品的规则和规定；被称之为习惯的人类相互作用的规则和规范，这三个部分尽管相互区别，但是却密切相关，它们是统一的关系体系。这一领域也被赫勒称为"社会的横截面"，它是一种社会先验性的存在，对于个人的社会化过程来说这一领域非常重要，它是新生儿面对社会世界的第一个领域，一个人如果不先进入这一领域并因此称为特定世界中的个人，那么他就不能进入其他的领域。个人在这一领域中获得之后进行交往、认知、想象和创造等因素的基础，这一领域对人们来说是"自在的"，即它是"前反思的"，也就是说，一个人并不能从这个领域的立场反思这个领域。所谓**自为的类本质对象化领域**，是建立在自在的类本质对象化基础上形成的，它是在与自在的对象化领域保持距离并重组这一领域的过程，它主要包括所有类型的叙事、各种起源的神话、各种沉思、视觉象征以及很多其他的东西。这一领域主要指的是宗教、科学、艺术和哲学的领域。而所谓**自在自为的类本质对象化领域**则源于前两者的分化，它是社会—经济—政治制度

---

① Agnes Heller, *Can Modernity Survive?*, Polity Press in association with Basil Blackwell, 1990, p. 47.

的领域。这些制度建立了自己的交往、行动和程序的规范和规则，它也被赫勒称为"制度化的领域"。这三个领域共同构成人类世界，而且各自都由一定的准则和法则构成。

归纳起来，这三种领域大致可以区分为**日常生活**和**非日常生活**的领域。自在的对象化领域基本等同于日常生活的领域，因为它能够将各种规范的、认知的以及实践的知识都转化成了它自己的语境语言网。尽管它与日常生活并不具有共同的边界，也不共同拓展。而后两个领域则属于非日常的领域，自为的对象化领域以自在的对象化领域为基础，而自在自为的对象化领域则在前两个领域的基础上分化。自在的对象化领域和自为的对象化领域之间存在着较大的差别，其差别**首先**在于，自在的对象化领域或者说日常生活的领域具有异质性的特征，因为它是众多个人参与其中进行再生产的领域，而众多个人体现的是差别性的特征。但这也不排除或多或少同质行为和对象化领域的可能性。而同质性的特征则是自为的对象化领域的特征。

与之相应，赫勒认为，这几种领域的**第二个差别**还在于要求参与其中的主体以及态度是不同的。要求参与自在的对象化的领域的人持有整个的人或者作为一个整体的人（the whole human person 或者 human person as a whole）①的态度，即在这一领域中，尽管人们需要调动各种能力来进行对象化的活动，但是并不要求将这些能力发展到极致，因而这些主体总是异质性的，他们总是以自己的方式完成对象化的过程。要求参与自为的对象化领域的人的态度持着人的完全性（human wholeness）的态度，这就意味着个体需要"全神贯注于"某一具体的对象化系统，他需要将自己全部的能力、天资、判断力等完全集中在某件事情上。在这一领域中进行的人的活动，涉及的是人的创造或者再创造。要求参与自在自为对象化领域即制度化领域的人持有专门化的人（the specialized human person）的态度，即制度化领域的主体是专门化的人。在这一领域中要求的主体是具有专业和专门知识的人，当然这一主体首先是作为整个的人，只有作为整个的人才能具有一种或者多种专业知识。实际上，对

---

① 对于"the whole human person"和"human wholeness"的翻译，笔者在阅读赫勒的英文版本书时觉得将之翻译成"整个的人"和"人的完全性"似乎更接近原意。但是因为赫勒对这两个词的使用源于卢卡奇，在卢卡奇的《审美特性》的中译本中，徐恒醇先生将之翻译成"完整的人"和"人的整体"。无论哪种译法，都是出自同一英文词汇，故此说明。

于前两个领域中所需的人的态度的区别以及转化，卢卡奇在专门讨论的科学与日常生活的分化过程中进行了比较详细的说明。在卢卡奇看来，在人类漫长的发展史中，随着生产力的提高，科学（数学、几何学、天文等）也渐渐从日常生活中分离，而伴随着人类社会逐渐出现的科学中体现的反映世界的非拟人化趋势，进行着整个的人到人的完全性的转变和跃升。也就是说，科学与日常生活逐渐分化的过程中，要想真正把握客观现实，避免受主观因素影响而产生歪曲，就需要人们在反映客观世界时与人格化、拟人化的直观方法彻底分开才有可能，而这样的分离也伴随着两个领域中要求的人持有的态度的不同，因为人们需要对具体的对象化事物和系统进行研究，从而把握其内在的规律，需要全神贯注于此领域或者某事物。尤其是近代以来，有两个重要的契机加速了两者之间的分化："第一，生产力的发展从以前的社会形态的角度看来没有'神圣的界限'，而就其自身看来，具有无界限性的倾向。第二，生产力的无界限的扩大与科学方法同样无界限的形成处于持续的相互作用中，形成相互的丰富化和影响。"① 正是这两个契机，科技迅速发展，使得科技及其非拟人化特征在渗透和丰富日常生活的同时也加速着从日常生活的分化，当然这一过程中充满了与统治阶级的意识形态的激烈斗争。卢卡奇对日常生活领域、科学、艺术等领域中两种不同的态度的阐述被赫勒完全接受，从而被赫勒应用于自在的对象化领域和自为的对象化领域。

自在的领域和自为的对象化领域的**第三个差别**在于前者能够给人们提供复数形式的意义（meanings），诸如一套复杂的规则和规范、符号和语境的含义等，而后者则能够产生并提供单数形式的意义（meaning），即能提供诸如整个事业的意义、它存在的意义、生活的意义以及我们生活的意义等，而这种单数形式的意义对于现代人，尤其是具有反思能力的人来说至关重要，它是人们生存的根基和精神的寄托，同时它也服务于制度化领域，能够为其合法性提供证明。赫勒对两者之间所做的这种区别，意在表明当世界被科学理性逐渐"祛魅"之后，围绕着人生存的诸多意义应该到自为的对象化领域中去追寻。因此，这一领域对于个人的生存乃至其他两个领域来说至关重要，这也是赫勒20世纪80年代逐渐碰触到现代性问题，以及在谈到之前的日常生活主题时，一直强调这

---

① 卢卡奇：《审美特性》（上），徐恒醇译，北京：社会科学文献出版社2015年版，第92页。

一领域要与其他两个领域保持平衡的原因。

三、日常生活革命

如前所述，赫勒在其日常生活理论中如此详细论证个人的特性和个性这两种存在以及日常生活的组织架构等，其最终目的是想表明现代社会中的革命正在从原来宏大的政治革命向着微观的日常生活革命的方向转变，她希望日常生活能够向着人道化的方向转变。那么在这里首先要问的一个问题是：日常生活革命与政治革命的区别在哪里？对于这一问题，赫勒在 1990 年出版的《现代性能够幸存吗?》（*Can Modernity Survive?*）中重新界定政治的概念时触及到了。在那里，她把政治的概念定义为"在公共领域中自由这一普遍价值的具体化"时曾经提到，"自由的具体化"也是一场正在发生的革命，当它在公共领域发生时它在本性上就是政治的，而当它在其他领域中发生时则不是政治的，但显然它仍然是革命，因为我们的生活方式将被改变。在这里，赫勒对政治革命和其他革命进行区分时，是以"自由的具体化"的实施是否发生在公共领域为标准进行划分的。而在赫勒接受 Simon Tormey 访谈时也曾经明确表示过，她将日常生活革命与政治革命做了区分，这一区分表明了现代的激进革命发生了转向。两者区别不仅仅在于一个微观、一个宏观，一个缓慢一个急进，还在于两者对应的是两种解放：emancipation 和 liberation，即日常生活的革命是 emancipation，而政治革命是 liberation。具体来说，两类解放的区别在于：emancipation 是一种个人的姿态，是自我的解放，与阶级行动和集体行动没有太大的关系，而 liberation 则是集体的姿态和集体的行动。赫勒所注意到的两者的区分以及她对 emancipation 的关注对于她构建其激进政治理论非常重要，因为这关系到现代社会的个体如何生存以及如何进行革命的问题，也关系到现代的革命方式虽然仍然是激进的，但是方式已经发生了新的变化。这样的转变自然与时代的背景转换密切相关，如前所述，20 世纪特别是第二次世界大战之后，随着现代科技的发展以及现代西方社会结构的改变，无产阶级的内涵也发生了很大变化，与之相对应的无产阶级革命的策略也必须进行调整，西方的学者纷纷从宏观领域转向了微观领域，这也是赫勒深入马克思主义理论、提出日常生活革命以及关注日常生活中个体的社会背景方面的原因，同时也正是在 1968 年研究视角实现了转换，从现代的视角转向了后现代的视角。

由此可见，与马克思和卢卡奇早期的革命观相比较而言，赫勒的革命观放弃了比较宏大的阶级革命或者阶级意识的革命，而转入与我们每个人息息相关的日常生活革命上，革命的承载者也由工人阶级或者工人阶级的意识变为现实的个人。在这里我们不禁要问：赫勒的革命观为什么会发生如此大的转变？她所提出的日常生活的革命是否可能，如果可能，它依据的是什么，即日常生活革命何以能够发生？

（一）赫勒的革命观缘何发生转变

之前已经说过，赫勒在对个性与特性的区别中由于受到卢卡奇的直接影响，突出了马克思的类本质的概念，也悬置了传统马克思主义理论中的阶级的概念，将目光转向个人。此外，赫勒的革命观之所以要向日常生活转向，还基于以下几方面的原因：第一，赫勒所面对的现实发生了变化，即科技一体化的图景已然形成，西方极权主义已然出现。其实这一点也可以用来解释卢卡奇晚期将目光转向日常生活的原因。正是因为现实中科技理性一体化的统治愈来愈深入到人的内心，他已经意识到比较宏大的政治革命不能真正改变个人本身；此外，劳工运动的现实发展也为赫勒日常生活革命的转向提供了现实素材。正是因为这样的现实使得当今已经不存在政治上被隔离的阶级，因此就需要重新定义政治的概念，对于现代政治概念的界定，将在后面的章节中详细涉及。以此类推，这必然使得对革命的理解发生变化，革命不再是传统意义上宏大的阶级革命，而是转化为现代的微观的个人在日常生活的革命。第二，卢卡奇以及法兰克福学派思想的影响，这种思想的影响使得赫勒更加自觉地向着日常生活革命的路径转变。因此，赫勒面临的现实的变化以及思想的影响使得她从另一个方向继承了马克思留下来的革命遗产。

首先，现代科技理性的深入渗透以及劳工运动的现实发展是赫勒革命观改变的现实背景。赫勒所面对的现实境况与马克思和卢卡奇早期生活的现实境况已有很大的不同。一方面，在赫勒所生活的时代里，不仅马克思描述的劳动异化以及卢卡奇揭示的普遍的物化仍然存在着，而且这种异化和物化向着更深层次渗透，进而导致极权主义的出现。也就是说，随着科技理性的发展，现代人物质生活在得到了很大程度改变的同时也比以往更深地陷入异化或者物化的境地中，科技的逻辑和力量已经渗透进了人们生活的方方面面，它对人的统治更加隐蔽和不易察觉。最终，科技理性的一体化发展趋势导致了极权主义的发生，从而在现实生活中出现了法西斯主义以及斯大林主义这两种表面上看起来相去甚远的形式，当然也出现了令人震惊的"屠犹"事件以及"大清洗""古拉格群岛"等野蛮事件。对科技理性给现代社会和现代人带来的影响一直都是法兰克福学派批判的重要内容，在这种情况下，统一的阶级和阶级意识的生成变得尤其困难。另一方面，劳工运动在现实特性的基础上深入发展。在赫勒看来，劳工运动的最初阶段中，尽管斗争完全在经济领域中展开，但是事情也开始超越对特性的诉求，即在刚开始经济领域的斗争时，工人们所要求的满足是特殊性的，诸如要求面包、住房、较短工作时间等，但是用来达到这些目标的设想和方式则暗含着超越纯粹特殊性的态度，诸如社会活动、团结、文化价值的提高等。因而参与到纯粹经济斗争中为工人提供了一种新的日常生活。在今天的欧洲和美国，在经济斗争的意识形态内容和日常生活之间出现了一种新的关系。参与经济斗争不再要求超越特性，也没有任何社会行动依赖于以全新的视角将社会视为整体。就劳工运动期望超越资本主义而言，它就必须假定一种根植于现存运动的新的生活方式。只有在渴望克服其日常生活的特性，并在依据个体自由联合的原则组织自己的民众的帮助下，才能实现这种转变。概而言之，赫勒正是通过对劳工运动的发展过程中的变化揭示出在实现自由个体联合的过程中，政治意识形态或者经济斗争中的意识形态对于人们的超越特性的愿望具有阻碍作用，因此，要想超越资本主义，人们就必须克服特性，从而在现存已经取得的运动的基础上形成新的生活方式。

  正是基于以上谈到的现实背景的变换，使得赫勒也认识到社会中存在的统治形式未必只有一种，即未必只是以阶级统治的形式呈现出来，在当今技术理性一体化统治下，所有的人无论工人还是资本家阶层都已经被整合到这个一体化的进程中，这种统治是对所有单个人的统治，它以极权主义统治形式出现，这种统治形式会以意识形态的形式而出现。对于极权主义的统治，赫勒的感触应该更深，她亲身经历了对犹太人的隔离以及"集中营"的生活，也生活在斯大林式社会主义模式统治下的匈牙利，这种体验在与她后来流亡经历的对照中愈发明显，因而这种独特的体验必然会引发她对现代性的重新审视以及对现代道德和政治的独特思考。在现代社会中由阶级革命或者阶级意识革命并不足以打破极权主义统治的情况下，为了能够"复兴马克思主义"，复兴其中蕴含的革命思想并最终走出异化的状况，赫勒直接继承了卢卡奇晚期的思想，转而主张以个人为主导的日常生活的革命，正如在1976年出版的《社会主义的人道主义》中她和瓦伊达曾共同指出的那样："如果我们**自觉的革命意图**能以日常生活的变革为方向，那么共产主义生产关系的变化和异化的力量结构向地方的和社会层面的自我管理形式的转变就能够得以实现。"①

其次，卢卡奇和法兰克福学派思想的影响。如果说现实背景的转换为赫勒革命观的转向提供了客观条件的话，那么卢卡奇晚期思想和法兰克福学派思想中对现代性的诊断则为赫勒自觉地转向日常生活革命理论提供了理论基础。本章初始已经介绍过，作为卢卡奇的学生，赫勒的日常生活思想直接来源于卢卡奇晚期的著作《审美特性》的影响。除此之外，她的日常生活的革命在某种程度上也受到了卢卡奇后来的著作《民主化的进程》中表达的思想的影响。在《审美特性》中，卢卡奇对科学和艺术这两种形式的阐述是建立在人们常常忽视的日常生活的态度和日常生活的领域基础上的。在他看来，"人们的日常态度既是每个人活动的起点，也是每个人活动的终点。"② 而在日常态度基础上发展出了艺术和科学两种更高的感受和认识世界的形式，然而这两种形式又会反过来作用于日常生活，从而使得日常生活以及人们的日常态度发生变化。为此，卢卡奇在《审美特性》中也重点讨论了审美和科学与日常生活的相互作用问题。而在《民主化的进程》中，卢卡奇也一直强调，社会主义民主化进程必须与日常生活相结合，如果没有外部的日常生活的变革和重建，那么个人内在的转变就没办法实现。因此，赫勒对日常生活及其内部发展出来的形式的关注、对日常生活革命的强调与卢卡奇晚期理论的影响密不可分。

此外，还需要详细谈到的是法兰克福学派中马尔库塞的思想对赫勒的革命转向的影响。导论中已经说到，赫勒也受邀参加了其组织的学术活动，因为法兰克福学派的马尔库塞、弗洛姆以及后来退出这一学派的

---

① 安德拉什·赫格居什、阿格妮丝·赫勒等：《社会主义的人道主义》，文长春、王静译，哈尔滨：黑龙江大学出版社2014年版，第2页。
② 卢卡奇：《审美特性》（上），徐恒醇译，北京：社会科学文献出版社2015年版，序第1页。

哈贝马斯都参加过这一学派，由此，他们对现代技术理性的总体批判也影响到了赫勒，尤其是马尔库塞对于现代发达工业社会的极权主义特征的深刻批判，赫勒在后来对于现代性的分析中明确对极权主义国家进行了重点论述。马尔库塞在其著名的《单向度的人》中首先表明，现代发达工业社会中，由于其在生产和分配中日益增加的自动化因素开始作为一个系统来发挥作用，因而，生产装备趋向于变成极权性的，它对社会和人本身越来越具有决定性，也因此，"它消除了私人与公众之间、个人需要与社会需要之间的对立。对现存制度来说，技术成了社会控制和社会团结的新的、更有效的、更令人愉快的形式。"① 而且马尔库塞也断言，当代工业社会，因为其组织技术基础的方式，必然会成为极权主义的，但如他一直所说这种极权主义不仅仅指社会的一种恐怖的政治协作，更主要指的是一种非恐怖的经济技术协作，而这主要是通过既得利益者操控各种需要发生作用的。在这种全面操控下，虚假的需要盛行，而真实的需要则被压制，从而进一步形成了单向度的人。对于这种趋势，其实早在卢卡奇对于现代社会的物化现象的阐述中早有端倪，卢卡奇早期对马克思和韦伯思想的解读中就已经诊断出了现代社会存在普遍的物化现象，物化笼罩在社会的各个领域中，而且资产阶级也无法摆脱掉这一被物化的命运，由此可见，现代社会的统治不仅仅表现为单一的阶级统治形式，而且表现为倚靠技术而进行的全面的、无所不在的极权主义统治，在这种统治形式下，单单依靠阶级反抗和阶级革命或者阶级意识的形成已经无法彻底解决现代问题，因此才有了法兰克福学派集体搁置早期西方马克思主义强调的阶级的概念，转而走向个人的反抗。

由此可见，赫勒沿着卢卡奇晚期对日常生活的哲学思考以及法兰克福学派的道路，自觉地远离了马克思和卢卡奇早期主张的阶级革命的方向，走向微观意义上的革命道路以及对个人的思考，因为她已经认定政治革命以及阶级既不能改变单个人的生活和生存状态，也不能唤起他们的反抗意识和批判的精神，而要想打破由技术理性全面统治的极权主义社会的秩序，要想改变工具理性和价值理性失衡的现实，需要恢复人们已经失掉的内在的否定性维度，这对于超越现存秩序至关重要。对此，也从她在后来的回顾中得到了证实："政治革命不会改变人的行为。政治

---

① 赫伯特·马尔库塞：《单向度的人》，刘继译，上海：上海译文出版社2006年版，导言第7页。

革命之后，人们并不能够变得与其世界和自身更加保持距离。"① 也就是说，政治革命并不能瞬间完成人们反思意识、批判精神和否定的维度的培养，而这只能通过日常生活的革命来进行，赫勒对日常生活的定义，日常生活的革命则依赖于个人态度的转变。这种革命观的转变无疑是从另一个方向走向了马克思对未来的构想，即动态地实现着马克思提出的"个人的全面自由发展"的目标。尽管她不再主张无产阶级以及政治革命的思想，但不可否认的是，赫勒提出的微观层面上的日常生活革命丰富了马克思和恩格斯从宏观方面所构架的社会革命和政治革命理论。

（二）日常生活革命何以能够发生

对于这个问题的回答，可以分成两个小问题来加以阐述。第一，日常生活革命是否可能？第二，如果日常生活革命是可能的，那么它如何进行？

对于第一个问题的答案，赫勒在《日常生活》中论述科技操纵日常生活问题时明确表明自己的态度："我并不相信这些'科学技术的方法'将会起决定性作用，操纵可以以其他的更加自发的方式，诸如消费者市场、时尚等发生，并且这也一直在发生着。我也不相信人们能够完全被操纵，无论采取什么方式。人总是表现出自己能够找到足够的办法反叛任何特定形式的异化，那我们为什么要假设这将不会或者不可能在'科学技术'操纵的情况下发生呢？"② 在这段话中，我们可以很明确地看到她对现代人反抗当今科技一体化的能力充满着信心，也就是说，尽管现代科技理性一体化的进程已经发展到马尔库塞所说的极权主义的阶段，并且它从各个方面操纵着、欺骗着现代人，然而，它还不能穷尽生活的全部以及所有人，在人的身上仍然存在着反抗的可能。

从这一点中，我们隐约可以看到卢卡奇在《历史与阶级意识》中描述的现代工人身上还存在着尚未完全被商品化的灵魂的影子。卢卡奇曾经在这部著作中指出："工人以物化过程和变成为商品，虽然毁灭他，使他的'灵魂'枯萎和畸变（只要他不是有意识地表示反抗），然而恰恰又使他的人的灵魂的本质没有变为商品。因此他可以在内心里使自己完

---

① Agnes Heller, *A Short History of My Philosophy*, Lexington Books, 2011, p. 35.
② Agnes Heller, *Everyday Life*, Routledge & Kegan Paul, 1984, p. 106.

全客观地反对他的这种存在"。① 之所以说工人身上还存在着尚未完全被量化的质的内容，源于工人和资本家所处的社会地位不同，因而所采取的做法也不同。换句话说，尽管两者都面对着同样的被商品形式所统治的直接现实存在，但是"由于阶级利益的推动，这同一个存在使资产阶级被禁锢在这种直接性中，却迫使无产阶级超越这种直接性。"② 那为什么面对同一种社会存在，对两者的影响和结果却截然不同？卢卡奇对此问题进行了很好的解释。原因就在于对资产阶级来说，它的社会存在拥有双重形态：一方面，单个的个体作为认识的主体面对着巨大的客观必然性，他也无法把握整体，只能理解一些细枝末节。也就是说，资产阶级在现实面前也是处于被物化的状态；另一方面，资产阶级中的个人却又处于表面上的主体的位置。而这双重形态却是无产阶级所不曾拥有的，无产阶级只是作为纯粹的客体而出现的。正是这种处境的巨大反差最终导致了工人身上还存在着尚未完全被量化的质的内容，诚如卢卡奇所说："在日常生活的一切方面当单个工人以为自己是自己生活的主体时，他的存在的直接性立刻就把这一幻想撕得粉碎。"③ 也就是说，最终工人在自身被抽象为纯粹的商品的形式中认出了自身，也认清了资本主义生产的整个过程，进而被迫力求超越这种客观直接性。而资本家则被表面上的"主体"地位的假象所掩盖，因而它并不能超越这种直接性。

概而言之，卢卡奇通过对资产阶级和无产阶级的对比，通过引入德国古典哲学以及对辩证法的回溯，表明当工人意识到自己是商品，从而获得了实践的认识后，那么他就已经觉醒，从而在抽象的形式下获得了丰富的内容。尽管卢卡奇最终落脚于无产阶级意识的觉醒和获得上，尽管他一直强调无产阶级的阶级意识不能与无产者实际的心理意识状态等同，但不能否认的是，这种意识的获得却是以单个工人的意识为起点的，当然我们也知道最终卢卡奇仍然坚定地认为在现代资本主义社会中只有阶级而不是个体才是扬弃物化的主要力量，才是革命的主要力量，只有阶级才能担任革命的主体的角色，正如他在《历史与阶级意识》中论述

---

① 卢卡奇：《历史与阶级意识》，杜章智、任立、燕宏远译，北京：商务印书馆 1999 年版，第 261 页。
② 卢卡奇：《历史与阶级意识》，杜章智、任立、燕宏远译，北京：商务印书馆 1999 年版，第 252 页。
③ 卢卡奇：《历史与阶级意识》，杜章智、任立、燕宏远译，北京：商务印书馆 1999 年版，第 253 页。

的:"个体决不能成为事物的尺度,这是因为个体面对的是必定作为僵化事物的集合体的客观现实。个体发现这些事物是已经存在的、一成不变的。面对这样的事物,个体只能作出承认或者拒绝的主观判断。只有阶级(而不是'类',类只是按照直观的精神塑造出来的神秘化的个体)才能和现实的总体发生关系并起到实际上的改造作用。而阶级也只有当它能在既定世界的物化的对象性中看到一个过程,而这个过程同时就是它自己的命运时,才能做到这一点。对个体来讲,物化和决定论(决定论就是认为事物必然是互相联系的思想)都是不可消除的。"① 因此在这里,卢卡奇否认了个体与总体发生关系的可能性,也否认个体的实际改造作用,认为只有阶级才能生成总体性的意识,才能获得阶级意识,也才能成为超越资本主义社会中物化的现实力量。

与卢卡奇在《历史与阶级意识》中的主张不同,赫勒则主要继承了卢卡奇晚期的思想,她将单个的个人坚持到底:既认为个人是打破由科技理性所笼罩的极权主义的起点,也将日常生活革命的承载者归于个体而不是阶级的身上。正是基于这一点,我们才能理解她在《日常生活》中对日常生活的定义以及对个人的区分,将之区分为特性的个人和个性的个人,以及她对拥有个性的个体的重视。因为只有后者,即正在生成的拥有个性的个人才能突破现代社会中商品形式的限制,才能担任日常生活革命的主体。对此,赫勒在《日常生活》的英文版序言中也明确提出了这个问题并进行了回答:"该书提供的答案表达了这样的信念:社会变革不能仅仅在宏观层面上实施,而且,人的态度的改变——无论向着更好还是更糟的方向——与每一变革都相互构成。我赞成态度有改变的可能性,理由是,向着更好方向改变所需的态度确实存在,而这种态度只需要加以普遍化。当提到这种态度时,我创造了'个体的个性'(同'特性的'人相对)这个词。"② 从这段话来看,赫勒认为日常生活中个人态度的改变,即前面所比较详细阐述过的个人的特性向着个性的改变,提供了日常生活向人道化方向改变的路径。在这里为了避免误解,有一点必须得以强调:日常生活革命与有个性的个体的生成是相互联系、互为前提的。并不是说个人首先形成具有个性的个体,然后才推动日常生

---

① 卢卡奇:《历史与阶级意识》,杜章智、任立、燕宏远译,北京:商务印书馆1999年版,第289页。
② Agnes Heller, *Everyday Life*, Routledge & Kegan Paul, 1984, p. X.

活的革命,或者反之,先有日常生活革命,然后再推动着人的改变。实际上,两者是互为前提、互相渗透的,个人是生活在日常生活中的不断进行生产活动、不断改变日常生活的个人,而日常生活同时也是被个性的个人在实践活动中改变着的日常生活。无疑在这里体现着马克思在《关于费尔巴哈的提纲》中关于"人与环境"之间关系的阐述,在《提纲》的第三条中,马克思批判了将环境的改变和人的活动相互割裂的学说,指出:"环境的改变和人的活动或自我改变的一致,只能被看做是并合理地理解为**革命的实践**。"① 此外,赫勒还强调有个性的个体绝不等同于完美无缺的个体,这样的个体虽然存在着很多缺点或者弱点,但却足以担当日常生活革命的主体。

第二个问题是日常生活革命如果是可能的,那么它如何进行?既然日常生活革命的主体主要依赖于有个性的个体,那么进一步的问题便是拥有个性的个体如何生成?赫勒不仅关注个性的生成,实质上她特别注重道德个性的生成,为此,她在后期的"道德理论三部曲"中对个性尤其是道德个性的生成途径进行了详细的论述。大概来说就是,现代人生存在双重偶然性的境况中,他们要想将自身的偶然性生存转化成确定性的生存,就要进行生存的选择,无疑在这里可以看到赫勒从克尔凯郭尔那里继承了这一思想并加以发展,当然这种生存的选择也不足以使得个人成为道德个性的存在,只有依据普遍性的范畴进行生存的选择的人,即只有选择道德的人才能形成道德个性,否则即便个人成为了有个性的个人,也未必拥有道德个性。生存的选择一旦做出就必须保持其恒常性和不可撤销性,否则人们注定又会重新堕入到双重偶然性的生存,从而再次成为特性的存在。

而在《日常生活》中,赫勒还认为生活在日常生活中的个人想要形成有个性的个体,首先需要超越日常思维而培养非日常思维。之所以这样主张,就在于日常生活本身存在着惰性,这主要源于其中包含着重复性和实用性的日常思维和日常行为。所谓日常思维,可以理解为"我们在日常生活中以各种方式实际运用的全部知识(例如,行动指南、交谈话题,等等)"②。这种知识去除在分工的各个阶段中对人们不再有用的成分,它往往是通过代代相传而加以传播的。如果人们仅仅停留于这种

---

① 《马克思恩格斯选集》(第1卷),北京:人民出版社2012年版,第134页。
② Agnes Heller, *Everyday Life*, Routledge & Kegan Paul, 1984, p. 185.

日常思维和日常行为占主导的日常生活世界中，那么其他的领域也将萎缩，人的个性也无法生成，正如赫勒说过的那样，重复性实践和重复性思维形式"能够而且的确常常导致人的行为和思维中的某种僵化。重复性实践（或思维）不断发起进攻，而在取得最佳结果的情况下，它甚至能侵蚀本是创造性实践和思维的领地。它能够而且的确常常使我们在认识新奇事物以及发现其中固有的问题时反应迟钝。在存在的问题的情形中，即在需要创造性思维的情形中，我们常常试图通过重复性思维应付过去。正如我们所看到的那样，这会导致日常生活的灾难；不仅如此，它也会阻碍个性的发展"①。由此可见，超越日常的重复性思维、走向非日常思维尤其重要，如果个人任由日常生活中占有支配地位的日常思维和日常实践主宰的话，那么它们不能够使个人与世界和自身拉开距离，从而个性也无法生成。所谓的非日常思维主要指的是我们用间接知识所理解的东西，它"无法通过从与日常体验相关的日常思维中推知或对之加以组织，也无法通过剔除日常生活的特性、偶然性和排他主义的人类中心性形成"②。在这里赫勒区分了非日常思维和日常思维，但是她也强调，两者并不是毫无共同之处，从归根结底的意义上非日常思维的形成的确依赖于日常生活。

进而赫勒也对几种非日常思维的代表形式——近现代的科学、艺术和哲学——进行了阐述，这几种形式超越了日常的经验和思维，诚如赫勒所说的那样，"它们直接从既定集合体的日常需要中产生，然而在后来，它们作为对象化领域，凭借着自身获得了独立地位，其本质特征在于，它们不再与我们的日常生活或者整体的直接利益具有任何直接的联系。"③ 然而，赫勒在说明日常思维的人类中心特征的时候，区分了日常生活的人类中心性和哲学、艺术和社会科学的人类中心性，认为它们指向的并不是同样的事物。后者指向的是人类或者人类的创造活动，而后者也是非日常思维的典型表现形式，是个人形成与类之间的结合，尤其是赫勒与卢卡奇一样非常注重艺术在两者之间结合的重要作用，它对于个性的生成也尤为重要。在她看来，艺术是人类的自我意识，它也是"自为的"类本质的承担者。无论是在艺术的创造过程中，还是在享受

---

① Agnes Heller, *Everyday Life*, Routledge & Kegan Paul, 1984, p. 131.
② Agnes Heller, *Everyday Life*, Routledge & Kegan Paul, 1984, p. 50.
③ Agnes Heller, *Everyday Life*, Routledge & Kegan Paul, 1984, p. 99.

艺术作品时，人自身的特性都会中止，在前者中，特殊艺术的同质媒介把创作代理人提升到类本质的领域，他的个性的印记必须打到人造物的世界之上；在后者中，人们从自身的感受和经历出发，带着自己的情感来欣赏艺术作品，在这个过程中，赫勒强调我们以在其中并凭借它去学习生活的社会价值判断和意识形态来装备自己。换而言之，人们在欣赏艺术作品时，艺术作品与个人发生了关联，它以其同质性的存在可以使人改变原来的特殊性，向着其所表现的同质媒介跃升，从而向着个性生成的方向发展，当然如果这些都不会改变的话，那么人们又会回到日常生活和日常思维的存在状态。但是无论怎样，赫勒所说到的非日常思维的这几种表现形式，都可以渗透到日常生活，也都可以引导人从日常思维走向非日常思维，从而与类之间形成关联，形成拥有个性的个体。

其次，特性的个人要想成为个性的个体，离不开与日常生活和自己的关联。而这一点也是赫勒不赞同海德格尔的地方。赫勒在后来的回忆中谈起海德格尔的《存在与时间》对自己的影响时曾经说道，她从海德格尔的著作中了解到，一个人要成为本真的就应该抛开日常生活，而她非常反对这样的观念，与之相反她认为："一个人的本真性并不依赖于抛开日常生活，而是依赖于他与自己的世界和自己的关系。"① 从赫勒的阐述中可以看到，两人在回答"人如何才能成为本真的"或者"人在趋向本真性样式的过程中如何处理与日常生活的关系"这一问题的答案并不相同。

对于海德格尔的思想，我们都知道，他从生存着的此在出发，运用了现象学的方法进一步分析其如何去存在的过程。在他看来，此在总是作为可能性来存在的，其存在有本真状态和非本真状态两种样式，这两种样态主要对应于本己掌握的自己和常人自己。常人这种非本真的存在是海德格尔分析的一个重点内容，他认为：常人是日常生活的主体，但它"不是这个人，不是那个人，不是人本身，不是一些人，不是一切人的总数"②，它是个中性的东西。尽管常人不是确定的人，但是一切人却都可以作为常人而存在，常人的存在方式主要是庸庸碌碌、平均状态等，常人到处都在场，但是一旦需要有人来承担责任时却找不到承担者。而

---

① Agnes Heller, *A Short History of My Philosophy*, Lexington Books, 2011, p. 31.
② 海德格尔：《存在与时间》，陈嘉映、王庆节译，北京：商务印书馆2018年版，第163页。

"本真的自己存在并不依栖于主体从常人那里解脱出来的那样一种例外情况；常人在本质上是一种生存论上的东西，本真的自己存在是常人的一种生存变式"①。在这里海德格尔描述了此在生存的两种样式，那么此在如何从非本真的存在向本真的存在转化呢？在这里就涉及海德格尔阐述的此在的两种现身情态：怕和畏。两者之间存在着根本的区别——怕之所怕总是指向世内的具体的某物，无论它是否在场、是否出现，它有因缘，是确定的，但是畏之所畏并不是任何世内存在物，本质上不能有任何因缘，它完全不确定，与世内存在者也根本不相干。畏不仅仅是"对……生畏"，它同时也是"为……而畏"，所以海德格尔说道："畏所为而畏者，就是在世本身。在畏中，周围世界上手的东西，一般世内存在者，都沉陷了。'世界'已不能呈现任何东西，他人的共同此在也不能。所以畏剥夺了此在沉沦着从'世界'以及从公众解释方面来领会自身的可能性。畏把此在抛回此在所为而畏者处去，即抛回此在的本真的能在世那儿去。畏使此在个别化为其最本己的在世的存在。"②从海德格尔的这段话中可以清晰地看到，本真的存在与此在的畏的现身情态有关，只有在畏而不是怕中，此在才成为最本己的存在。由此可见，海德格尔对个人本真的存在的阐述抛开了日常生活，而转向了对畏的讨论。而赫勒则不赞同这一点，她将本真的人理解为"个体"，这样的人居于日常世界中但又能与日常生活以及自我拉开距离，相比较而言，她将非本真的人理解为"特殊性的"人，这样的人也居于世界中但却不能将自己与世界和自我拉开距离。在两者的区分中，也可以看到赫勒对此问题的回答直接受到了卢卡奇的影响，再往前追溯的话便是卢卡奇和赫勒都深受马克思的影响。

卢卡奇在其晚期的著作《审美特性》中对海德格尔以及他对日常生活的研究进行了评判。他肯定了海德格尔对日常生活和思维的重要方面所做的更具体化的探索，在这方面他远远超过了新康德主义的水平，然而卢卡奇通过把马克思的理论与海德格尔的相对照，也指出了他的不足，其不足主要表现为：首先，他对日常状态的分析缺乏对过去具体时期的

---

① 海德格尔：《存在与时间》，陈嘉映、王庆节译，北京：商务印书馆2018年版，第167页。

② 海德格尔：《存在与时间》，陈嘉映、王庆节译，北京：商务印书馆2018年版，第237页。

论证。也就是说，在卢卡奇看来，海德格尔对现代日常生活及其思维的描述只是建立在其现象学—存在论的方法上展开的，并不是将其置于历史的具体某一时期的结构上，而只是置于存在者与存在之间的距离上。因此，卢卡奇认为这种对日常生活的描述并不是历史的，而是神学的。其次，海德格尔的独特术语"沉沦""闲言""常人"等所展现的是一幅悲观主义的图景。也就是说，卢卡奇认为，海德格尔用这样恒常性的词句把日常生活变成了毫无希望的没落领域，同时也将日常生活的结构贫乏化。正是通过对照马克思注重具体的历史性对资本主义社会的分析以及海德格尔的这种抽离具体历史性的分析，卢卡奇对海德格尔在肯定的同时展开了批判。如上所述，赫勒也是在卢卡奇的批判基础上表达了与海德格尔的不同，追溯其根源，卢卡奇和赫勒对日常生活的分析都源于马克思对资本主义社会本身的具体历史性的强调。尽管马克思在其理论中并没有明确表明个人如何从特性转变成个性，即如何从非本真存在跃升为本真存在，但从他对工人和人所做的区分、对私有制的揭露、对共产主义的描述以及对工人向人的复归的描述来看，他实际上支持人们立足于现实社会即资本主义社会，来进行实际地扬弃私有制的斗争，最终才能实现真正的人的复归。因此，从这层意义上来说，赫勒和卢卡奇都继承了马克思理论中关注的现实和历史的维度，并且从这一角度对海德格尔的思想进行了批判。

第三，除了如上所述的日常生活革命倚赖于有个性的个体生成之外，日常生活的革命也需要变革资产阶级社会中的家庭和两性关系。无疑，赫勒强调的日常生活革命的目的不是要废除日常生活，而是通过揭示日常生活的异化特征，为非异化的日常生活而努力，正如赫勒所说的那样："只要我们作为革命的马克思主义者，坚持把创造一个非异化的社会作为我们的目标，我们应该倡导的就不是废除日常生活，而是要创造非异化的日常生活。并且这不仅是一个倡导的问题，而且是（在给定的可能性中）去实现它的问题。"① 那么，创造非异化的日常生活的一个基本的路径除了如上所述的需要从个人的角度进行改变，还要变革资产阶级社会中的家庭这一微观单位。对这一点的阐述实际上赫勒在《日常生活》中并没有体现，而是在其后的 70 年代中期她在与其他学者合著的著作《社

---

① 安德拉什·赫格居什、阿格妮丝·赫勒等：《社会主义的人道主义》，衣俊卿、文长春、王静译，哈尔滨：黑龙江大学出版社 2014 年版，第 44—45 页。

会主义的人道主义》中加以丰富的。在这部著作中，赫勒和瓦伊达共同关注了这一内容。他们在"共产主义和家庭"一文中认为，家庭是日常生活的组织中心。为此他们批判了资产阶级家庭，认为资产阶级家庭是独裁者，它不是一个共同体，因为在相当多的资产阶级家庭里，由于传统和男性的社会地位使得男人成为权威，他可以用各种手段自由地行使这些权威。正是基于此，应该变革这样的家庭模式。为此，他们提出了新家庭面对的标准是："（1）公社必须是民主地构成的，在那里能尽早地学会民主的倾向；（2）必须保证多元的人类关系，包括成人和儿童之间的关系；（3）必须保证个性的发展和实现，对于此，最基本的条件是甚至在儿童中间都必须保证人类联合体的自由和重新选择；（4）必须排除因一夫一妻制和一夫一妻制解体而产生的冲突。"① 而这种关于新家庭的设想实际上就是他们所说的"公社"，依据他们的构想，公社是一个自由选择的共同体，它具有家庭的功能，能够解决因一夫一妻制以及解体带来的冲突，在其中，成员们选择属于它，并且能够被这个共同体中的其他成员所接收。但他们也说到，这个公社规模不能太大，以保证直接民主可以实现。而这个共同体还能够解决儿童成长过程中的焦虑、孤独等问题，使得儿童能够发展自己真正的个性。当然，这个公社的运行需要一定的保障，它需要贯穿着自由的价值，每个个体可以自由选择离开，需要有一定的物质财产来保障。尽管如此，这并不意味着公社这个共同体是完全同一、不允许差异的地方，其内部也存在着各种冲突，但与之前社会内部冲突不同的是，这种冲突的承载者是具有个性的个人，而不是没有个性的"常人"或者"暴民"之类的人，因此赫勒和瓦伊达所设想的作为共同体的公社是保留冲突、差异氛围的理想共同体。当然除了对日常生活中家庭的分析之外，赫勒也分析了两性关系。

　　总的说来，无论赫勒是分析家庭还是两性关系还是别的什么，其中心的要素都是如何发展个人的个性，与类本质形成自觉的关系，使之成为日常生活革命的承载者，从而进行全面的总体的变革，以此超越现代人生存的异化状态。在这里其实有两点需要引起我们特别的注意：第一，扬弃主体的异化是扬弃异化的先行任务，这也是她一再强调特性和个性

---

① 安德拉什·赫格居什、阿格妮丝·赫勒等：《社会主义的人道主义》，衣俊卿、文长春、王静译，哈尔滨：黑龙江大学出版社2014年版，第13页。

之间区分的意义所在。对于这一点,我们可以从 1976 年出版的她与安德拉什·赫格居什和玛利亚·马尔库什以及瓦伊达合著的《社会主义的人道主义》中的一段话看出来:"马克思在《关于费尔巴哈的提纲》中向我们展示了不同的前景。我们本身可以按着对异化的积极扬弃的方向在经济上和政治上重建我们的社会;但是,只有当我们在给定的可能条件下能够扬弃**主体方面的**异化,我们才能够完成这一任务:这就是说,我们不仅要变革机构,而且要为重塑我们自己的日常生活而斗争,我们要塑造那种可以赋予我们的生活以意义并且同时能够树立起典范的共同体。"① 由此可见,立足于主体和日常生活来展开理论既构成了赫勒也构成了布达佩斯学派的激进政治理论的一个重要内容。第二,赫勒强调的是要消除异化本身,而不仅仅是异化意识。因为她同卢卡奇以及马尔库塞等马克思主义者们一样认识到,在现代技术理性全面统治、渗透和操控的世界中,当工人们的各种条件得到极大的改善时,他们已经开始逐渐认同这一过程,幸福意识已经占了上风等。然而赫勒同样提醒我们的是:"当工人享受其工作时,劳动的异化未必会减少。'人际关系'科学有办法解决问题以使劳动更具吸引力,但是,受到侵蚀的是异化的意识,而不是异化本身。劳动异化并不是单单在劳动层面上就能够根除,相反,它取决于整个社会的变革。"② 在这里,她不仅仅区分了异化和异化的意识,同样也表明了社会总体变革的重要性,因为在由技术全面统治的极权主义社会中,只在某个领域诸如经济领域、政治领域进行变革已经不足以根除异化,如果想要彻底超越异化,那就必须进行总体的日常生活的革命。这也是赫勒如此注重日常生活革命的原因所在,是她根据新的现实背景而得出的理论的核心问题。

通过对这部著作的讨论可以看到,尽管赫勒一再宣称她不是预言家,她没有预测西方"新左派"的出现,但不能改变的是她的这部著作的确是西方"新左派"的先声,它写于 1968 年之前。而且,更重要的是,赫勒的《日常生活》中所涉及的很多论题,也构成了她后来在现代性、政治哲学、道德哲学等领域的基础。

---

① 安德拉什·赫格居什、阿格妮丝·赫勒等:《社会主义的人道主义》,衣俊卿、文长春、王静译,哈尔滨:黑龙江大学出版社 2014 年版,第 45 页。
② Agnes Heller, *Everyday Life*, Routledge & Kegan Paul, 1984, pp. 64–65.

第二节 《日常生活》的意义：
开启了赫勒的诸多研究领域

当人们回顾赫勒早期的《日常生活》这部著作时可以看到，尽管她已经站在后现代的视角上写的，但是因为时代以及个人视野的局限，这一视角在她写这部著作时仍然处在隐性位置，或者这一视角在当时还没被她意识到。随着赫勒20世纪70年代末移居到澳大利亚，尤其是80年代去美国后这一视角才逐渐在她的思想领域中明确显现，并且被她有意识地提出，这主要体现在她的《历史理论》《后现代政治状况》《现代性理论》等著作以及一系列的访谈中，她明确提出了自己所采取的后现代视角。但实际上，这一视角在《日常生活》中已经隐含，因此可以说后现代视角促使她的革命观发生了转变，在她看来，现代社会中革命应该从宏大的阶级革命转向微观的日常生活的革命上，这其中包括个人态度的改变。概而言之，赫勒在《日常生活》中为现代性理论、政治哲学、道德理论的提出和确立做了很好的铺垫性工作并为其勾勒了大体的框架。大致说来：她在本书中对技术和人类社会中存在的三个领域，即自在的类本质对象化领域、自为的类本质对象化领域以及自在自为的类本质对象化领域之间的相互平衡的阐述从一个侧面解释了现代性能否幸存的问题；她对规则和规范的强调为她在《超越正义》等著作中的静态正义奠定了基础，对政治的初步界定蕴含着她后来明确界定的现代政治概念以及她所构相的大共和制的萌芽；她所分析的现代社会中的"个体的个性"（individual personality）与"特殊性的个人"（particularistic person）以及对道德本身的阐述为后来的道德理论的系统阐述奠定了基础。因此，毫不夸张地说，《日常生活》这本书几乎是她所有研究领域和思想的开端之作。

一、为现代性理论的提出做了铺垫

在这本书中，赫勒表达了对现代技术的看法，在她看来，技术作为操控着人们的方式对日常生活的渗透还只是处于形成阶段。科技操纵已经进入了劳动过程和政治活动中，而且人们也恐惧这种操纵将会一劳永逸地使日常生活服从于它。由此可见，科技在西方的发展过程中，经过了卢卡奇、法兰克福学派中霍克海默、阿多诺、马尔库塞等人对它的批判,到了赫勒这里她也很清晰地知道科技的影响以及人们的恐惧。然而,赫勒在这里对人类却抱有充分的信心,这种信心一直持续到后来她20世纪90年代对现代性的书写中。在《日常生活》中,她说道:"我们关于'科学技术'操纵既不是必然的也并不一定成功这一论点,并没有改变这样一种事实,即社会科学和哲学应该利用一切可利用的方式与这种操纵作斗争,并动员人们捍卫自己的个性。"① 如果我们了解赫勒在后来所详细分析的现代性内在的三种逻辑和两种想像以及对它们之间关系需要保持平衡的强调,她能够更充分地理解这段话包含的深意。赫勒在后来的现代性理论中认为其内在有三种逻辑在同时运行,其中占有支配地位的就是技术的逻辑。从赫勒早期思想看,她已经关注到了科技运行给日常生活以及给人们的心理带来的后果。然而,她又一直相信人并不能被技术完全操控,也就是她对人的能力持有乐观的态度。尽管在《日常生活》中她并没有谈到现代人用什么工具或者方法来抵御现代科技对人们和世界的操控,但她却对社会科学和哲学提出了这一任务,即她寄希望于其内含的批判精神。而后来赫勒在专门阐述现代性理论时,则明确提出了其内含并起引导作用的技术想像和历史想像。而且她也强调历史想像的意义,尽管历史想像如果和技术想像联手能够更加束缚现代人,然而它自身也有独特的发展逻辑,因其指向过去并呈现意义,因此,如果能够很好地运用这种想像就能够指引人们走出科技的操控。

此外,在这部著作中,如前所述,她对人类社会中存在的三个领域进行了区分:自在的类本质对象化领域、自为的类本质对象化领域以及自在自为的类本质对象化领域。这三个领域及其内在平衡的关系构成了她后来思考现代性的重要部分,在赫勒看来,基于三个领域基础上的现代性不是一个有着稳固根基的现代性,而是内部因素相互制约保持平衡的现代性,一旦失衡,那么现代性将不会存在。由此,在1987年的论文《日常生活面临着危险吗?》中她进一步对日常生活以及与其相关的概念进行了梳理,并且表明人类社会中这三个领域需要保持平衡,如果失衡将会带来各种危机,其中一个危机就是现代人的生存容易走入极端相对主义和虚无主义的困境中。也就是说,赫勒对日常生活及其对内含的三

---

① Agnes Heller, *Everyday Life*, Routledge & Kegan Paul, 1984, p. 106.

种领域的阐述，一方面是应对现代相对主义和虚无主义的到来，她对人类社会中的三个领域——自在的对象化领域、自为的对象化领域以及自在自为的对象化领域——的划分意在表明自在自为的对象化领域即制度化的领域已经侵入了其他的两个领域中，从而使得能够为现代人提供复数意义的自在的对象化领域以及提供单数意义的自为的对象化领域出现了被殖民化的倾向，导致了现代人意义的缺失，因而她力图要做的就是希望保持这三个领域能够均衡发展，对于这一点她在《日常生活面临着危险吗？》这篇文章中进行了更加明确的阐述。为此，赫勒为了避免日常生活基本模式不被毁灭，一直主张人们可以进行日常生活的革命，即日常生活要朝着人道化的方向进行变革，从而也使得现代人找寻到价值和意义；另一方面她对三个领域相互制约相互平衡的论述构成了之后她对现代性内部一系列因素平衡进行阐述的基础，后面将会详细涉及后来赫勒谈到的现代性的三种逻辑与其内部各个要素以及两种想像之间需要保持平衡的问题，而这些具体的分析都是建立在这部著作基础上的。

最后，赫勒在《日常生活》的第十二章"日常交往"中谈到了很重要的问题，即日常交往中的平等与不平等的问题，这些问题为之后她对现代性格局的论述以及现代民主的论述奠定了基础。在这部著作中，她谈到日常交往并不是指一个人认同另一个人处于交流和交往中，而是指社会分工中占有一个位置的人与占有另一个位置的人之间的交流和交往。依据这种在分工中人们所处的位置的不同，可以把交往大体分为两类：以平等为基础的关系和以不平等为基础的关系，后者包括从属关系和上下级关系。同样如果人们熟悉后来赫勒对现代格局的论述，那么可以看到她在这里已经涉及了现代格局的阐述，另外当她谈到平等交往和不平等交往时，已经初步涉及了后来她去美国后在政治哲学中一直强调的对称性互惠和非对称性互惠的类型问题。而且当她在谈人们之间的交往关系中的平等与不平等时，她也涉及了政治领域中平等这一普遍的价值，同时她也强调当一个社会中存在的这种平等基础上的交往关系的数量越多，那么这个社会就更加人道。因此，从以上的阐述中，可以看到赫勒后来的现代性理论的阐述其实在这里就已经有了端倪。

二、蕴含着政治哲学中诸多问题的萌芽

赫勒在《日常生活》中谈论政治与法的问题时，虽然文字不多但包

含着后来的政治哲学中现代政治概念的萌芽，同时也蕴含着她在大共和制政体或者模式中谈到的直接民主制和代议制的结合。此外，她所主张的日常生活的革命以及个性与特性的区分也表明了在这本书中已经蕴含了后来反复主张的后现代的视角。

首先，赫勒对政治概念进行了广义和狭义的说明，尽管这并不同于她后来所持的政治的概念。后面会详细讲到她在 1990 年出版的《现代性能够幸存吗?》中明确了后来一直坚持的现代的政治概念，这一政治概念主要指在公共领域中自由这一普遍价值的具体化。而在《日常生活》中她区分了广义的政治活动和狭义的政治活动，在这里赫勒谈到政治时并没有将政治仅仅静态地当做上层建筑的一部分，而是从动态的活动的角度来界定它，广义的政治活动指的是"在任何'吾类意识'下直接进行的，并且旨在捍卫或抨击比家庭广泛的社会融合的活动"①，而狭义的政治活动则"一直是旨在获得或维护权力的活动"②。在这里她用到的政治概念的词汇是 politics 而不是后来非常明确的 the political，对于两者之间的区别在后面会讲到这主要是现代西方后马克思主义的代表人物墨菲的区别，尽管赫勒并没有强调两者之间的区分，但是她还是在使用这个词的英语词汇时在前后时期用了不同的词。此外，尽管在《日常生活》中她对政治的界定没有后来的明确，然而她也指出："资本主义社会兴起以来，并不存在诸如一个'隔绝'于政治的阶级这样的事情。政治变革影响每个人的日常生活，这就是为什么'了解政治'已成为日常必需的主要原因之一。渴望政治信息未必出于参与政治活动的愿望；而是特殊性的特质：我们想知道'将会发生什么'，'我如何能避免陷入困境'，或'我如何能趁机捞一把'。"③ 从这段话中可以看到，她认为在现代社会，无论出于什么目的，阶级和个人都进入了政治的视野中，政治也影响着每个人的生活，这种观点为后来的政治概念"自由这一普遍价值的具体化"做了铺垫。

其次，书中朦胧表达了赫勒后来主张的民主制和代议制相结合的政治体制。后面会谈到赫勒在政治哲学中并不像卢梭、阿伦特那样主张直接民主制，她一直坚持民主和代议制相结合的政治体制，在对她的访谈

---

① Agnes Heller, *Everyday Life*, Routledge & Kegan Paul, 1984, p. 97.
② Agnes Heller, *Everyday Life*, Routledge & Kegan Paul, 1984, p. 97.
③ Agnes Heller, *Everyday Life*, Routledge & Kegan Paul, 1984, p. 97.

以及文章《大共和制》中多次谈到了这一点。赫勒之所以坚持代议制不仅仅在于纯粹的直接民主制在现代社会遭遇的困境,而且在于她认为现代处于双重偶然性的个人是自由的,他们有充分的选择,尽管他们关心政治事务,但是并非所有人都有兴趣或者必然要参与到政治活动中去,因此他们需要推选出代表来代替自己行使权力。而这种想法其实在《日常生活》中就已有端倪,在这本著作中她曾经断言:"统治阶级(等级)的成员在政治上总是积极的,而被压迫阶级、被剥夺权力的阶级(等级)以及妇女,则只有在巨大社会动荡——战争、宗教战争或国内战争——的时代里才在政治上是积极的。"① 也就是说,在现代社会中,并不是所有的人都愿意或者都能够参与到政治活动中去,因此,尽管现代社会中政治影响着每个人及其生活,人们也渴望了解获知政治信息,但是现代人都有自己独特的兴趣和关注点,这就使得并非每个人都要参与到政治活动中去,因此现代大共和制需要直接民主和代议制相结合。当然在后面将会谈到,赫勒之所以主张这种模式也是为了避免民主的专制和暴政。

最后,《日常生活》中主张的日常生活的革命以及对于个性和特性的区分,表明了赫勒有意淡化阶级的宏大叙事,而这恰恰是表明尽管赫勒在那个时候没有明确提出后现代的视角,但是已经自发地站在了后现代的视角上诠释现代革命主题的转变。后现代的视角与后现代性联系在一起,对于后现代性的看法,赫勒在《后现代政治状况》中明确指出:"后现代性(包括后现代政治状况)不是一个新的历史时期。后现代性从各个方面来说都是'寄生'在现代性之上的;它依靠从现代性的成就及困境中汲取养分而生存。"② 而她在《现代性理论》中进一步指出,"后现代并不是在现代性之后到来的一个阶段,它不是对现代性的补救——它是现代的。更确切地说,后现代视角也许最好被描述为现代性意识本身的自我反思。它是一种以苏格拉底的方式了解自己的现代性。"③ 这就是说,在对后现代性及其所包含的后现代的政治境况的理解上,赫勒并没有极端地将之与现代性截然分开,而是将两者连在一起。

---

① Agnes Heller, *Everyday Life*, Routledge & Kegan Paul, 1984, p. 97.
② 阿格妮丝·赫勒、费伦茨·费赫尔:《后现代政治状况》,王海洋译,哈尔滨:黑龙江大学出版社2011年版,第13页。
③ 阿格尼丝·赫勒:《现代性理论》,李瑞华译,北京:商务印书馆2005年版,第13页。

而后现代的视角立足于现代性本身,但又与现代性拉开距离对其进行审视,它是经过反思的意识。

这一视角中的政治状况以接受文化和对话的多元性为前提,它的一个事实就是诸如阶级以及阶级革命等宏大叙事的不断衰落,而各种微观叙事的同时并存。尽管如此,赫勒并不意图走向另外一个极端,即走向相对主义乃至虚无主义,她恰恰反对的就是这样的趋势,为此她提到了道德相对主义的危害,"如果整个道德相对主义——它显然是后现代性的选项之一——占了上风,那么甚至对大规模驱逐和种族灭绝的评价都将成为一个品位问题。"① 换句话说,尽管后现代视角接受多元性并以之为中心内容,但这并不意味着人们的行动和评价没有任何共同的标准,也不意味着政治与道德的彻底分离,否则这个世界上将没有对错、好坏等价值判断,果真如此的话,那么历史灾难和悲剧将会再度重演。因此,赫勒才一再表明,我们需要从平等的对话中提炼出来某些政治的道德规范,并将这些道德规范与政治联系起来,然而这并不意味着要道德化政治,她极度反对这种道德化的政治,因为它必将导致诸如雅各宾专政等历史悲剧的重演,对于这一问题将在后面还会再次阐述。无论如何,正是赫勒在《日常生活》中更加主张个体的日常生活的革命,才使得她后来更加明确其政治哲学的任务:"我们开始着手寻找那个仍然能够把我们的世界连接在一起的纽带,寻找一个据我们猜测也许已经熬过分裂过程的思潮,一个能成为极端相对主义反讽解药的思潮。总之,我们试图弄清甚至在后现代政治状况中还有多少普世主义保持不变。在洞察这个明显缺陷的过程中——在其背后,我们不断尝试揭示现有的纽带——我们专注于**后现代的政治风气及其前提**。"②

三、勾勒了道德理论的大致框架

赫勒在《日常生活》中之所以会涉及道德的问题,原因在于道德与工作、宗教、政治,与法、科学、哲学和艺术等一道是从日常到类的几种形式,它们既植根于日常生活,又是超越日常生活、走向类的形式,

---

① 阿格妮丝·赫勒、费伦茨·费赫尔:《后现代政治状况》,王海洋译,哈尔滨:黑龙江大学出版社 2011 年版,第 12 页。
② 阿格妮丝·赫勒、费伦茨·费赫尔:《后现代政治状况》,王海洋译,哈尔滨:黑龙江大学出版社 2011 年版,第 14—15 页。

同样也会与日常生活发生各种不同的关联，从而反作用于日常生活，正如赫勒在后来的回忆中所说的那样："伦理学是日常生活的组织者之一。"① 由此可见，赫勒对道德这种形式尤其关注，尽管在书中并没有完全体现出这一点。但道德问题一直都是她关注的重中之重，正如她后来在与 Csaba Polony（editor of the *Left Curve Journal*）的一则访谈录《本质是好的，但所有的表象却是邪恶的》(*The essence is good but all the appearance is evil*) 中明确说到的那样："我的著作是我的整个生活，我是以我的大屠杀的经历开始的，我的父亲和我孩童时期的很多朋友都被杀害了，因此，这种经历对我的整个生命产生了巨大的影响，特别是我的工作。我一直对以下问题感兴趣：'这一切怎么可能发生？我怎么去理解这样的事情？'在极权主义专政时期，又让我想起了大屠杀的经历，在灵魂深处，我便探寻'这如何发生？人们怎么会像这样行事？'因此，我全面探寻了道德问题：什么是善恶的本质？关于罪行我能够做什么？我能够分辨出道德和邪恶的源泉吗？这就是我首先要探寻的问题"②。

正是基于此，在《日常生活》中她就对道德③概念进行了明确的界定，而这种界定也一直是后来在她系统阐述其道德理论时所坚持的内容。她在本书中这样界定道德："第一，我并未把道德视作一个分离的或独立的领域，而是一种内在于所有领域的人际关系。第二，不能把道德视为一种意识形态。正如我们将会看到的那样，道德包含着意识形态要素，而意识形态投射到或者映射到道德上：首先是这些连贯的理论提供了对道德的全面阐释——狭义上的伦理体系；此外，道德准则，无论是书面的还是口头的，制定了特定社会的道德指南。正是后者在日常生活的组织中起着决定性作用，虽然，就个人而言，前者也并非没有影响。然而，

---

① Agnes Heller, *A Short History of My Philosophy*, Lexington Books, 2011, p. 77.
② "*The essence is good but all the appearace is evil*" ——An Interview with Agnes Heller by Csaba Polony, http://www.doc88.com/p-802573563337.html.
③ 这个注释在之前的博士论文中已经标注，为了容易阅读，本文再次标注出来。本书稿中提到道德时，如果没有特别标注，往往指伦理道德（morals），除此之外，如果指个体意义上的主观性的道德（morality），将在"道德"一词之后给出英文标注或者翻译为个体道德、个人道德等。两者在赫勒的道德理论中既密切相关，但同时又存在着区别，两者的区别主要表现为：个体道德（morality）主要指随着人个体主体性意识的觉醒，不同的个人通过自己独特的方式与各种伦理规则之间形成的实践关系，更加强调主观方面，而伦理道德（morals）主要包括代表主观意义上的个体道德（morality）和代表客体的伦理（Sittlichkeit）两者的有机统一，即两者侧重点不同，同时在某种意义上也可以说前者范围小于后者。

道德首要是在行动、在决策中和在发起行动的态度中表现出来的实践关系。可以把道德定义为'个人'的态度和决策同价值和规范期望之间的实践关系。由于这一关系是每一社会领域的特征，所以道德可以出现于各种各样的人际关系中。"① 对道德的这一界定一直贯穿到后期她在"道德三部曲"中，赫勒一直强调道德并不是一个独立的领域，也不能被视为意识形态，道德是个人与外在的规范之间的实践关系。但前后不同的是，在《日常生活》中，赫勒运用了康德的术语来界定现代的伦理道德（morals）的两极：主观的一极是"道德"（morality），而客观的一极是"合法性"（legality），它主要指抽象的规范体系，并非具体的规范体系，即并非道德习俗和习惯的体系，也就是说，在这部著作中，赫勒还是区分了具体的规范体系和抽象的规范体系，然而到了1988年出版的《一般伦理学》中，赫勒则运用了黑格尔的术语，将道德理解为："道德（morals）在第一次结构变化之后，可以被描述为个体与**伦理**（sittlichkeit）②的关系，'个体的关系'代表着道德（morality），**伦理**（sittlichkeit）代表具体/抽象准则、具体/抽象价值（抽象准则和价值也包含着普遍的准则和价值）之间的同一性和非同一性的同一。"③ 从这两部著作中对道德的定义以及其中内含的两极可以看到两者之间既具有内在一致性，也有些细微的差别，在后者中所用伦理这一术语包含的范围更广一些，它既包括具体的规范体系也包括抽象的规范体系，即既包括道德习俗和习惯也包括道德义务。尽管如此，赫勒仍然如《日常生活》中表达的观点一样，认为道德习俗和道德义务之间在现代社会中的张力依然存在，正如她所说："**伦理**（sittlichkeit）一方面包含着具体准则和习惯，另一方面包含着抽象准则、价值准则和抽象价值，两方面相互交织，并且产生张力。"④ 正因为两者之间存在着张力，因此赫勒才更加主张现代社会双重偶然性生存的个人在具体情境的具体选择中时时处在各种道德规则的冲突中，那么如何处理这些冲突，不仅仅靠长期培养的直觉，更需依赖于现代社会无数的好人们所形成的法则、准则、原则、格言，同时，实践

---

① Agnes Heller, *Everyday Life*, Routledge & Kegan Paul, 1984, p. 70.
② 尽管Sittlichkeit的本来含义是德行、美德、品德等，但这里将之翻译成伦理，以突出其客观性特征。因为赫勒是在黑格尔意义上谈这一词，而在黑格尔理论中，道德和伦理被区别开来。
③ Agnes Heller, *General Ethics*, Basil Blackwell Ltd, 1988, p. 48.
④ Agnes Heller, *General Ethics*, Basil Blackwell Ltd, 1988, p. 48.

智慧或者良好的判断力在对人们成为"好人"的过程中也起到至关重要的作用。

在《日常生活》中赫勒对道德这种形式的阐述主要还是想要表明个人如何才能生成拥有个性的个体，无疑这种生成过程是在行动中形成的。为此，她强调了人的行为的道德内容取决于几个内在相关联的要素：（1）废除特殊性的动机。这一点主要强调道德是根据社会的规范和期望对特殊性的动机、需要等因素进行压制或者引导的过程，这是道德必不可少的前提条件，进而，当具有特性的个人将服从规范和期望的行为内在化并转化成个人的动机时，就形成了道德。实际上赫勒在论述这一要素时，出现了自由和道德之间的矛盾，或者也可以说自由与权力之间的冲突，对于这一点，伯林在他对自由的阐述中对此进行了批判。本研究将在后面的章节中对此问题进行详细阐述；（2）选择那些把自身从我的特性中提升出来所指向的目标和价值内容。这一要素中赫勒强调了个人选择的重要性，而这也是现代社会中个人所独特拥有的要素。赫勒也进一步解释了这一点："当我们评估一个人的道德时，我们不仅仅判断这个人在多大程度上成功地内化既定社会的规范体系，或者在多大程度上能够引导其特殊性的动机服务于该体系；更准确地说，我们还判断他决定从向他开放的领域中建立自己的规范体系的价值内容。这后一附加条款很重要：选择总是在或窄或宽的可能性的领域中发生。"[①] 也就是说，赫勒也强调了规则体系的价值内容的重要性；（3）恒常性。这一点对于衡量一个人是否是拥有道德个性的个体很重要。它体现了连续性的特征，个人想要从特性的个人向个性的个人生成，不能只靠一时的冲动，它是一个长久的引导特殊性的动机、需要的过程，是一个长久的需要内化价值选择的过程；（4）运用能力。在这里，赫勒仍然强调亚里士多德的"实践智慧"的重要性，在面临选择以及道德选择的过程中，这一要素会尤其重要。对于在《日常生活》中强调的这几条道德要素，赫勒在后来的"道德理论三部曲"中都加以扩展和延伸。

上面说到了赫勒后来系统阐述的道德理论是对《日常生活》中表达的道德的某些思想的继承。因为《日常生活》并不是详细论述道德理论的著作，因此有些内容并没有完全展开。例如：尽管在《日常生活》中

---

① Agnes Heller, *Everyday Life*, Routledge & Kegan Paul, 1984, p. 73.

赫勒谈到道德是个人超越日常生活、走向类的一种形式，也强调了上面所说的几点要素，但是赫勒这个时候还未明确说明特性的个人到个性的个体生成的途径，即并未明确提出"生存的选择"以及进一步对之进行区分，而这是赫勒在后来的"道德三部曲"中所系统阐述的内容，生存的选择尤其是在普遍范畴下的生存选择是个体跃升到道德个体的关键要素。

总而言之，赫勒的《日常生活》在其整个思想历程中占据非常重要的位置，它在继承了马克思和卢卡奇的思想基础上将之推进了一步，区分了个性与特性，划分了日常生活的三个领域以及三种态度，创造性地提出了日常生活革命。正是因为这样，这部著作中所包含的丰富内容蕴含着赫勒之后的现代性、政治哲学、道德理论等多个研究领域的思想。其实纵观她的思想，尽管因为现实的悲剧使得后来她一直在现代性理论中强调现代人应该立足于绝对的现在，而不能着眼于未来，然而在这里需要注意的是她始终没有否认现实的、能够进行实践活动的人本身的能力，人有能力尽量摆脱科技操控，人可以产生出激进需要，人可以积极参与公共的政治生活和社会生活，人也可以实现生存选择的跳跃，人可以努力建设可能的社会中最好的社会……因此，最后用赫勒在《日常生活》中的一句比较豪迈的话语来结束本章的内容："只有人们有意识地选择并按照自己的意愿塑造的历史，才能使所有人的日常生活'为自己而存在'，才能使地球变成所有人的真正家园。"[1]

---

[1] Agnes Heller, *Everyday Life*, Routledge & Kegan Paul, 1984, p. 269.

第二章　现代性逻辑的
　　　　运行及蕴含的可能

　　赫勒的政治哲学中很大一部分都涉及对斯大林式社会主义和西方社会的批判，对前者的批判比较集中，就是针对其社会主义的弊端进行分析，而对后者的批判既涉及对20世纪法西斯主义以及引发的大屠杀的反思和批判，又涉及对现代西方的自由主义进行的批判。赫勒的这种批判既在很大程度上继承了卢卡奇的思想，又结合自身的经历和现实的变化进行了拓展。然而，她的批判并没有仅仅停留于对人物性格或者个人崇拜等表面原因的阐述，更重要的是她挖掘了其更深刻的原因，即将之与现代性联系起来，这一点与同时代的社会学家齐格蒙特·鲍曼非常相似，鲍曼在《现代性与大屠杀》中也将大屠杀事件的发生与现代性本身联系起来，在他看来，尽管现代性并不必然导致大屠杀，然而一旦它不能被其他有效力量控制就会如脱缰野马一样失控，从而引发大屠杀这样的悲剧。赫勒则将大屠杀归结为现代性内含的支配性的想像，尤其是技术想像机制的渗透和支配着现代性的逻辑运行的结果。尽管现代性中并不只是存在一种想像机制，在赫勒的论述中主要涉及技术想像机制和历史想像机制，但是却存在着一种支配性的对世界的解释，即科学，这种支配性的对世界的解释进一步导致的技术想像机制支配了现代生活的方方面面，进而渗透到了现代人的内心里，无论是东方国家还是西方国家概莫能外。也正因为如此，斯大林式社会主义、法西斯主义以及进而引发的大屠杀在现代社会才可能发生。所以，透过现象看本质，赫勒对现代社会中发生的各种灾难的分析以及对政治哲学中诸问题的阐述都与现代性紧密相连，这在某种意义上也是她移居到澳大利亚以及去美国之后就专注于现代性的研究的原因所在。基于这样的逻辑，本章首先阐述现代社会中发生的现实灾难背后的根源，即赫勒对现代技术想像机制以及现代技术的逻辑的分析；其次表明正是支配性的技术想像机制以及技术逻辑的发展对现代社会的全方位渗透和广泛应用，才出现了斯大林式社会主义以及法西斯主义的横行，并进而导致了古拉格和大屠杀的现实悲剧；再次，阐述赫勒在对斯大林式社会主义批判后所构想的真正社会主义；最后将涉及赫勒关注的作为现代性内在深层推动力的不满这一要素。然而在这里仍需要强调的是，赫勒所理解的现代性是从后现代的视角而不是从现代视角本身来理解的。对于这一问题，在下面会具体涉及，而对后现代视角本身的阐述则在下一章中加以讨论。

第一节　现代性中隐含的两种想像机制及其引导的三种逻辑

对于现代性分析的书籍和理论可谓是汗牛充栋，而对于现代性中内含的现代技术理性的批判理论也数不胜数，这主要源于20世纪发生的意想不到的诸如大屠杀等人为灾难，人们在反思这些事件时，现代性的本质也被逐渐揭开，其中很重要的是人们对技术理性的负面影响的深刻反思。正是基于此，在整个20世纪中，众多思想家纷纷对其从不同的角度进行批判，再加上很多思想家都有过纳粹集中营的亲身经历，因此他们对现代性本质的直觉更加深刻；对现代技术的批判自然也成了他们众多理论中很重要的论题之一。其中我们熟知的有20世纪在学术界影响很大的法兰克福学派，这一学派中无论霍克海默、阿多诺、马尔库塞和弗洛姆，还是后来另立门户的哈贝马斯，都对现代技术理性以及消极影响描绘得淋漓尽致，此外，还有海德格尔在20世纪中后期也将学术重点转向对技术的研究。在众多思想家中，赫勒也对现代性及其本质进行了严肃的思考，她对现代性的理解比较独特的地方在于她是站在后现代的视角来看待现代性的，正如她在访谈录中谈到的那样："我是从后现代的立场、后现代的视角看现代性，因为现代主义者的视角把现代性视为一种过渡的时期，是衰颓的、进步的或者异化的终结和不断的改革。人们总是相信现在比以前要么更好要么更坏，将来跟现在相比将会更加进步或者将是末日。我认为对现代性的这种态度消失了，更确切地说，它是一个特例，但是它不是我们想像中过分夸大的要素。在我所说的后现代视角中，现代性现在不再被视为一个过渡时期，而是被视为一个我们生于斯、长于斯、终于斯的世界,即有一种观点我已经强调多次了,我们不能看到或者洞察到视野之外的任何事情。我们有我们的视野,我们不要再假装我们能够看到很可能即将发生的一些事情或者我们知道存在着很可能即将发生的一些事情。"① 从这样的视角来看现代性,最终形成了她独特的现代性理论,更重要的是,她还将现代性及其内在的逻辑与现代的两种想像机制——**技术想像与历史想像**——联系起来。在她看来,正是现代性内部的现代技术的逻辑及其背后起支配作用的技术想像机制的强大和引导,才导致了 20 世纪极权主义的发生。当然,尽管技术想像机制和技术的逻辑非常强大,但赫勒并不认为我们就处于被任意宰制的境地中,我们仍然还可以依靠历史想像机制来平衡技术想像机制、依靠现代性的另外两种逻辑来平衡技术的逻辑,以避免极权主义的再次发生,尽管历史想像以及另外两种逻辑过分强大也会带来不利后果,然而当技术想像和技术逻辑发展的过分强大时,它们仍然可以作为制衡力量来发挥作用。赫勒对现代性三种逻辑的分析、动力的分析以及两种想像机制的阐述非常精彩,作为亲历纳粹集中营的哲学家,她明确表示,她并不想追赶潮流编写一本现代性的手册或者教科书,而是面向那些思考我们共同的世界的人们,书写建立在自己生活经验之上的现代性理论。

一、两种主要想像机制的缘起与含义

赫勒对现代社会想像机制的描述有两个主要的来源:一个是从海德格尔的"框架"(Ge-stell)② 中受到启发,另一个是借用了法国左翼思想家科内利乌斯·卡斯托里亚迪斯(Cornelius Castoriadis)的"想像机制"的说法,进而,赫勒发展了自己的"现代性的想像机制"。在某种意义上也可以说,赫勒是在批判海德格尔强调技术本质的无所不包的理论基础上,吸收卡斯托里亚迪斯的想像机制,并形成了自己的想像机制理论,进而将此区分为技术想像和历史想像。

---

① Simon Tormey, "Interviews with Professor Ágnes Heller (II)", Budapest, $1^{ST}/2^{ND}$ July 1998, *Revista de Filosofía*, 1999, pp. 8 - 9.
② 对于 Ge-stell 的翻译,孙周兴教授在其翻译的海德格尔的《演讲与论文集》中将之翻译成"集置"(第18页),还有的学者将之翻译成"座架"(宋祖良研究员)、"构架"(张祥龙教授)和"框架"(刘敬鲁教授、彭富春教授)的,其中李瑞华教授翻译的赫勒的《现代性理论》中则用的是"框架"的译法,因此为了论述的一致,本研究中除了引用之外,也采用"框架"的说法。

如上所述，赫勒的想像机制理论很重要的一个来源是海德格尔的"框架"。"框架"这个词是海德格尔在《技术的追问》的演讲稿中对技术的本质进行追问时所使用的一个非常独特的词，它是现代技术的本质，他用这一词来命名"那种促逼①着的要求，那种把人聚集起来、使之去订造作为持存物的自行解蔽者的要求"②。也就是说，框架（或者集置）表明了对解蔽的一种推动、要求、逼迫，而这种逼迫背后的动力如海德格尔所说的是人的推动。更重要的是，海德格尔进一步表明这种推动、要求和逼迫在现代社会不仅仅指向自然，即自然受到促逼，同时也指向人本身，现代人自身也受到了促逼，受到了强迫，正如他所说的那样："惟就人本身已经受到促逼、去开采自然能量而言，这种订造着的解蔽才能进行。"③ 这段话表明，现代社会中人对自然进行的开采和解蔽源于人本身也受到了逼迫，只是人遗忘了自己所受到的逼迫。因而，海德格尔就把现代社会中，这种既指向自然也指向人本身的强迫和促逼的结构和要求称为框架，而这种框架恰恰就是现代技术的本质。此外，海德格尔在对现代技术本质的追求中，显然也区分了现代技术和古代技术，古代和现代技术都是一种解蔽，但现代技术却存在着新特质，"在现代技术中起支配作用的解蔽乃是一种促逼，此种促逼向自然提出蛮横要求，要求自然提供本身能够被开采和贮藏的能量。"④ 换而言之，古代技术是在顺应自然基础上的解蔽，在解蔽自然的过程中人们关心、照料和守护自然，而现代技术则向自然提出蛮横要求，迫使自然能够符合人的要求。

无论怎样，对于海德格尔明确指出的"技术的本质不是技术性的"，即它的本质在于其背后的框架这种说法，赫勒非常赞同，并且认为技术的本质实质上存在于现代人的思考方式中，而且海德格尔的意思也可以表达为：现代人是根据主客体二分的方式来思考世界的。然而，这种赞

---

① 孙周兴教授对这个德语词汇"herausfordern"的译法进行了标注，指出了其日常含义为"挑战、挑衅、引起等"，但他将之翻译为"促逼"（参见他翻译的《演讲与论文集》第12页）。在李瑞华教授翻译的赫勒的《现代性理论》中则将这个词翻译成"挑战"（参见《现代性理论》第102页）。
② 海德格尔：《演讲与论文集》，孙周兴译，北京：生活·读书·新知三联书店2005年版，第18页。
③ 海德格尔：《演讲与论文集》，孙周兴译，北京：生活·读书·新知三联书店2005年版，第16页。
④ 海德格尔：《演讲与论文集》，孙周兴译，北京：生活·读书·新知三联书店2005年版，第12—13页。

同却是有保留的赞同，如赫勒所说："我毫不犹豫地赞同海德格尔的论点，即技术的本质不是技术性的。但我不赞同他的如下说法：'框架''框范'现代人的**整个世界**——我们的世界，我们的整个世界观。"① 从这里可以看到，赫勒并不认同海德格尔所说的框架可以规定着所有的一切，也就是说，现代人的主客二分的思维方式这种框架并不能遍及所有的领域，一定还有未被遍及的领域。正是在这里，赫勒借鉴了卡斯托里亚迪斯的想像理论并发展出了自己的两种想像的说法——技术想像和历史想像。

卡斯托里亚迪斯在其后期的著作中选择将"想象"（imagination）和"社会建构的想像"（social instituting imaginary）② 作为其中心议题，他之所以这样做诚如他所说的那样是出于两个原因："第一，因为想象——单个人，即身体或者灵魂的激进想象——尽管由亚里士多德在2300多年前发现并讨论，然而却从来没有获得其恰当的位置，它是主体哲学的中心。第二，因为社会想像，这种激进建构的想像，在整个哲学史、社会学史以及政治思想史中一直完全被忽视。"③ 在这种对原因的说明中，卡斯托里亚迪斯将"想象"和"社会建构的想像"区分开来，即前者涉及的是个人的创造，而后者涉及的是社会层面上的创造和建构。随后他又逐一解释了想象、激进的和社会建构的想像的含义，他之所以谈到想象"是因为这个词的两种含义：与最广泛意义上的意象（images），即**形式**（forms [Bilder-，Einbildung，etc.]）相连；以及与发明（invention）的理念相连，或者用好一些而且恰当的说法，与**创造**（creation）相连"。④ 他使用**激进**

---

① 阿格尼丝·赫勒：《现代性理论》，李瑞华译，北京：商务印书馆2005年版，第103页。

② 对于 imagination 和 imaginary 这两词的翻译，本处引用所采取的译法采取国内学者刘玉军的译法（请参见他的文章《激进想像，创造，自治——卡斯托里亚迪斯后期思想探析》，载《华中科技大学学报》社会科学版，2004年第1期），将之翻译成"想象"和"想像"，前者主要涉及单个人的想象，后者主要涉及社会建构的想像。当涉及赫勒的作品时，我们也把她的 the technological imagination 和 the historical imagination 译为"技术想像"和"历史想像"，尽管后者与个人的创造性的想象也密不可分，然而文中所译成的"想像"一词汇也包含这种个人的创造，这与《现代性理论》中文译法里的用法也相一致。无论怎样，赫勒用这一词更加强调其从无到有的创造这层含义。

③ Cornelius Castoriadis, *The Castoriadis Reader*, Translated and Edited by David Ames Curtis, Blackwell Publishers Ltd, 1997, p. 319.

④ Cornelius Castoriadis, *The Castoriadis Reader*, Translated and Edited by David Ames Curtis, Blackwell Publishers Ltd, 1997, p. 321.

的这个词主要是基于两个原因,对此他进行了解释:"首先,是要反对我所说的要么是再生的要么只是结合性的(通常是两者兼而有之)'继发的'(secondary)想象,其次,是要强调这种想象是区分'真实的'和'虚构的'之前的观念。"① 而如上两个概念的考虑也可以应用于激进建构性的社会想像,之所以是激进的是因为它从无中进行的创造,它并不创造视觉意义上的意象(尽管它创造了等级、徽章、旗帜等),更确切地说,它所创造的可以是一般意义上的意象的形式,但主要是意义和制度(significations and institutions)。从某种意义上可以说,卡斯托里亚迪斯的"社会建构想像"是立足于未来集体性的从无到有的创造,这种创造是创造出意义或者制度。

显然,赫勒接受的正是卡斯托里亚迪斯的激进想像(个体的激进想象和集体性的社会想像)思想以及其中蕴含的从无中进行的创造的含义,也接受了这种创造主要是意义和制度的创造的说法,从而表明我们生存的现代世界、我们的世界观不能完全被技术框范,总会通过想像来进行创造性的建构。正是基于此,赫勒进一步区分了卡斯托里亚迪斯提出来的想像,将之细分为技术想像和历史想像。在她看来,现代性中技术想像占据支配性的地位,然而这并不意味着现代世界中只有一种想像机制,还存在着另外一种主要的想像,这就是历史想像。对于这两种想像的区分,赫勒在《现代性理论》中做了描述性的说明,而在之后的一篇文章"The Three Logics of Modernity and the Double Bind of the Modern Imagination"中,她更加明确地说明了两者的区别。她所谓的现代的**技术想像**是用科学来进行解释世界的,它"是以未来为导向的:优先考虑解决问题的精神态度;认为真理符合论是理所当然的;从目标—手段合理性的角度行事;把事物——既包括自然也包括人——视为客体;对进步和知识积累充满信心;更喜欢新事物而不是旧事物;极度重视功用和效率"②。而与之相反,**历史想像**则"敏于过去和传统,以回忆为基础,并调动人的能力朝着不仅仅以目标为导向而是以意义为导向的思考扩展(用康德

---

① Cornelius Castoriadis, *The Castoriadis Reader*, Translated and Edited by David Ames Curtis, Blackwell Publishers Ltd, 1997, p. 321.
② Agnes Heller, "The Three Logics of Modernity and the Double Bind of the Modern Imagination", *Thesis Eleven*, 2005 (1).

的术语 erweiterte)"①。由此可见，两者是相反的：一个以未来为指向，一个以过去为指向；一个倾向于解决问题，一个倾向于回忆（解释）；一个以知识为导向，并以知识累积为特征，一个以意义呈现为导向。

赫勒之所以要进行这种区分，主要在于她试图探究在现代世界中缘何会发生一系列的诸如法西斯主义、大屠杀等现实悲剧，最终她将这种探究的路径转到对现代性内在的两种想像机制以及三种逻辑进行分析上。在她看来，现代性并不是一个同质化和总体化的整体，它是异质性的，内在存在着多种成分并且它们之间也会产生冲突，而内在的这几种相互区分、相互冲突的成分在赫勒看来就是三种逻辑——技术的逻辑（the logic of technology），社会地位、功能和财富的分配的逻辑（the logic of the division of social positions, functions, and wealth）② 以及政治权力的逻辑（the logic of political power）。这三种逻辑独立存在、相互支持，但经常会相互冲突、相互渗透。它们与现代世界中的两种想像机制密切关联，其中第一种技术的逻辑常常被技术想像引导，尽管历史想像也会进入这一逻辑，然而占主导地位的仍然是技术想像，历史想像则主要与社会地位的功能性分配逻辑和政治权力的逻辑相连。总而言之，正是由这两种想像机制引导的三种逻辑的运行，以及它们之间相对独立性的破坏引发相互平衡的失衡，进而导致了现代社会法西斯主义、大屠杀以及斯大林式社会主义等一系列的现实悲剧。

二、现代性中的三种逻辑

纵观赫勒关于现代性的著作，可以看出来她所分析的现代性内含的三种逻辑的说法几经变化。从20世纪80年代现代性三部曲（1982年的《历史理论》、1993年的《碎片化的历史哲学》和1999年的《现代性理论》）中的第一部《历史理论》中提到的现代性的三种构成部分——市民社会、资本主义、工业，到第一、二部之间写于1990年的《现代性能够幸存吗?》中概括出三种逻辑的粗略形式——现代技术的发展、社会分工的功能、为了普遍的或者准普遍的以及有效的价值而进行的治国方略

---

① Agnes Heller, "The Three Logics of Modernity and the Double Bind of the Modern Imagination", *Thesis Eleven*, 2005 (1).
② 当赫勒谈到这一逻辑时，有时候也把它说成是"社会地位的功能性分配的逻辑"（the logic of the functional allocation of social positions）。

的实践，最终在1999年出版的《现代性理论》中才真正定型为技术的逻辑、社会地位的功能性分配的逻辑、政治权力的逻辑。从现代性内含的三种逻辑名称的变化中，可以看到赫勒一方面越来越注意到现代技术的逻辑在现代性发展中的强大力量，另一方面在谈到第二种逻辑时，她不再使用资本主义或者社会主义的表述，而是用更具包容性的"社会地位的功能性分配的逻辑"或者"社会地位、功能和财富的分配的逻辑"等词表述，这就表明她所谈论的现代性或者现代社会不再仅仅限于西方资本主义社会，也包括了苏联社会，在她看来两者都是现代技术或理性化发展的产物，都处在现代社会的安排格局中，也都具有同样的现代特征。因此，她对现代性三种逻辑的划分越来越趋于完善和全面。下面是对这三种逻辑进行简要的阐述，鉴于第二种逻辑内含的异质性以及复杂性，因此将对这一逻辑进行重点阐述。

首先，技术的逻辑。这一逻辑主要与"解决问题"密切相关，如前所述，现代技术的发展日益受到现代科学的影响，赫勒在对这一逻辑的表述中借鉴了海德格尔的"框架"的说法，当然她并不承认这一框架会框范着现代人的整个世界。实质上赫勒对技术逻辑的阐述与现代西方马克思主义的主流理解是一以贯之的。从卢卡奇的普遍的物化到法兰克福学派对科技理性的批判，一直到哈贝马斯对科技理性的更深入的批判，提出"作为意识形态的科学"这一论断为止，他们都是从不同的角度对技术发展的逻辑进行的描述。对于这一逻辑的发展，他们也并没有认为它可以达到为所欲为、无所不能的绝对主宰的程度，故此，这些哲学家们都提出了自己的解决路径：卢卡奇的恢复总体性原则的主客体统一的辩证法、霍克海默对真正艺术以及阿多诺对非同一性的强调、马尔库塞的新理性的生成、弗洛姆呼唤重生存的生存方式、哈贝马斯意图恢复生活世界的想法。与这些哲学家一样，赫勒提出了与技术想像相对的历史想像的重要性，尽管这两种想像在某些特定的时刻约束着现代人的行动，而且还会共同联手将人类带入灾难的境地中，然而历史想像中也蕴含着其他可能性，这种可能性给现代人带来了希望，因此，它也可以引导技术想像以及各种逻辑走出全面被技术操控的境地。

其次，社会地位的功能性分配的逻辑或者社会地位、功能和财富的分配的逻辑。这一逻辑是赫勒比较重视的内容，因其异质性特征而成为现代性的核心逻辑。在她看来，这种逻辑主要与社会分工密切相关，它是"一种社会安排,在这种社会安排中,并不是作为准自然等级类型的社会分工来规定着人们在社会中应该履行哪些职能,而是人们实际履行的职能最终将它们分层。"① 从赫勒对这一逻辑的描述中可以看出它承载着前现代社会格局和现代社会格局的本质差异。前现代格局中的人生来就被规定在特定的社会等级中,有选择但很有限,而现代人生来没有命定的社会等级以及要求履行的社会职能,而是通过后来一系列选择而发挥的作用使自己处在特定等级或者社会位置中的,因此,这一逻辑承载着现代与前现代的社会格局截然不同的特征,使得两者严格区别开来。

这种区别实质上来源于现代人与前现代人的生存特征迥然不同,与前现代人的生存相比,现代人的生存具有双重偶然性特征,即出生的偶然性以及成长的偶然性,更确切地说,是源于偶然性的意识,在后面还会涉及这个问题。也就是说,无论是在现代社会还是在前现代社会中,人们的共同之处都在于个人的出生具有偶然性特征,但两者不同的是,个人出生之后的成长是否具有偶然性以及人们能否意识到这种偶然性。前现代社会中的个人成长完全处在必然性中,个人没有自由选择的余地;即使有,选择的余地也非常小,弗洛姆曾经在《逃避自由》中对封建社会的特征及人的生存状况的描述很好地说明了这一点:"封建社会的特征就是缺乏个人自由。封建社会早期,人在社会等级中的地位是固定的。一个人在社会地位上几乎没机会从一个阶级转变到另一个阶级。从地理位置来讲,他几乎不可能从一个镇迁到另一个镇,或从一个国家迁到另一个国家,他必须从生到死,呆在一个地方,甚至连随己所好吃穿的权利都没有。"② 这段描述形象地说明了前现代社会中个人成长的确定性特征,个人一出生就被决定了自己在社会中的位置,进而决定了这个人所需要履行的社会功能,而且更重要的是前现代社会中人们的意识尚未觉醒,也没有充分意识到自己的生存是确定性还是偶然性的问题。与之相对应,在现代社会中,个人处于双重偶然性——出生偶然性和成长偶然性——的生存状态中,人们也充分意识到自身生存的双重偶然性特征,这就给个人的自由选择留下了太大的空间。正是基于此,现代社会中的

---

① Agnes Heller, *Can Modernity Survive?*, Polity Press in association with Basil Blackwell, 1990, p. 122.

② 埃里希·弗罗姆:《逃避自由》,刘林海译,北京:国际文化出版公司 2000 年版,第 29 页。

个人可以通过在社会中所起的作用来决定自己在社会中的位置，而不必像前现代社会那样，个人生来在社会中的位置就已经被预先决定，在这样的社会格局中，根本不存在个人的自由选择，即便有，选择空间也非常小。所以，赫勒认为，自由和选择在这种逻辑中得以充分体现。由此我们可以说，现代人因其双重偶然性生存的境况而生来平等，即所有的人出生时一律都具有双重偶然性特征，又因其可以进行一系列的选择而是自由的，尽管这种起点的平等和自由并不能保证结果的平等和自由，然而这却为动态正义留下了余地，即现代人可以选择质疑、反抗现行的他们认为的不公平的各种制度、规则等，这种质疑和反抗体现着动态正义和静态正义之间的张力，也构成了现代社会的推动力。

　　赫勒随后对这一逻辑的内在趋势及其具体运行进行了阐述。在她看来，这一逻辑的内部存在着一个从质到量又到质的动态过程。其过程具体如下：在社会内部的市场，尤其是劳动力市场的运转中，人们之间的差异最终还原为量的差别，即最终都需要用同质化的货币来衡量自身，而当人们用这些同质性的货币根据自身需求到市场上进行选择时，这些量又转化成了质。也就是说，在赫勒认为这一逻辑内含着三种直线发展的趋势，即货币化、新的需要的不断出现以及专业化在不断地运行着。具体说来，第一种趋势的运行就是个人以及人们之间的关系普遍进入货币化的状态中，即现代人运用自己的能力并在市场中出售这些能力的用途，从而换取某个职位以及获得这一职务的薪水。正是这一过程意味着人们所拥有的能力和选择确定了他们在这个社会中的等级和位置，尽管这一过程中存在着平等的交易，然而仍然会导致人们之间出现等级制。当然这种趋势的优点就在于社会中所有的人都成为了独立的个人，彼此之间存在的从属关系不再像前现代社会中那么强烈，它夷平了人们生来就具有的等级差别，个人拥有了更多的自由。简而言之，用赫勒的解释更直白地说就是"如果你有钱，你的出身和你的教育都不重要"。① 第二种趋势的运行就是人们的需求和满足的动态变化。我们每个人都有自己独特的需求，也希望这些需求得到满足，而货币在大多时候恰恰能满足我们的各种需求，因此，人们会用才能和劳动所换来的货币再去买各自所需求的东西，而这也仍然是和各自的选择密切联系在一起的。在这一

---

① 阿格尼丝·赫勒：《现代性理论》，李瑞华译，北京：商务印书馆2005年版，第126页。

过程中技术的发展起到了关键性的作用。在它的助力下，人们创造了原有需求的满足物，而且还不断地创造出新的需求。新的需求的不断出现也与广告等现代媒体的宣传密不可分，而这一切也是西方马克思主义哲学家们一直批判的内容。第三种趋势就是专业化的快速发展。因为现代社会格局中个人的才能决定其在社会等级中的位置，因此，一个人拥有的才能专业与否、广泛与否都会决定着其所处的社会等级的高低。正是基于此，专业化的教育出现，它将为现代人提供社会所需的才能，而社会不需要的才能则没有用处也没有价值。以上这三种趋势的共同发展就构成了整个市场运行的轨迹，它始于不同的质，即在市场中出卖自己劳动力的人拥有不同的才干、技能，中间经过同质化的量的过程，即所有这些不同的能力、才干等均用货币来衡量，最后这种量又回到质的阶段，即每个人都用货币换回自己独特的所需之物。从赫勒对这一逻辑的阐述中我们看到了马克思和卢卡奇的身影，在他们两个人因追逐商品和资本引发的劳动异化和物化的批判中，也有质转化为量然后又转化为质的阐述。

那么在这里一个问题自然而然就会出现：作为独特的个人以及人们之间的关系能否完全被普遍化、同质化的货币所渗透，最终导致货币绝对统治着个人和人们之间的关系？毋庸置疑，现代社会中随着人们对货币和资本的狂热追逐，它们在人们的生活中确实起着支配性的地位，对于此种趋势，很多学者都对此进行了批判，马克思也不例外，在《资本论》中他曾经引用莎士比亚的《雅典的泰门》中的话来说明货币神秘的巨大力量，后来的学者诸如席美尔也都对此进行了批判。尽管如此，从马克思、卢卡奇和赫勒的从质到量又到质的阐述中可以看到对此问题的回答是否定的：货币以及资本并不能够达到绝对的完全的统治人类的程度。对此，赫勒认为康德对个人（person）和个性（personality）的区分非常有意义，前者有一个市场价格，而后者则是无价的，它作为道德个体，拥有着尊严等要素。而且从第一章中讨论的赫勒对于特性和个性的区分在某种意义上也可表明她非常赞同康德的这种区分。此外，货币和资本之所以不能完全绝对地统治和支配人类，在赫勒看来还在于人们中间发展出来的文化话语和历史想像限制了这一趋势。赫勒认为，文化之所以能够成为一种反对的趋势，不是因为他能够消灭专业化或者货币，它并不拥有这样的力量，而是因为它能够为那些意识到专业化以及货币化的有害后果而不想臣服于它们的人所运用。历史想像亦然如此，因其指向过去，以意义呈现为向导，而完全被货币和资本笼罩和支配的世界是无意义的世界，在这种情况下历史想像能够成为阻止这一趋势的有力力量。因此在这一逻辑中，历史想像会起到重要的作用，当然并不否认技术想像和技术的逻辑也被包含其中。总的来说，在这一逻辑中既包含着市场的普遍化、统治与不平等增长的趋势，又包含着初始的平等和自由以及个人自由的选择等活动，同时这一逻辑如前所述也是动态正义展开的领域。

最后，政治权力的逻辑。赫勒在《现代性理论》中对这一逻辑的论述主要是通过讨论政治（国家）与社会（经济）的关系而进行的，并进而主要分析了几种重要的国家形式：极权主义国家、自由主义（包括自由权利）和现代民主制，也讨论了现代民主的内涵、自由主义民主制内部的自由主义与民主之间的张力，同时也提出了现代性的钟摆在国家与经济之间、自由主义和民主之间来回摆动的想法。总体上看，赫勒在这里对政治权力的逻辑的阐述和分析是对之前著作中提到的各种政治哲学的思想的一个重申和总述。其中她表明这种逻辑最明显的趋势就是"抛弃作为权威性之主要来源的传统的合法化"[1]，而这种逻辑的发展趋势在某种意义上与之前赫勒对政治的定义相呼应，在1990年出版的《现代性能够幸存吗？》这部著作的第六章"重新思考政治概念"（The Concept of the Political Revisited）中她界定的现代政治概念是："**在公共领域中自由这一普遍价值的具体化**"[2]。这一现代政治概念也就意味着政治已经逐渐从从属于经济的范畴中走出来，它以自由价值为基础并将之具体化，从而对传统秩序构成了挑战。此外，她在对国家形式中现代民主的阐述，也是重申了她之前构筑的大共和模式，她主张的现代民主是多数人统治和代表制的结合，并强调自由、平等的普遍价值在其中的重要性。对于这一逻辑中现代政治的含义、国家的形式、民主的含义以及蕴含的大共和模式的构想将在后面的章节中详细论述，在这里只是简要概括对于这一逻辑中主要的引导性的想像，赫勒认为历史的想像起到主要的作用，尽管也能看到技术想像的身影，然而这一逻辑和技术的逻辑之间很重要

---

[1] 阿格尼丝·赫勒：《现代性理论》，李瑞华译，北京：商务印书馆2005年版，第141页。

[2] Agnes Heller, *Can Modernity Survive?*, Polity Press, 1990, p. 123.

的区别就在于这一逻辑驱动的行动类型并不是以"解决问题"为主,而是更加强调其"首创"的重要性。尽管作为管理的政治的主要目标在于解决问题,其中包含着浓烈的技术想像,但在"常规政治"中起主要作用的却是反思和想像的结合。

三、现代社会中处于支配性地位的是技术想像机制以及技术的逻辑

技术想像机制之所以能够成为现代性的支配性想像机制就在于其背后的科学成为了支配性的社会解释。对此,赫勒进行了深刻的分析。她在这里所说的"支配性的世界解释"的含义就是:最高的权威,即科学解释在技术想像,甚至在现代技术的逻辑背后是最高的权威,或者说最高的权威从支配性的世界解释中获得合法性。因此赫勒说道:"现代性是这样一种社会格局。在其中,是科学而不是宗教行使着基本世界解释的职能。这是前现代社会格局的本质和现代性的本质之间最主要的区别之一。"[①]

继而,赫勒进一步解释了技术想像背后的科学,即科学充当着:(1)权威性的参照点;(2)支配性制度之网络;(3)一种权威模式。第一点说科学是权威性的参照点意味着"真的"和"科学的"或者"为科学所证明的"。如果这样谈论某物的话,那么它就被确认为真正的知识,其结果是,每种学说都可以宣称它自己得到了"科学的证明",是"真理"。因此,在现代,科学激发了一种新的信念和信仰;在对第二方面的阐述中,赫勒将科学精神和科学体制的精神区分开来,她认为现代的科学并不是科学精神,而是科学体制的精神,正是在这种科学体制中科学被生产出来,更确切地说,是科学真理被生产出来;第三个方面,作为一种权威模式的科学在现代社会中不仅仅成为一种力量,而且成为了一种压迫性的力量。

然而,技术想像机制只是作为技术逻辑的支配性的想像,在技术逻辑中尽管也有历史想像的空间,但它远远小于技术想像的影响。而技术想像机制在赫勒看来不可能完全支配政治或者社会—功能的领域,即不

---

① 阿格尼丝·赫勒:《现代性理论》,李瑞华译,北京:商务印书馆2005年版,第110页。

可能支配现代性中的另外两种逻辑,正如她所说:"至少是到目前为止,政治的逻辑和社会地位功能划分的逻辑并没有完全被科学或一般性的技术想像所支配。'诗'没有死去。如果我们仍然诗意地栖居在大地上,这同技术没有任何关系,而更多的是同(现代)历史意识本身有关。"① 也就是说,在这两种逻辑中历史想像起着很重要的作用,而在第三种逻辑中亦是如此。然而,也要说明的一点就是:技术想像尽管已经侵入了历史的领域,但是反过来历史想像也进入了科学的领域,也就是说,两种想像之间的接触和影响是相互的。

四、在三种逻辑间保持脆弱平衡的现代性

赫勒所阐释的现代性内在的三种逻辑之间存在着相互并行、相对独立、相互支持、相互限制的关系,而且正是三者之间的相互制约才使得现代性能够发展下去,不至于因失衡而毁灭。正如她所说:"当两种或三种现代发展逻辑或这些逻辑内在的构成成分发生冲突时——这是现代性的牌戏中不断会碰到的可能性——就会最终达到一种界限。没有这些限制以及行动者对这些限制的意识,现代性很快就会摧毁其自身。"② 因此,现代性能够运行下去,并不是因为内部存在着一个稳固的、不可动摇的根基,而是因为其内部三种逻辑间的相互支撑所保持的平衡才使之存在和运行。正是基于此,现代性本身非常脆弱。

在现代社会中,其中的任何一种逻辑都可能打破平衡,突破自身的界限,占有支配性的位置,侵入别的逻辑中,这种情况在现实生活中的确已经发生或正在发生。首先,如前所述,技术逻辑和技术想像在当今已经占有了支配性的地位,它们已经扩展到一切领域里,以至于所有的领域都受到了技术逻辑的制约。对此,法兰克福学派的思想家都进行了深刻的揭示,也包括哈贝马斯所揭示的晚期资本主义中科学技术已成为了意识形态,实现了对人的全面统治。更为严重的是,技术逻辑及其背后的科学想像本身一旦变为权力,对社会各个领域的影响就会更为深刻,正如当代学者高宣扬教授注意到的那样:"变为权力的科学技术,随着当代社会权力运作的多样化和精致化,渗透到权力关系网络中的科学技术

---

① 阿格妮丝·赫勒:《现代性理论》,李瑞华译,北京:商务印书馆2005年版,第105页。
② 阿格妮丝·赫勒:《现代性理论》,李瑞华译,北京:商务印书馆2005年版,第96页。

因素，就更加严重地影响了政治领域；反过来，也更加使得权力的宰制发生根本性的影响。"① 的确，一旦科学及其分支社会科学为技术逻辑的演变提供合理性解释，当这一逻辑足够强大时，它就会僭越自身的界限，侵入其他的逻辑中，从而打破三种逻辑间的平衡，现代性就无法幸存，现代社会也会走向灾难。鲍曼对技术和"大屠杀"关系的分析已经很好地说明了这一点。其次，政治权力的逻辑也很容易过度发展侵入其他逻辑中，尤其是侵入第二种逻辑中会导致其失去相对独立性，从而丧失其功能。在赫勒看来，社会地位的功能性分配逻辑的相对独立性非常重要，它对现代性的继续存在是决定性的，因为它是现代性的两个方面——现代社会格局和现代性的动力——所汇聚的地方。当这一逻辑被其他逻辑侵入时会引发现代性的停滞，正如她所说："当第二种逻辑的相对独立性在现代性中受阻时，在所有的层面上都会出现功能丧失，即使第二种逻辑的功能得到了适当的满足。"② 也就是说，当这种逻辑因受到特定的政治权力管制时，其异质性就会丧失，社会中不同机构之间的竞争就会消失，生活在其中的个人的正当诉求就无法实现，动态正义消失，社会被同质化。由此导致的后果就是：现代性的发展因失去动力而走向毁灭。那么如何能保持第二种逻辑的相对独立性？在赫勒看来，当今自由主义民主制度是给予其相对独立性的最佳政治制度。此外，对于政治权力逻辑的扩张和危害，在下面的部分将会分析到赫勒所讨论的希特勒时期的德国出现的现代极权主义国家。

  由此可见，现代性内在的由两种想像引导的三种逻辑必须保持自己的界限并保持相互制约，现代性才能在这种平衡中得以幸存。无疑，这种平衡是脆弱而危险的，需要时时小心维护。总的说来，赫勒之所以强调现代性内在的三种逻辑以及三者之间的平衡关系，一方面是为了寻求现代性幸存的途径，另一方面也是为了力图扬弃西方自启蒙以来理性主义所形成的宏大叙事和乐观态度。众所周知，自近代启蒙以来，随着人的主体性地位的高扬，人们越来越相信自己的理性可以不断地推动社会进步，使人类从奴役中摆脱出来，走向越来越自由的状态，特别是随着技术不断地被应用在生产中，人们更是对此深信不疑。但是，20世纪的

---

① 高宣扬：《当代政治哲学》（上卷），北京：人民出版社2010年版，第10页。
② 阿格尼丝·赫勒：《现代性理论》，李瑞华译，北京：商务印书馆2005年版，第120页。

社会现实却打断了"社会不断进步论"的逻辑和乐观主义的态度，启蒙也走向了反面。正是在此背景下，赫勒在重新反思现代性的过程中也重新审视了现代性的遗产，她认为黑格尔设计了第一个完整的宏大叙事，马克思的理论中也出现这种叙事，赫勒还分析了马克思的《巴黎手稿》《德意志意识形态》和《共产党宣言》等文本来证明这一点。因此，她力图解构宏大叙事的路径就是表明现代性的非同质化特征，它具有异质性特征，为此，必须区分其内在的三种逻辑，而且强调三者之间的互相限制关系并使之保持平衡，才能保证现代性能够幸存。更重要的是，只有在现代的社会格局中，才能谈个人拥有自由和权利，进而，马克思所设想的自由全面发展的个人才有可能实现。毕竟，在今天要想保持马克思的在场，只有解构马克思思想中过时的东西，重新理解马克思，才能继承其合理的思想。在这一点上，赫勒与作为后马克思主义者的拉克劳、墨菲站在了一起。

其实从另一个角度也能清楚地意识到赫勒所理解的现代性是建立在保持脆弱平衡基础上而不是有着稳固基础的现代性，这就是她在阐述现代性的第三种逻辑政治权力的逻辑时用到了一个词：现代性的钟摆。也就是说，现代性就像一个钟摆一样，它在两端来回摆动，只有保持不断地摆动，它才会持续存在，如果两端的张力消失，那么现代性也因停摆而处于危险中。概而言之，现代性的钟摆在两对范畴之间来回摆动，即现代性的第二种逻辑和第三种逻辑体现出来的经济和国家之间来回摆动；在现代自由主义民主制度自由主义和民主之间来回摆动。这两种摆动具体如下：

首先，现代性钟摆在经济和政治之间来回摆动。这一摆动正如赫勒所说："实际上，现代性钟摆的摆动源自于在国家与经济的相互作用中两种选择的冲突。如果——在这种相互作用中——国家的干预变得'最小化'，民众动荡的危险就会出现，社会平衡就会在很大程度上被打乱，在某些时候独裁者就会取代民主政权。另一方面，国家的干预可能是强有力的，并危及到第二种逻辑的相对独立，结局将会是社会的停滞不前，即使进行干预的国家仍然是自由主义和民主的。20世纪80年代的'福利国家的危机'，意味着福利政策到达了一个限度，在这一限度上，枯竭和停滞的征象不仅被体制的意识形态敌人们看到，而且被体制的受益者们看到。然后就有了'货币主义'的反击，眼下，这种反击也达到了它的限度。显然，现代性的钟摆将会在某种程度上再次被推回去，故事会重新开始。"① 即在这里赫勒认为国家干预的过强和过弱都会对经济和社会的发展产生不良后果，如果过强就会使社会处于停滞状态，如果过弱就会出现民众动荡，无论哪种情况，最终社会平衡以及现代性平衡都会向着失衡的方向发展。

其次，现代性的钟摆在自由主义和民主之间来回摆动。现代性的钟摆在这两者之间来回摆动实质上也确立了赫勒所推崇的"现代民主制度"，她认为这是人类应当追求的政治制度和国家形式。她对这一摆动和制度的描述是："现代自由主义民主制度是自由主义和民主的结合。现代性的钟摆在这里也开始了它的摆动；一时是自由主义的方面占得上风，一时是民主的方面把自由主义推入背景。现代性生存的最佳条件是自由主义的方面与制度同民主的方面与制度之间的平衡的暂时恢复，这种暂时的平衡出现在并贯穿于现代性的动力之中。当然——正如人们常说的——在一种现代政体中，自由主义的制度限制着民主，民主的制度也限制着自由主义。"② 在这段话中，包含着如下几层意思：

第一，现代民主制度内部两个要素之间的平衡是**暂时的**，而不是一劳永逸的。赫勒之所以要强调这一点就在于，她对现代民主制度并不抱有盲目乐观的态度，因为自由主义过强或者民主过强都会打破这种平衡，现实中出现过的一系列政治灾难已经显示了这一点，这才使得赫勒抱着非常谨慎的态度来看待这一制度的存续。

第二，现代自由主义民主制度中自由主义和民主之间存在着差别。自由主义我们都很熟悉，它在西方政治思想史上非常有影响，在 20 世纪 70 年代，新自由主义在西方学术界重新突起。对于这一主义的理解诚如国内学者顾肃所说：它"是一种基本的政治信念，一种哲学和社会运动，也是一种社会体制构建和政策取向。它还是一种宽容异己、兼容并包的生活方式。"③ 实际上，**"自由主义"** 这一词汇在其漫长的历史发展过程中的运用有些混乱，尽管如此，不容否认的一点就是，自由主义理论的

---

① 阿格尼丝·赫勒：《现代性理论》，李瑞华译，北京：商务印书馆 2005 年版，第 139 页。

② 阿格尼丝·赫勒：《现代性理论》，李瑞华译，北京：商务印书馆 2005 年版，第 158 页。

③ 顾肃：《自由主义基本理念》，北京：中央编译出版社 2003 年版，第 1 页。

出发点是个人，虽然是以个人为出发点，但是它并不完全排斥集体、社会的价值，个人只是出发点而已。自由主义的核心价值是自由，尤其注重个人自由。而这种自由也如顾肃所说，自由主义者所说的自由首先是政治和法律意义上来谈的，这包括个人在生活、言论、结社、从事经济和社会活动上的选择权。对于"**民主**"这一词汇，我们都知道它起源于古希腊，希腊语的民主（demokratia）的词根分别是"demos"和"kratia"，前者的意思是"人民"，后者的意思是"统治"。所以，民主的原意就是人民的统治，它的主要价值是平等。雅典著名的政治家伯里克利曾经就雅典式的民主为我们进行过描述："我们看到，法律在解决私人争端的时候，为所有的人都提供了平等的公正；在公共生活中，优先承担公职所考虑的是一个人的才能，而不是他的社会地位，他属于哪个阶级；任何人，只要他对城邦有所贡献，绝对不会因为贫穷而湮没无闻。"① 即在最初的时候，当人们说到民主时就包含着其内在一个核心的价值就是平等，因此，在赫勒那里她也明确指出民主最高的价值就是平等。

　　自由主义和民主的两种价值——自由和平等，两者虽然同为现代性的价值，但它们是完全不同的，正如伯林所认为的那样，自由就是自由，不是平等、公平、正义，不是文化，也不是幸福或者良心。如果为了减少不平等的耻辱而削弱或者丧失个人的自由，却又没有能借此具体地增益别人的个人自由，那么所发生的就是自由的绝对丧失。伯林所表达的意思其实传达了一个信息：如果追求实质的平等就可能会导致个人自由的丧失。因此，赫勒在谈到平等这一价值时借用了费赫尔对平等的区分：形式平等、条件平等和实质平等。所谓的形式平等就像在法律面前的平等或者平等权利；条件平等是一种典型地出现在社会民主国家和一般福利国家的平等，它会导致国家干预的观念，以及国家对财富和服务进行再分配的观念，即在这种平等中国家有可能会过度介入到社会和经济领域中；实质平等就是主张所有人作为个人具有同等的德行和价值，主张对作为个人的人们进行区分是不合适的。在此基础上，赫勒表明，实质平等因为有时候是在憎恨中表现着自身，因而会显现出民主丑陋的一面。在某种意义上说，她这里说的实质平等所体现的民主的丑陋一面是说实质平等背后的同一性逻辑会推动着民主走向反面，走向专制。而这则是现代人应

---

① 修昔底德：《伯罗奔尼撒战争史》，徐松岩、黄贤全译，南宁：广西师范大学出版社2004年版，第99页。

该避免的现实发展趋势，体现憎恨的实质平等如果在现代政治追求中占了上风，那么极权主义的危险就会来临。赫勒所担忧的这一点和美国著名的实用主义哲学家悉尼·胡克的担忧在某种程度上是一致的，胡克曾经在《理性、社会神话和民主》中说道："对一种民主制来说，多数原则是很重要的，而大多数人如果不能接近消息的来源，如果只能读到官方的解释，如果在课堂、讲台和无线电广播中只能听到一种的声音——总之，如果一切批判性的反对意见都被打上叛逆的烙印而为异端的审判、为集中营的思想改造和行刑队所根除的话，他们的表示同意就不是自由的。当个人的心灵被有意地束缚于愚昧无知的时候，就同他的双手被绳索捆绑的时候一样，没有行动的自由。"① 在这里胡克也担心多数原则所体现出来的同一性逻辑会导致自由被剥夺，然而这是由于多数人不能获得真相的前提下所作出的决定会对个人自由造成影响。总而言之，发达资本主义国家中，决定现代政体或者国家形式差异的重要因素是对价值的不同方面的强调，即对自由主义和民主的强调。在这里赫勒对自由主义和民主之间的区分也表明了她对于资本主义政体内部进行了区分。

第三，自由主义和民主之间互相交织、互相解释、互相限制。这层意思表明，现代民主制和自由主义制度并不是两种截然不同的制度，而是现代自由民主制度的不同表现，两者因为其均衡力量相互支撑。如果过分强调其中的一方，另一方就会受到限制、逐渐萎缩，从而使得两者之间的平衡被扰乱，现代性的钟摆也会停止摆动。因此，赫勒才认为尽管两者可以是形式上的或者实质的，但是两者却不能完全成为形式上的或者实质的。在她看来，如果多数的自由主义的权利，尤其是诸如拥有财产和个人自由的这样的权利，不允许作出民主的解释，自由主义就是实质的，民主就变成形式的，即所谓的民主只限于通过周期性的普选来选举代表。反之，如果自由主义的所有权利都得到了民主的解释，那么自由主义就变成纯粹形式的，它也只限于应有的程序和对权利体系的纯粹维持。因此，不能使得两者中一方仅仅成为形式的，而另一方成为完全实质性的，如果这样的话，那么其内在核心的价值自由和平等之间的关系也随之失衡，这必然会引发现代社会的混乱。两者之间相互限制、相互交织也才是现代性幸存的最佳条件。尽管这种最佳状态是暂时的，

---

① 悉尼·胡克：《理性、社会神话和民主》，金克、徐崇温译，上海：上海人民出版社2006年版，第253页。

但这也恰恰是现代性的最大特征所在。

第二节 两种想像机制引导下的三种逻辑的失衡引发的现实灾难

技术想像机制和技术逻辑的发展愈强大，现代性就愈容易失衡，从而引发现代的灾难，同时技术想像机制和历史想像机制这两者一旦联手约束着现代社会，而又没有其他因素对其制衡的话，同样会给现代人带来灾难性的后果。这集中体现在20世纪所发生的大屠杀、法西斯极权主义等的发展中。在具体阐述想像机制引发的现实灾难之前，有必要问的一个问题就是：为什么现代主义想像的力量如此强大，它能够推动现实社会走入到灾难的境地中去？赫勒对此的回答就是现代主义的想像把现在边缘化了，进而引发了现实灾难。在对这个问题进行分析时，赫勒批判了自由主义和马克思主义的方案。在这里有必要先强调的是，当她说到马克思主义的方案时，主要指的是马克思恩格斯之后的马克思主义。下面将详细讨论赫勒对现代主义想像的分析以及由它所引发的后果。

一、现代主义想像对现在的忽视

赫勒在将现代想像区分为技术想像和历史想像之前先概括性地谈的是现代主义的想像，现代主义想像主要的问题就在于对现在的忽视。在《现代性理论》中赫勒在阐释现代主义想像对现在的忽视这一问题时是将现代主义想像与后现代意识对照起来进行分析的。在她看来，"现代主义想像通过对过去的历史性回忆，通过规划和投射出一个作为人类实验和创造的领域的无限未来（自由）——它可以被设计得（甚至于是被迫）服从人类的意愿——而把现在边缘化了。"① 也就是说，在现代主义想像中，现在是过去和未来之间的一个过渡。为此，赫勒还用了一个特别形象的比喻：火车站之喻，"现在就像是一个火车站，我们这些现代世界的居民需要坐上一列快车经过这个车站，或是在此停留片刻。那些火车会把我们带向未来。停在火车站将意味着停滞——对他们而言。"② 赫勒在此非常形象地说明了现代人对于现在的态度，现在不过就是一个短

---

① 阿格尼丝·赫勒：《现代性理论》，李瑞华译，北京：商务印书馆2005年版，第17页。
② 阿格尼丝·赫勒：《现代性理论》，李瑞华译，北京：商务印书馆2005年版，第17页。

暂停留的车站,如果现代人把现代看作是永恒的,一直停留于此,那就意味着一系列的停滞:社会的停滞、历史的停滞、人的生存的停滞……因此,必须立足过去与现在而着眼未来,只有这样才与不断进步相联系起来。

而与之相对照,拥有后现代意识的后现代人对待现在的态度截然相反。对此赫勒说道:"后现代人接受在车站上的生活。也就是说,他们接受生活在绝对的现在。他们并不等待快车来带他们到最终目的地。所有的最终目的地都被揭露出包含着灾难。因此后现代人声称,他们不知道最终目的地的事;他们把'有附带条件的状态'(provisory state),即此时此刻,当做(他们的)最终阶段接受下来。未来是未知的。现在是绝对的现在,因为在我们视野之外的未来是未知的。"① 也就是说,后现代人接受绝对的现在,因为现实灾难告诉他们,人们翘首盼望的最终的目的地未必是天堂,它可能是地狱。

通过对现代主义的想像和后现代意识的对照,赫勒意图告诉我们对现在的不同态度导致的最终结果是不同的,前者可能会将人类和社会带入灾难。正是在此基础上,她对现代的自由主义方案和马克思主义方案展开了批评。在她看来,这两种方案都是现代主义想像的体现,它们都是借助未来赋予现代以合法性的范例。尽管两者之间在具体的理论主张上存在着很大的差别,但这并不妨碍它们有共同之处,其共同之处有四点:"第一,未来是自由的——我们(人)能够创造它。第二,我们可以寄希望于未来的不只是一种改善,而是就质量而言更好的一个世界和一种生活方式。第三,我们可以确定地(科学地)预言,在某些已经可以推断出来的条件(进化或革命)下,未来我们将(自由地)创造并获得一些事物。第四,技术的不断发展是进步的关键。"② 赫勒在这里列出的这四点我们都已经非常熟悉,的确这四点都是寄希望于未来的态度,将现在看做是完全可以彻底改造的对象以符合未来的种种设想。也正是在现代人这种理性的狂妄中,"快车驶向了它们的最终目的地——火车的终点站叫做奥斯维辛和古拉格——终结站。"③ 这就是赫勒所深刻洞察到

---

① 阿格尼丝·赫勒:《现代性理论》,李瑞华译,北京:商务印书馆2005年版,第20页。
② 阿格尼丝·赫勒:《现代性理论》,李瑞华译,北京:商务印书馆2005年版,第17—18页。
③ 阿格尼丝·赫勒:《现代性理论》,李瑞华译,北京:商务印书馆2005年版,第18页。

的现实灾难的根源之一。正是因为现代人在科技的推动下对现在的忽视，对未来的盲目乐观，才给自身带来了各种灾难，接下来的二、三部分从不同的侧面来阐述 20 世纪人类社会真实发生的灾难。

二、大屠杀的悲剧

现代技术和政治权力一旦结合，给现代社会和现代人带来的灾难将是致命的和毁灭性的。对于这一点，我们既可以从福柯对现代权力的演进机制中看到，也可以从鲍曼对现代性和大屠杀之间的关系分析中看到，同时更可以从赫勒对于技术想像和历史想像的角度阐释中看到。赫勒认为大屠杀之所以能够如此迅速进行，一方面是因为技术想像已经成为了支配性的想像，另一方面也是调动技术想像和历史想像这两重想像的结果，两者共同构成了对现代人和世界的双重约束，让人无处可逃。在这一过程中，现代性内在的几种逻辑之间也失去了相对独立性。

首先，现代社会中支配性的技术想像背后的科学解释盛行。如前所述，科学是支配性的参照点意味着"真的"和"科学的"可以被作为同义语来使用，也就是说这两个词和"为科学所证明的"可以互换而不改变其句子的意思。而纳粹的种族意识形态就宣称自己得到了"科学的证明"，从而与"真"联系起来，最终也才导致了很多人可以不假思索地将这一意识形态落实到行动中。由此可见，支配性的科学解释操控着技术想像引发了现实的灾难。

其次，共同调动两种想像对现代人和世界形成了双重约束。正如赫勒进一步指出的那样，大屠杀"本质上重要的并不是对技术手段的实际应用，而是对技术想像的调动。毒气室被运用不是因为它们就像枪支一样能够为人所用，而是因为对它们的运用看来是解决问题的一种方案。问题是：怎样才能够以最小的努力和最大的效率来进行谋杀？怎样才能把最大化原理运用于民族灭绝？问题在于大规模谋杀的生产力，在于执行谋杀任务的人均花费（在金钱和努力上）。他们做出的决定就是'犹太人问题的最终解决'。"[①] 也就是说，技术本身并不是技术性的，它的效率来自于其背后的科学的解释，如果科学将"犹太人问题的最终解决"解释为合理的，那么就可以进行技术的执行，最终就会出现大屠杀

[①] 阿格尼丝·赫勒：《现代性理论》，李瑞华译，北京：商务印书馆 2005 年版，第 152 页。

这样的现实悲剧。此外，赫勒认为，如果把纳粹的灭绝机制完全归结为技术想像也是片面的，因为在解决犹太人问题的任务背后其实还蕴含着历史想像，在她看来"历史想像调动过去的记忆并把它们置于一种意识形态的整体框架中，它**直接地**是毁灭性的，因为它在利用技术想像来为一个历史想像的**封闭世界**服务时，强化了技术想像。'可预见的后果'的问题因而不可能被提出，因为所有的后果已经由意识形态本身合法化了。"① 也就是说，从历史中获取的各种材料而形成的意识形态能够为技术和政治的行为以及所引发的各种后果进行辩护，并赋予它们以合理性与合法性，即便这种技术运用于灭绝种族的社会工程。

由此可见，现代技术想像和历史想像一旦同时发挥作用，就会引发现实中类似大屠杀的悲剧，赫勒认为，两者联手形成了"解决问题与解释，计划与回忆，计算与反思"的双重约束，这是现代世界的重要特征。因此，从以上论述中可以看到，在大屠杀、现代极权主义等现实悲剧中都有失衡的技术逻辑、社会逻辑和政治逻辑的作用，在其背后更有技术想像和历史想像的解释和支撑。也正是基于此，她认为现代的自由主义民主制的确立也有其积极作用，这是因为"每当双重约束协同一致并朝着一个方向用力时，极权主义的危险就大大增加。自由主义和民主之所以被发明，就是为了保护现代性远离这种危险。它们能否做到这一点，或能否完全做到这一点，还有待于观察。"② 也就是说，它能在很大程度上抗衡极权主义的危险。

最后，大屠杀的悲剧还是现代性的第三种逻辑政治权力的逻辑过度扩张的结果。它的扩展侵入了其他逻辑中，就会出现赫勒所说的现代极权主义国家。在希特勒时候的纳粹德国，多元主义并不存在，即便存在，它也没有存在的合法性基础和权利，也就是说，多元主义任何时候都可能受到法律的惩罚，是否以及何时受到惩罚则主要取决于独裁者的意愿和情绪。在这种模式中，个人的自由将失去，各种权利也将无法得到保障。而且在这种国家中，其领导者追求的是永恒的革命，希望给世界带来全新的秩序。

---

① 阿格尼丝·赫勒：《现代性理论》，李瑞华译，北京：商务印书馆2005年版，第153页。

② 阿格尼丝·赫勒：《现代性理论》，李瑞华译，北京：商务印书馆2005年版，第153页。

三、斯大林式社会主义的各种弊端

首先必须承认的是，苏联的社会主义一度代表着人类未来的希望，它光彩夺目，对当时的人们产生了巨大的吸引力，也包括对西方的很多知识分子阶层，他们愿意将最美好的词语和希望寄托在它的身上。对此，美国学者罗兰·斯特龙伯格曾经在《西方现代思想史》中描述了在20世纪二三十年代时西方的知识分子阶层对苏联共产主义向往和赞美的图景，其中包括著名的费边社的韦伯夫妇、休利特·约翰逊、剑桥学生小组中的成员、剑桥大学的经济学教授莫里斯·多布以及一些年轻的学生，都曾经著书立说支持苏联的共产主义。当然在20世纪30年代后期、尤其是苏共二十大之后，对苏联共产主义以及斯大林模式的社会主义进行批判和反思的学者越来越多。在这些批判和反思中，有一些学者彻底脱离了共产主义，然而有一些学者仍然坚持社会主义和共产主义的理想和信仰，但区分了斯大林和列宁主张的社会主义，主张更加民主的社会主义，这包括20世纪开创西方新马克思主义的代表性人物卢卡奇、中期的法兰克福学派以及东欧新马克思主义的诸多学者们。

在众多仍然坚持社会主义和共产主义理想的学者中，当然也包括赫勒。赫勒对真正社会主义的坚持在理论上也受到卢卡奇的影响，她对斯大林式社会主义的批判也是在卢卡奇的批判基础上的拓展。卢卡奇在其马克思主义政治哲学的专著《民主化的进程》中对斯大林主义进行了比较透彻的批判，并且将之与列宁主义区分开来，以表明斯大林主义是列宁主义以及马克思主义的变形，是官僚政治对社会主义的歪曲，进而重新定义了民主和社会主义。他对斯大林的批判没有仅仅停留在个人崇拜上，而是从其所处时代的经济和社会中寻找原因。为此卢卡奇首先从俄国的无产阶级革命的非经典特征（即不是按照马克思恩格斯所预测的那样，无产阶级革命首先在西欧北美等比较发达的资本主义国家爆发，而是在落后的俄国发生的，这体现了无产阶级革命的非经典特征）开始，回溯了列宁和斯大林的理论和做法，认为斯大林对列宁和马克思主义的偏离主要体现在：纯经济问题代替了列宁的社会主义民主；颠倒了理论、方法和策略之间的关系，建立了策略绝对优先路线，导致对马克思主义和列宁主义的歪曲；官僚政治机构代替了苏维埃制度，进而很容易导致阶级斗争激化和秘密警察国家。沿着卢卡奇对斯大林的反思和批判的路线，赫勒从现代社会运行的技术逻辑和技术想像机制以及现代性内在三种逻辑保持脆弱平衡的角度对此进行了更细致的批判，她的批判在诸多著作中都有所体现，总的来说，她认为斯大林式社会主义存在的弊端主要体现为：国家和社会的完全同一、对需要的专政、秘密警察对私人生活的全方位掌控、整体的不正义。

（一）国家和社会的完全同一

对于这一点，赫勒认为虽然苏联也处于现代社会的格局中，其第二种逻辑（社会地位的功能性分配的逻辑或者社会地位、功能和财富的分配逻辑）也是现代的并且存在着，然而，在斯大林时代的苏联"给予男人和女人特定制度性地位的这种现代分配并不是以一种相对独立的方式发展的，而是由一种独裁的国家权力强加给社会的，其目的是使社会集权化。不仅如此，苏联共产党还给各个机构在一种制度性等级体系中分配了一个固定的地位。体制，还有政党，获得了绝对压倒其他所有机构的优势地位。"[1] 正是基于此，赫勒认为当现代性内含的第二种逻辑被第三种逻辑（政治权力的逻辑）侵入后最终导致的结果就是社会向着同质化的方向发展，社会中原来形态各异的因素之间的差异被消除了，动态正义因其环境的不允许也失去了动力，从而使得社会处于停滞状态。

实质上不仅仅是赫勒注意到了这一点，即第二种逻辑独立性的丧失导致了国家和社会的完全一致的现象，同为布达佩斯学派的瓦伊达也认为，斯大林式社会主义模式中政治、经济、意识形态权力不分离的状态为极权主义政治体制奠定了基础。在这种模式中，个人自由和自主性没有任何位置，诚如他所说："政治、经济与意识形态权力的结合产生了制度的极权主义特征。即使在制度相对正常运转并且任何直接的政治恐怖都不明显的时候，它仍然是极权主义的，因为任何日常生活领域都摆脱不了政治的影响。在斯大林主义的恐怖时期，极权主义现象作为无孔不入的'渗透政治化'标示了极权主义统治的开始。然而，随着制度的稳定，极权主义的特性也改变了。今天，与政治无关的行为——退回到了私人领域并丧失了一切集体目标——已经变为唯一可行的选择，通过这

---

[1] 阿格尼丝·赫勒：《现代性理论》，李瑞华译，北京：商务印书馆2005年版，第120页。

种行为个人可以在高压政治中维持'独立'。"① 也就是说，在瓦伊达看来，斯大林式社会主义模式中，政治权力已经越出了自己的范围与其他力量相结合，最终使得社会中的个人自由化为幻影。

如果再把视野放宽一些，同时代的南斯拉夫的哲学家弗兰尼茨基也注意到了这一点，他曾在《马克思主义史》中批判了斯大林强化国家的政治思想，他指出："斯大林的社会主义观点的基本特点……就是大力强调国家、国家的领导、国家机器和传动装置、国家的主动性和干部，而实际上从来也不强调群众，不强调曾经被他宣布为'马克思主义的基础'的群众。关于工人阶级和其他劳动阶层的自治的思想，实际上对斯大林是格格不入的；个人的首倡精神和全面发展、对自己的社会过程的管理，是真正获得解放的前提，是废除人的异化的一切主要形式的前提——所有这些马克思主义理论思想的重要因素，在斯大林身上都是根本不存在的"。② 也就是说，他认为，与马克思、恩格斯的关于国家消亡的思想截然不同，斯大林强调国家和官僚制度，否定民主，力图建立高度集权的国家社会主义体制，而这一体制消除了第二种逻辑内含的异质性的特征，从而也消除了内在发展的动力。

赫勒以及东欧新马克思主义的一些哲学家对于斯大林时代出现的国家和社会的同一问题的讨论实际上也把我们引入了如何看待国家与社会的关系问题，而这一问题也是20世纪八九十年代西方学术界热烈讨论的问题，国家究竟以什么形式存在，是以"守夜人"的形式存在还是以主要掌控者的形式存在？如果以前者的形式存在，那么从任何形式的社会主义中都会生发出资本主义的路径，这正是诺齐克所阐述的问题，他用张伯伦的例子和社会主义社会中企业家的例子来说明自由如何搅乱模式。而如何处理和平衡国家和社会之间的关系实际上也是我们在社会主义建设过程中面临的一个严肃问题。

（二）秘密警察对私人生活的干涉

对于这一点赫勒有切身的感受，她在接受西蒙·托米等学者的访谈时谈到，正是因为经常遭受秘密警察的监视，最终因为不堪其扰才出走

---

① 米哈伊·瓦伊达：《国家与社会主义》，杜红艳译，哈尔滨：黑龙江大学出版社2015年版，第168页。

② 普雷德拉格·弗兰尼茨基：《马克思主义史》（第二卷），胡文建等译，哈尔滨：黑龙江大学出版社2015年版，第270页。

匈牙利。同时，在卢卡奇晚期也遭受到了这一问题。因此，赫勒对斯大林主义中出现的这一弊病深恶痛绝。实际上，对这一弊病的批判同样也是东欧很多领域中的学者都在探讨的问题，其中匈牙利裔美国记者凯迪·马尔顿（Kati Marton）在《布达佩斯往事》里详细讲述了自己从秘密警察保存的档案中回忆起在苏联时期的匈牙利人们受到严密监控的场景。而捷克斯洛伐克的科西克也从斯大林主义创造的一个普遍可操控的系统对于生活在其中的人们的影响方面来对其进行批判。科西克从分析被斯大林模式统治的捷克斯洛伐克社会开始谈起，他认为这个社会已经出现了各种危机，其中一个就是官僚—警察的统治和掌控的体制已经形成，而"作为一种官僚—警察的统治和掌控的体制，斯大林主义是建立在对人与事、人与自然、思想与感情、活人与死人的普遍的可操作性的假定之上的。"[①] 这样一个系统一旦形成，对生活在其中的人们以及社会都将是一个灾难。正如科西克所说的那样，在一个普遍的操控性系统中，人丧失了区分的能力和区分的需要，即丧失了辨别真理与非真理、善与恶的能力和需要。这个系统是一个冷淡和漠不关心的系统，在其中真与假、善与恶混在一起。冷漠被提升到一种实在的统治和构成性范畴，这意味着真理与非真理、善与恶、高贵与卑微相等同，一切都是等值的，因为一切个别的东西都丧失了自己的价值和内在意义。在某种意义上，科西克所描述的这样的一个社会，实际上陷入到了被相对主义和虚无主义笼罩的状态中。

当然，无论是赫勒的阐述还是凯迪·马尔顿，抑或是科西克等学者对这一弊病的揭露，实际上他们与同时代的法兰克福学派的理论家一样都是在批判这一系统背后的技术逻辑以及政治权力逻辑的过度扩张。在科西克看来，现代技术理性把现实社会变为一个可被征服、被估量、被处置和被超越的客体。进而为了对人本身进行操控，也必须对拥有主体性的人本身进行根本性的改变，要将人转变为受制于相应的客体的主体，最后成为一个彻底的技术实体。从技术理性的角度看，一切都是某种临时性的过渡阶段，因为存在的一切仅仅是不完善的先兆，也就是说，一切事物都是相对的存在。从某种意义上说，科西克对斯大林主义创造的一个普遍操作系统以及背后的技术理性的批判是深刻

[①] 卡莱尔·科西克：《现代性的危机——来自1968时代的评论语观察》，管小其译，哈尔滨：黑龙江大学出版社2014年版，第67页。

的，他尽管并不贬低技术和技术思想给人类以及人类的解放带来的意义，但他的确洞察到了由技术理性支配的这个普遍的操作系统给人们和社会带来的虚无主义倾向，对于虚无主义的危害在之后的章节中还会详细阐述。

（三）整体的不正义

现代性中的政治权力逻辑的僭越还会引发社会中出现整体或者部分不正义的情况。在赫勒看来，社会中当适用于社会群体的规范和规则并不能始终如一应用于每个人身上时就会出现不正义的情况，即在这种情境中，有些掌握权力的人将自己排除出这些规范和规则之外，这就引发了绝对的不正义状态。在这种情况下，这个群体中人们原有的期望被打破，原来的行为和行为结果之间的相对因果关系被纯粹的可能性和猜测所代替，"人们不知道是否承诺将得到遵守，也不知道是否规则能得以运用。遵守法律并不会增加人们不被处决或者监禁的可能性；充其量，只是存在这样的一种可能性。在绝对的不正义状态下，'揣测暴君的心思'通常取代了人们对规范和规则的遵守。"① 也就是说，这种情况的出现与政治权力的僭越或者说拥有权力的人们僭越既定的有效的规范和规则的行为，他们生活在特定的社会群体中，然而并没有遵守这个群体中的规则和规范，这样一来，规范和规则本身的权威消失，人们也变得无所适从，使得整个社会处于整体不正义状况中，赫勒认为斯大林时期的苏联就是这种情况的一个典型例证。

进而，在这种境况中，形式正义涉及的"黄金规则"也被打破。这条规则就是："我待你的方式与我期望你待我的方式**同样**"②，这条规则适用于拥有对称性相互关系的社会，即只有当人们之间的关系是对称的时候，是相互承认对方的平等地位时，这条规则才能为这个社会群体中人的行为提供指引，否则在非对称相互关系盛行的社会中，这一条规则并不适用，甚至是消失。因为在这一社会中，通行的抽象规则就变成了"我为你做了 X，我期望你为我做 Y"，"我为你做了 X，这是你应该得到的。你应该做 Y 于我，这是我应该得到的（因为我为了你做了 X）"等。的确如此，一旦政治权力的逻辑过度侵入了社会的领域中，那么这个社

---

① Agnes Heller, *Beyond Justice*, Basil Blackwell Ltd, 1987, p. 15.
② Agnes Heller, *Beyond Justice*, Basil Blackwell Ltd, 1987, p. 21.

会就会存在着没有可依循的相对稳定的规范和规则，也不存在所谓的能够指导人们行动的准则，整个社会将会以领导人的随意的意志为核心进行运转，从而正义、至少是静态正义消失，即便是存在的话也变成了摆设。然而，这并不否认动态正义仍然存在，或许这种力量非常微弱，但仍然存在，这些微弱的动态正义以及负责任的好公民成为了社会走出不正义的力量。

总的说来，如果说卢卡奇从俄国无产阶级革命所具有的非经典特征这一历史现实出发对斯大林主义进行批判的话，那么赫勒以及同时代人则主要从技术的逻辑以及技术想像机制的发展来达到同样的批判效果，但无论怎样，对斯大林主义的批判是卢卡奇和赫勒等这些仍然坚持社会主义和共产主义信仰的人所无法绕过、必须直面的事情，因为如果不对斯大林主义进行全面的分析和审视，就不能复兴马克思主义以及走向马克思所预测的共产主义的道路。

以上阐述了赫勒所分析的现代主义想像及其所产生的现实后果，然而赫勒更深刻的地方在于她对后现代意识的揭示并不是要表明后现代人要处于一种消极无为的境地，而是倡导后现代人要成为一个负责任的人，要为这种绝对的现在负起责任，正如她所说的那样："承认自己生活在现在的车站上，就为一种被强加了的**责任**留下了余地，这一点我怎么强调都不够。一个负责的人就要管事（担负责任）。但是你不可能照管一个未知且不可知的未来。一个人要对现在（现在的未来和现在的过去）负责。大致上，这意味着一个人要照管他的同时代人，要照管他的共在(Togetherness)。这是唯一一旦做出就将有可能被遵守的承诺。所有的其他承诺都是空的。"① 正是基于此，赫勒立足于绝对的现在，在接受现代社会秩序的同时也对其不公或者不正义的制度进行抗争，并希求改变。为此，她对西方社会展开了种种批判，倡导好公民的出现、构建大共和制的模式、探索现代社会中的好人何以存在等问题，也对斯大林式社会主义进行了严肃的批判，憧憬可行的真正的社会主义。尽管她构想了真正社会主义的图景，然而她并不强求或者要求现实必须按照她所设想的图景发生彻底的变化，因为一旦这样就陷入到了她所批判的现代主义想像的境地中，并且为自己在历史中设定了一种特权。鉴于在赫勒的政治

---

① 阿格尼丝·赫勒：《现代性理论》，李瑞华译，北京：商务印书馆2005年版，第21页。

哲学中对斯大林式社会主义批判以及构想可行的社会主义占有比较重要的位置，因此在下一节中主要将讨论赫勒对真正的可行的社会主义的构想。在第四章中将比较详细地讨论赫勒的大共和制的模式或者政体。

第三节 真正的社会主义建构的可能性及构想

威尔·金里卡曾经说过："今天的马克思主义者认识到，如果要实现社会主义或共产主义的理想，就要说服人们并使他们相信，这些理想具有道德上的正当性，并且值得追寻。事实上，工人的贫困不仅没有不断加深，相反，大多数工人的生活水准都有所提高，而且，他们还经常选举忠诚于资本主义的政党。如果社会主义政党要想获得胜利，就必须说明，为什么社会主义社会比我们今天看到的国家福利资本主义更令人向往——更自由、更正义或更民主。"[1] 金里卡的这段话表明，当今坚持的社会主义需要有其合理性的基础，才能令人更加信服，也才能继续将马克思主义发扬光大。作为以"复兴马克思主义"为己任的赫勒也没有回避这一问题，如前所述，在这条道路上她直面了西方民主制和斯大林式社会主义所存在的问题，力图从现代性理论中来探索可行的社会主义的路径。因此，这一部分将首先讨论赫勒缘何要坚持社会主义的道路，然后阐述她所构建的可行的或者真正的社会主义是怎样的图景。

一、缘何坚持社会主义的目标？

通过上面的阐述和分析，已经很清楚地看到西方民主制的道路根本行不通，而斯大林式社会主义，即高度集中的计划经济体制、政治体制，因其所带来的种种问题使得社会主义社会和共产主义社会的名誉扫地，那么这是否意味着人们要彻底放弃社会主义的追求，国家是否要放弃对经济领域、政治领域的调控而彻底转向完全的市场经济体制以及极端的自由至上主义？答案当然是否定的，卢卡奇曾经明确告诫过我们："如果说，我们反对把资产阶级民主当作社会主义民主的一种替代方案，那么这样做首先是出于实际的、政治的考虑。对当代经验的分析清晰地表明，用一种资产阶级的变形去代替社会主义民主的任何企图，都会无可避免

---

[1] 威尔·金里卡:《当代政治哲学》，刘莘译，上海：上海译文出版社2011年版，第178页。

地导致社会主义（很可能是民主自身）的瓦解。"① 同样围绕着卢卡奇形成的以赫勒为主要代表人物的布达佩斯学派、乃至大多数的东欧新马克思主义者也都从不同的角度深刻批判了资本主义社会中的民主制以及苏联式的社会主义。从实质上来说，他们对社会主义怀有很深厚的感情，并没有打算放弃社会主义的构想，他们想要避免的只是国家与社会高度同一的社会主义，因此他们希望能够复兴真正的马克思的思想，从而复兴马克思主义，更加希望将真正的社会主义从苏联式的社会主义中挽救出来。

赫勒仍然坚持社会主义以及进一步构想社会主义主要基于以下几个方面原因：

首先，是她自己现代性理论推演的结果。如前在详细讨论赫勒的现代性的第二种逻辑中已经阐述它有一种内在的趋势，那就是随着人们的需要和不断满足的发展会产生出激进需要，对于激进需要的问题在第三章中还将详细阐述，在这里有必要先行指出它大致的含义，在1984年赫勒发表的《激进哲学》中她明确表示："我们把所有在一个以依附与统领关系为基础的社会中出现的，但在这样的社会中**不能被满足**的需要表征为激进的需要。"② 她在阐述这一理念时是立足于西方资本主义社会的现实，随着人们需要的不断增加，以及自由等普遍价值的运用，在人们中间就会产生这种在当时的社会中不能够满足的需要，而这种需要将成为推动人们向社会主义过渡的强大力量。在某种意义上可以说，第二逻辑内部蕴含的这种趋势是颠覆性的，它推动着现代西方社会不断变革，最终成为颠覆其本身的力量。

与此同时，赫勒还赋予了现代性中与技术想像不同的历史想像以重要性，这种想像因为能为人们提供意义和阐释过去，从而给历经大屠杀和斯大林式社会主义的现代人带来了希望，因为它蕴含着无限的可能性，正如赫勒所说："正是由于历史想像，现代人的自我理解和自我解释往往存在着许多种可供选择的方式。"③ 这也就意味着现代人的历史想像中蕴

---

① 卢卡奇：《民主化的进程》，张翼星、夏璐译，北京：中国人民大学出版社2016年版，第25页。
② 阿格妮丝·赫勒：《激进哲学》，赵司空、孙建茵译，哈尔滨：黑龙江大学出版社2011年版，第123页。
③ 阿格尼丝·赫勒：《现代性理论》，李瑞华译，北京：商务印书馆2005年版，第106页。

含着可行社会主义的建构，这给后现代人带来了行动的指引。因此，尽管赫勒对斯大林式社会主义进行了深刻的批判，但是她却从没有放弃社会主义的目标。

其次，除了赫勒所阐述的现代性理论本身能够推演出社会主义之外，在理论之外她对社会主义的坚持也受到以卢卡奇为核心形成的布达佩斯学派的目标"复兴马克思主义"和纳吉思想的影响。如前所述，布达佩斯学派在建立之初就在卢卡奇的带领下确立了"复兴马克思主义"的目标，坚持这一目标也就意味着坚持社会主义的道路。对于卢卡奇在晚年所直接关注的社会主义问题如何对赫勒产生影响并不是这里要讨论的重点内容，在本章后面的论述中会详细阐述这个问题。在这里，有必要关注纳吉的思想对赫勒产生的隐性影响，"隐性"一词意在表明，赫勒并没有直接说纳吉对她的社会主义坚持和构建的影响，然而在其他学者对赫勒的访谈中都会看到她对纳吉大加赞扬，所以我觉得从某种意义上可以说纳吉的主张和思想对赫勒产生了一定的影响。

在匈牙利，早在1944年的时候，匈牙利共产党和社会民主党就都认为，他们共同的最终目标是在匈牙利建成社会主义。而在1948年匈牙利共产党和社会民主党合并成劳动人民党后的纲领更是明确指出，合并后的新党的纲领、政策等都以马克思主义为指导，其目的是建设社会主义。但是匈牙利的社会主义在20世纪50年代中期之前因为属于盲目仿效苏联社会主义模式的阶段，从而给人民生活水平带来了很大影响。这一阶段围绕着总书记拉科西·马加什逐步形成了"拉科西集团"，这一集团鼓励个人崇拜，盲目跟随斯大林的指令和苏联社会主义模式，在国内铲除异己，在国际上则跟随着共产党情报局反对南斯拉夫，最终导致了50年代匈牙利国内发生了政治和经济危机。而推动拉科西集团让步的直接原因在于1953年斯大林的去世。他去世后，苏共中央开始反思各种错误并调整国内外政策，这也促使拉科西等人不得不调整之前的国内政策和行为。也正是在这一年，纳吉被提名并在之后被选举为匈牙利人民共和国部长会议主席（总理），随后纳吉在国会的报告中公布了政府具体施政纲领。但是由于拉科西和纳吉具体的施政方针和路线存在着很大的差异，因此，在1955年，拉科西将主张改革的纳吉等党内反对派清除出党，并继续推行1953年6月之前的路线。而拉科西的行为则使得党内已经存在的政治危机更加激化。纳吉在被贬期间从事了大量理论研究工作，并写了很多文章，其中很重要的一部著作是《为了保卫匈牙利人民》，该书的写作目的是针对他之前在任总理期间的言行所受的指责向党中央委员会阐述了其各种见解。我们知道，纳吉因主张改革在匈牙利人民心中占有很重要的位置，同样在赫勒的心中亦如此，她非常赞同纳吉时期比较开明的态度和立场，在西蒙·托米对她的访谈中她曾经说道：1953年"伊姆雷·纳吉当上了总理。他说了不同的语言，在他的总理任期内，从监狱里释放了人们，没有人被监禁。人们可以更自由地说话。你可以成为一个'改良派共产主义者'。我赞同后来在1968年出现在捷克斯洛伐克的那种改良共产主义，即民主共产主义的一种形式，而不是在苏联建立的那种共产主义。"① 而如果我们细读纳吉的《为了保卫匈牙利人民》这部著作，可以看到其中很多主张和见解都被包含在赫勒的政治哲学思想中。

　　纳吉在这本书中尽管表面上看起来是为自己所受到的不公平待遇进行辩护，但正如他所说的那样："澄清原则分歧是更为重要的。这关系到捍卫马克思列宁主义学说的纯洁性并在匈牙利条件下正确地加以运用的问题，也最终关系到维持人民政权的问题。"② 正因此，他运用了马克思主义的方法以及很多列宁的观点批评了拉科西的错误，并对匈牙利社会主义道路如何走、社会主义阵营内各个国家之间的关系、社会生活中的迫切的伦理道德问题等进行了独特的论述，从而捍卫了马列主义以及社会主义的匈牙利形式的合理性。限于篇幅原因，在这里不能对纳吉在本书中表达的所有观点一一展开，只是就看起来对赫勒的政治哲学产生影响的理论展开来说。纳吉在该书的第一章"运用马克思列宁主义的几个现实问题"中谈到进一步发展马列主义会存在着两个日益严重的障碍，第一个就是教条主义，即严格而顽固地坚持着马列主义在原文中表达的观点，无论是否过时，都机械地应用这些观点；第二个就是斯大林在个人崇拜的基础上垄断了对马列主义的解释权，这容易导致多元创造发展理论维度的缺失，从而最终影响社会主义的命运。纳吉在阐述这个问题时实质上也对斯大林的做法进行了批判，正是斯大林垄断了解

---

① Simon Tormey, "Interviews with Professor Ágnes Heller（Ⅰ）", Budapest, $1^{ST}/2^{ND}$ July 1981, *Revista de Filosofía*, 1998, p. 22.

② 纳吉·伊姆雷：《为了保卫匈牙利人民》，南晓译，北京：人民出版社1983年版，第2—3页。

释权，他才会自认为苏联采取的社会主义建设道路、形式和方法是唯一正确的、科学的，从而使得各具特色的社会主义遭受发展的困难。

接着纳吉在第二章"两种制度的和平共存"中概括匈牙利应该从苏南贝尔格莱德联合声明中吸取如下教训：第一，在运用马列主义学说过程中，必须抛弃所有过时的、陈旧的东西，创造新的东西来代替它们，必须创立适合新条件的科学新观点来进一步发展科学社会主义；第二，除基本原则保持不变外，在不歪曲马克思主义和将其庸俗化的条件下，不可简单地照抄他国运用马克思列宁主义的方法；第三，在这种意义上，"匈牙利社会主义"不是别的，正是社会主义的匈牙利形式；换句话说，就是从社会主义建设的普遍的、基本的、因而是共同的规律出发，根据自身情况运用和进一步发展以其他道路和形式建设社会主义所取得的经验，并以新观点代替旧观点来丰富科学社会主义的同时，把马列主义运用于匈牙利的独特条件；第四，根据理论和实践工作中取得的经验，科学地进一步发展马列主义，是所有国家共产党的首要任务。① 从以上纳吉所概括的几点看来，他的主张很明确，无外乎有两点：在发展科学社会主义的过程中不能照搬照抄苏联模式的社会主义，而应该从各国国情和实际出发走不同形式的社会主义，同时，各国共产党也不能将马克思主义列宁主义进行教条化理解，而应该将之进一步发展。

通过对赫勒政治哲学的阅读，可以看到她在理论上的确践行着纳吉的主张。她没有教条化地理解马克思本人的思想，而是对其理论要么进行重新诠释，要么将之发展到更深层次。此外，赫勒也在纳吉批评斯大林的独断做法中将这种批判引向了更深处，她从现代性内在的逻辑和想像运行的角度对斯大林式社会主义的弊端及其表现进行了批判，正如前面已经论述过的那样。当然，人们可能会说在苏共二十大后很多人都对苏联社会主义的弊端进行了分析和批判，这样的说法并没有错，但是这里要强调的是在当时因为纳吉的主张在匈牙利是众所周知的，而赫勒在当时也并没有太多地接触到别的国家的学者的批判理论等，因此从理论根源上来说，她无论是对苏联社会主义的批判，还是主张真正的社会主义很大程度上都来自于纳吉以及卢卡奇的主张。

最后，赫勒能够坚持这一道路，也源于东欧剧变前各国社会主义实

---

① 纳吉·伊姆雷：《为了保卫匈牙利人民》，南晓译，北京：人民出版社1983年版，第33—34页。

践影响了她，使得她毕生对社会主义保持着执着的信念。尽管从20世纪40年代末开始东欧各个国家陆续希望以自己独特的方式建设社会主义，但是坚持社会主义的方向至少在20世纪80年代末90年代初前从未改变过；尽管20世纪90年代之后社会主义走向低潮，但几十年的社会主义实践对赫勒却产生了潜移默化的影响，因此，赫勒对马克思主义以及对社会主义怀有强烈的归属感，也使得作为哲学家的她的激进诉求有了精神上的寄托和行动的方向。对于东欧各国的社会主义实践以及在坚持社会主义的过程中经历了不同的阶段我们都很熟悉，尽管在不同的阶段上各国对苏联模式的社会主义的态度也有所变化，但无论如何变化，他们仍坚持这一方向，只是在建设什么样的社会主义这个问题上有所分歧。在这里需要具体对南斯拉夫的社会主义模式进行较为详细的说明，因为在我看来，20世纪中叶南斯拉夫在铁托的带领下是最早对苏联模式进行反思和反叛的国家，所以它特别具有代表性，而这对赫勒思考社会主义内容也具有很重要的启示作用。

20世纪40年代后期，由于苏联和东欧国家对南斯拉夫的孤立和打击，南斯拉夫成为第一个向苏联社会主义模式发起挑战的国家，从而比较早地探索了自己的社会主义模式。如果说南共被开除出共产党情报局之前，它还被迫采取苏联模式的话，那么在被开除后，外在束缚的取消则为其自由探索社会主义模式提供了前提。这种探索始于南斯拉夫的共产党人和知识分子对苏联模式利弊的反思，针对其弊端，他们从研究马克思的经典原著出发，提出了诸如"非官僚化""民主化""工人自治"等思想和理论，在现实中也进行了工人自治的试点实践。与此同时，还以法律法规的形式予以确认，在1950年6月26日，铁托在议会通过工人自治基本法时强调："今天，我们在自己的国家里建设社会主义，我们不用抄袭任何刻板公式，而是要考虑到我国的特殊条件，遵照马克思主义科学和思想来走自己的道路。"① 而第二天，南联邦议会就公布了《关于劳动集体管理国营经济和高级经济联合组织的基本法》，也就是工人自治法或者基本法。这一法规规定了工厂、矿山、交通等国营经济企业成为全民的财产，将由劳动集体代表社会在国家经济计划的范围内进行管理，而劳动集体则通过企业的工人委员会和管理委员会等来行使管理，

---

① 转引自马细谱：《战后东欧——改革与危机》，北京：中国劳动出版社1991年版，第185页。

这两个委员会是管理机构，工人委员会是自治的经济和政治机构，管理委员会是工人委员会的工作机构和执行机构，企业经理则是企业劳动过程中的领导者和执行者。尽管在现实执行的过程中不免还带有苏联社会主义模式的遗迹，但是这次会议以及规定无疑是一场深刻的变革，它标志着社会主义道路可以有不同于苏联社会主义的模式。之后从1950年到1952年，南斯拉夫又进行了一系列法规上的颁布，并在经济领域和政治领域进一步改革，从而保证以及巩固自治原则的正常运行。在1953年，这一原则还被宪法规定为社会经济制度和政治制度的基础。

而对斯大林的反思和批判以及南斯拉夫当时这些独特的社会主义措施的实行，南斯拉夫的实践派代表人物弗兰尼茨基也进行了阐述。他曾在《马克思主义与社会主义》这部著作中谈到，当时铁托认为斯大林没有走建设真正社会主义的道路，而是走已经蜕变成在专政的官僚主义领导下的国家资本主义的道路。而且，他本人也在批判斯大林式社会主义的同时坚持社会主义道路。无论如何，南斯拉夫当时在铁托的领导下对社会主义模式的自由探索也为其他各国在斯大林去世后探索自己的社会主义道路树立了典范。

综上所述，东欧各国社会主义道路的探索以及卢卡奇、纳吉以及同时代其他学者为赫勒对这一道路的思考提供了现实前提和理论土壤。赫勒在她对社会主义的思考中，为了避免斯大林式社会主义的悲剧重演，她立足于后现代的视角，抛弃了概念式的社会主义，以自由和生命等普遍价值为基础，坚持社会主义与形式民主的结合，这就是她社会主义构想的主要内容。

二、现代社会坚持怎样的社会主义？

赫勒政治哲学中对斯大林式社会主义的批判以及对社会主义的信念充分表明探求社会主义的实质以及需要一个怎样的社会主义已经成了紧迫的问题。现代社会中，人们已经不再需要概念式的社会主义，对于概念层面上的社会主义正面临的危机，拉克劳和墨菲早已经指出："现在正处于危机之中的是整个社会主义概念，它停留在作为大写革命角色的无产阶级本体论中心之上，作为从一种社会类型到另一种社会类型转变的基本因素，依赖于会导致要素空洞化的完美整体和同质化集体意志的幻想前景。当代社会的复杂性和多样化特征不可改变地消解了那种政治虚构的最后基础。"① 因此，在现代多元化深入发展的今天，我们应该认真对待赫勒的政治哲学及其西方新左派激进政治理论中所阐述的合理内容，直面社会主义和马克思主义发展过程中出现的问题，以更好地坚持邓小平于 20 世纪 70 年代末期提出来的四项基本原则中包含的坚持社会社会主义道路、坚持共产党的领导、坚持马列主义、毛泽东思想等内容。而赫勒的政治哲学中论证了社会主义仍然是人类社会发展的期望，这从另一个侧面证明了我们中国特色社会主义道路的合理性，当然在这个过程中，我们要继续深化民主政治建设，同时也要应对当今社会中出现的各种虚无主义思潮，对于这一问题，赫勒的理论在某种程度上给我们提供了有益的借鉴，她对社会主义构想主要从以下几方面来进行的：立足于后现代视角或者后现代意识构想社会主义，强调社会主义需要坚持自由与生命的普遍价值，社会主义与形式民主的真正结合。

（一）后现代意识中构想社会主义

在前面的论述中，谈到了赫勒认为现代主义想像对现在的忽视，与这种会导致现实灾难的现代主义想像和态度相对照，后现代意识或者后现代视角则将关注点放在绝对的现在上，尽管这一意识也从现在出发来构想未来，然而却并不一定要把这种构想变为现实。赫勒亦是站在这种视角或者运用这种后现代意识来构想社会主义。她对这一意识或者视角的阐述是与历史意识中的其他几个阶段相对照来说的，它是历史意识中的最后一个阶段，对此，赫勒不仅在《历史理论》中，也在《现代性理论》中都区分了历史意识发展的六个阶段。这六个阶段分别是：未经反思的一般性意识（神话）、反映在特殊性中的一般性意识（历史）、未经反思的普遍性意识（普遍神话）、反映在一般性中的特殊性意识（现代性的基础性叙述）、经过反思的普遍性意识（普遍历史、宏大叙事）、经过反思的一般性（后现代意识）。具体来说，未经反思的一般性意识主要指在一个民族的意识中，只将自己视为人类，视自己为一般性，而将其他的民族都排除在外。反映在特殊性中的一般性意识主要指思考国家和城邦的意识，有关正在形成的政治制度。未经反思的普遍性意识是指人类的状况本身在其普遍性中出现，不过这是未经过反思的，即不存在

---

① 恩斯特·拉克劳、查特尔·墨菲：《领导权与社会主义的策略》，尹树广、鉴传今译，哈尔滨：黑龙江人民出版社 2003 年版，导论第 2 页。

其他形式的合法叙述。反映在一般性中的特殊性意识是指对一般性进行的反思认为一般性导致了现代状况,因而对现代状况的反思就把现代状况看成似乎是一般性的人类状况。经过反思的普遍性意识主要是指以大写字母开头的"历史",即全人类的世界历史。这一阶段的历史意识主要是指现代意识,现代被认为是全部历史发展的结果,未来是可以预知、可以想像的。接下来的就是第六个阶段——经过反思的一般性意识,即后现代意识,这种意识就是一种以苏格拉底的方式了解自己的现代性的意识,它更加强调反思和批判的特征。此外,赫勒也强调历史意识的这几个阶段并非遵循着线性的时间顺序的。

由此可见,赫勒形象地区分了迄今为止的历史意识发展阶段,敏锐地捕捉到了后现代意识的讯息并给予重点关注,无疑她也支持这一意识。在她的作品中处处以此种意识来思考问题,同样对社会主义构想也是从这种意识出发的,这种意识并不幻想未来有一天弥赛亚式的社会主义和共产主义的实现,而是立足于绝对的现在,但对现在的关注并不是完全无所作为、不要任何形式的乌托邦,而是向着具体乌托邦努力。因此,下面的阐述中将会看到赫勒对社会主义的构想主要是在反思西方的自由主义民主制和斯大林式社会主义的基础上,提出社会主义要和民主、尤其是形式民主联系起来,另外,社会主义一定要与自由、平等、生命等普遍价值相联,社会主义并不是一个遥远的目标,而是现在正在进行的行动。从赫勒立足绝对的现在这一角度看,他与卢卡奇有些相似,卢卡奇也是从动态的民主化的角度来看待社会主义,在他们看来,说社会主义是一个等待实现的目标矗立在未来,不如说它就是一场持续进行的运动。此外,赫勒也拒斥增长的说法,然而她赞同历史进步这样的说法,正如在1983年出版的《卢卡奇再评价》中她曾经说过:"对于社会主义以及以社会主义为目标的实践来说,对历史进步观念的强调是一个不可或缺的原则——这个原则按照**今天的历史状况**为过去赋予秩序和'意义'。如果某个选择和安排是正确的,那么这个原则必须在过去的历史中有其'基础';因此,它不是一个任意地作出的选择,但它不能要求任何必然的历史结果。因此,我们拒斥即便是经济学中的那种自然主义的'增长概念'。"① 之所以会这样,大概是对长期以来苏联式的社会主义中

---

① 阿格妮丝·赫勒主编:《卢卡奇再评价》,衣俊卿等译,哈尔滨:黑龙江大学出版社2011年版,第176页。

一直强调经济增长的反叛，因为这种增长并没有带来真正的毫无损失的社会进步。

总的来说，赫勒之所以要提出后现代意识，主要源于现代社会愈加明显的不确定性特征，人们愈加感受到自身的生存处在双重偶然性（出生的偶然性和成长的偶然性）中。由此可见，后现代性及其所包含的政治状况不仅包含着多样化以及差异，包含着对差异的承认和理解，而且包含着深刻的反思和追问。在经历了种种现实人为的灾难打断预设的历史进程之后，现代人才逐渐生发了后现代意识。这种意识是现代性意识本身的自我反思，并以苏格拉底的方式了解自己的现代性；它将现代人理解为出生和成长的双重偶然性的存在；它不承认历史一定会朝着预设的方向前进，只承认未来是开放的；它并不声称自己知道弥赛亚是谁，但也不承认弥赛亚将永远不会到来。因此，拥有后现代意识的人们能够生活在现代性的悖论中，并坦然面对它们；他们生活在绝对的现在中，从现在看过去和未来；他们不相信主张确定性的历史哲学，因此也要抛弃"X的终结"等历史哲学的语言。

（二）社会主义需要坚持自由和生命等普遍价值

对于赫勒所理解的自由和生命等普遍价值在后面的章节中还将详细阐述，在这里只是表明赫勒的社会主义构想中，自由等普遍价值占有着非常重要的位置。她之所以认为自由等价值与社会主义相联，是因为平等、自由等价值是现代性逻辑中的第二个逻辑（社会地位的功能性分配逻辑）内部所蕴含的趋势，前面已经阐述过，在第二逻辑的运行中，存在着货币的普遍化和需要的不断扩大化趋势，在其中同样蕴含着平等、自由等趋势，因此，随着这一趋势向前发展，它必然要超越资本主义的范围，从而走向现代社会蕴含的社会主义中。正是基于此，自由等价值与社会主义的密切联系也是赫勒关注的一个重要内容，她在其著作多处都专门探讨了这个问题，并认为自由是社会主义的应有之义，是社会主义及其发展过程中一个不可或缺的因素。在赫勒和费赫尔看来，自由是社会主义的真正祖先。他们认为，社会主义有各自不同的发展方式，而这些"复数形式的社会主义"有多种重新安排现代性的尝试。但无论在哪种形式社会主义，自由都是其必要条件。如果社会主义与不自由相伴的话，那么现实中就只存在着各种幻想或者可以一劳永逸地解决现有社会问题的虚假承诺。在这个意义上说，自由是社会主义的真正祖先。

不仅赫勒主张这样的观点，布达佩斯学派中其他代表人物，乃至东欧新马克思主义理论家们大都赞同这种看法。例如布达佩斯学派中的另一个代表人物瓦伊达在其重要著作《国家与社会主义》中也表达了同样的主题，他认为，与自由紧密相连的政治民主是社会主义所需要的，正如他指出："那些已经忘记和那些甚至从来都不了解这个事件的人，都已经了解到不但政治民主不会危及到社会主义，而且相反，实际上政治民主恰恰是社会主义所需要的。因为说实话那个社会主义只有在一个政治民主的框架中才有可能实现。"① 无疑，瓦伊达针对的是当时匈牙利在苏联影响下实施的现存社会主义，因为那种模式意味着经济和政治高度集中的社会主义。这种模式无情践踏了真正社会主义的民主和法制的基本原则，所以这引发了知识分子的批判。特别是1968年发生的布拉格之春事件，对人们尤其对知识分子的影响巨大。如前所述，布拉格之春是1968年初捷克斯洛伐克国内掀起的一场政治民主化运动。这场运动比较缓和，当时的共产党领导人亚历山大·杜布切克在国内政治改革的过程中，提出了"带有人性面孔的社会主义"模式，这一模式认为一切过分集中和权力垄断都会削弱国家和社会机关的主动性和积极性，党的领导作用主要应该反映人民的意志和社会的需要，为社会的发展提出正确的方向和目标。简而言之，这一模式的社会主义更加强调自由这一普遍价值的重要性，也表明自由基础上的民主政治是社会主义不可或缺的内容。然而，我们也知道这一切随着苏联和华沙条约成员国入侵而告终。瓦伊达对此也表明了自己的观点："对我们来说，布拉格之春给我们上的第一课就是政治民主和社会主义是彼此分离的。并不是布拉格之春本身而是其悲剧的结局给我们上了第二堂课，即苏联不会容忍其影响的领地内的任何其他国家有建构政治民主的企图。"② 由此可见，瓦伊达同很多敏锐的知识分子一样看到了更深处的问题，即随着苏军对布拉格的武装入侵而告终，苏联的社会主义模式中显现出了非自由、非民主的特征。

简而言之，赫勒、瓦伊达以及大多数的东欧新马克思主义者们都始终坚持真正社会主义与自由是相关联的，认为真正的社会主义鼓励人们

---

① 米哈伊·瓦伊达：《国家与社会主义》，杜红艳译，哈尔滨：黑龙江大学出版社2015的版，第158页。

② 米哈伊·瓦伊达：《国家与社会主义》，杜红艳译，哈尔滨：黑龙江大学出版社2015的版，第160页。

的自由发展，实现自己的个性。正如瓦伊达曾指出的那样，"从政治上来说：社会主义不能通过压抑特性来实现，只能通过与不受支配的自由发展的特性的联系才能来实现。"① 从这句话中可以看到瓦伊达与赫勒一样也涉及了个性与特性的问题，前面已经说过，对于两者之间的区分以及对个性的强调是赫勒所关注的重要问题之一，因为对于这一问题在前面的章节中已经详细讨论过了，在此就不再赘述。

（三）社会主义要与形式民主结合

从某种意义上说，社会主义者对民主的态度是矛盾的，诚如美国学者罗兰·斯特龙伯格在《西方现代思想史》中曾经写道："社会主义者对民主的态度是矛盾的。他们中许多人鄙视'资产阶级民主'，说它是骗局，是为了将工人的注意力从他们真正的目标——社会革命——转移开来而精心策划的诡计。民主制度是资产阶级'上层建筑'的组成部分，它有意或无意地与资产阶级剥削策略联系在一起。"② 但无论这种态度有多矛盾，很多学者在其社会主义构想中仍然认为社会主义必须与民主相结合，正如当代后马克思主义的代表人物拉克劳和墨菲在重组领导权领域时所说的那样："有必要结束这样的观点：民主任务只局限在资产阶级阶段——这样妨碍社会主义与民主之间持久结合的障碍才会被消除。"③也就是他们认为民主任务不应该只是限于与资本主义相结合，它也应该与社会主义持久结合。

同样，在赫勒对社会主义的论述中，她认为社会主义必须与民主相连才有未来（对于民主本身以及民主的含义在赫勒的整个政治理论脉络中所发生变化的讨论，将在第四章中详细讨论，在这里先行搁置）。简而言之，赫勒所说的与社会主义相连的民主并不是通常意义人们所理解的"人民的统治"，因为这种意义上的民主往往会引发"多数人的暴政"，而这恰恰是赫勒所极力避免的现象，因此，她强调的与社会主义相连的民主更多地指的是形式民主而不是实质民主，正如她曾经在 Stefan Auer

---

① 米哈伊·瓦伊达：《国家与社会主义》，杜红艳译，哈尔滨：黑龙江大学出版社 2015 的版，第 151 页。
② 罗兰·斯特龙伯格：《西方现代思想史》，刘北成、赵国新译，北京：金城出版社 2012 年版，第 409 页。
③ 恩斯特·拉克劳、查特尔·墨菲：《领导权与社会主义的策略》，尹树广、鉴传今译，哈尔滨：黑龙江人民出版社 2003 年版，第 61—62 页。

对她的访谈中明确表示的那样,民主既不是资本主义的特征,也不是社会主义的特征,它只是一种与纯粹的资本主义相伴而生的政治形式,"既不存在民主资本主义,也不存在民主社会主义,因为民主是一种政治形式,可以与纯粹的资本主义相结合,但随后它很快就会倒塌,因为资本主义是非常革命的,资本主义破坏了们之间的所有传统关系,因此,必须要控制它。社会主义在现代性中是一个保护生活方式的保守要素,保护着安全,保护着生活形式,以反对资本主义颠覆一切的企图。两者都是必要的,两者都存在。"① 也就是说,作为形式的民主,它并不指谓实质的内容,资本主义和社会主义都可以使用。

说到形式民主,其实在国内外的学术界中这都是一个非常容易引起各种歧义的词汇。有的人将之理解成"不真实的、虚假的、只是表面的"等,与之相反,将实质民主理解成"真实的、本质的"等,有的人还将形式民主与资本主义相连,实质民主与社会主义相连……不仅国外的学者在使用上比较混乱,我国的学术界中亦是如此,学者们也是在各种意义上使用形式民主和实质民主这两个概念。诸如学者陈友海在文章《"形式民主"现象之大观》② 中分析了我国当前推进民主政治建设过程中有些单位在推进"形式民主"时出现了"走形式"等问题,即出现了"民主决策"不民主、"民主选举"不民主、"民主选任"不民主、"民主考评"不民主、"民主纳谏"不民主这几方面的问题。也就是说,在他看来,形式民主容易演进到"走形式"的境地中,即走入"表面的、形式的、不真实的"境地中。而在赫勒的语境中,恰恰是因为形式民主中的形式没有实质具体的所指,它才能既为资本主义又为社会主义同时使用,尽管形式没有具体的所指,但并不意味着它没有原则,下面将会详细说到赫勒的形式所指谓的内容。

赫勒对社会主义能够与民主结合的原因除了上面所说的在东欧国家内部对斯大林式社会主义缺少民主的批判外,在某种程度上也可以说她直接继承了卢卡奇对社会主义民主的阐述,尽管两者之间仍然存在着一些差别。卢卡奇在其著作《民主化的进程》中复兴马克思主义的过程时把恢复社会主义民主作为重要的内容,在详细阐述社会主义民主之前,他首先从动态的角度赋予民主以不同的含义,他说道:"人们经常把民主

---

① Stefan Auer, "An Interview with Agnes Heller", *Thesis Eleven*. Number 97, May 2009: 105.
② 陈友海:《"形式民主"现象之大观》,载《紫光阁》,2008 年第 1 期。

说成一种固定的状况,而忽略了在当代条件的结构中应把民主看作能动的发展过程。然而,一种确切的图像只能形成于过程概念的运用。为了强调这种根本特点,我们准备用民主化的术语来替代民主的术语。"① 从这里可以看到他更强调从民主化这一动态过程的角度来理解民主,而民主化的进程在卢卡奇看来就是一个社会能够使得个人不断地朝着类方向趋近的进程,如果这个社会能做到这一点,它就是民主的。

在这样界定了民主的含义后,他对社会主义民主进行了较为详细的说明,他反复强调资本主义民主不是社会主义的选择,同样,斯大林主义也不是真正的社会主义,只有真正确立社会主义的民主,才会推动社会主义的健康发展,诚如他指出的那样:

> 社会主义民主不是民主的单纯扩展。恰恰相反,社会主义民主是资产阶级民主的直接对立面。首先,民主不应当是资产阶级社会所固有的唯物主义的一种观念的上层建筑,而是社会世界自身进步的一种活动因素。民主不应当再以众多物质的屏障,诸如城邦制中的民主等为基础,而应当以自我完成过程中的社会本体论的存在为基础。所以,社会主义民主的目的就是透视人类存在之整体并且表现作为从日常生活到社会的最重要问题所延伸的一切人类活动和参与的成果的社会性质。②

从这段话中卢卡奇对社会主义民主的理解中可以看到,社会主义民主与资本主义民主是直接对立的,前者必然与人的日常生活、物质生活是联系在一起的,在其中人们能够通过意识进行创造性的活动,以推动人们从"必然王国"走向"自由王国"。他既坚持民主与经济的密切关联,从而与资本主义民主相区别开来,又坚持了在发展经济的同时也应该同时推进政治民主化的进程,从而与斯大林式的社会主义区分开来,这两种区分开辟了对真正社会主义民主解释的道路。进而,社会主义民主的核心价值是人道主义,是人的自由和主体性的发挥,是自由人的联

---

① 卢卡奇:《民主化的进程》,张翼星、夏璐译,北京:中国人民大学出版社 2016 年版,第 4 页。
② 卢卡奇:《民主化的进程》,张翼星、夏璐译,北京:中国人民大学出版社 2016 年版,第 32 页。

合体的生成,"社会主义民主把人看作一种能动的创造者,这是人的类存在的真实性质,因为在日常实践中他是被迫活动的;同时,也把对象化的和人类劳动的客观产品,转变成人自己自觉创造和充满着目的的对象。社会主义民主是容许客观性的政治体制,不违背固有的客观规律,成为自觉活动的人的有目的的构想的一种工具。它是自觉性和自我规定性对盲目客观性的征服。作为自我规定性的胜利,社会主义民主把人的邻居、人的伙伴,由作为自身实践的障碍转变为一种必不可少的和积极的共事者与互助者。"① 正是从这样的角度出发,卢卡奇认为,与资本主义局限于政治领域的形式民主不同,社会主义民主的特殊性就在于它能够把人性化观点带入到经济领域,这是由社会主义的政治任务所决定的。由此可见,卢卡奇对社会主义民主的理解更多地想要纠正斯大林式社会主义只注重经济发展而忽略民主要素的做法,力图回到列宁和马克思对社会主义和共产主义的理解和描述中。

正是因为从动态的过程化来理解民主以及社会主义民主中人的意识的创造性,因此,在卢卡奇看来,社会主义民主的达成也不是一蹴而就的,它是一个长期的任务,而且是一个自觉建构的过程,是日常生活层面上的民主习惯的养成,要使民主渗透和奠基于人的活动和社会运动的所有领域中,而不是只局限于政治生活中的形式民主中。例如,社会主义民主既要在经济领域中确立劳动者的主体地位和参与性;还要引领日常生活领域的人道化,在日常生活层面上培养民主的习惯等。因而卢卡奇指出:"一个存在的创造物在内容上是社会的,它是习惯化渐进过程的最后结果。人的这样一种内在变化,没有日常生活外部世界的改组,就不能够实现。不论物质生产自身是否发展到一种高水平,除非日常生活不仅成为作出政治决策的场所,而且成为社会存在的基础,否则共产主义社会就不会出现。"②

诚如之前所说,卢卡奇所谈到的社会主义与民主之间的联系以及一些具体措施都被赫勒所继承,例如强调人的主体创造性、强调日常生活领域中培养民主的习惯等,赫勒虽然也赞同卢卡奇所谈到的这些措施,

---

① 卢卡奇:《民主化的进程》,张翼星、夏璐译,北京:中国人民大学出版社2016年版,第52页。

② 卢卡奇:《民主化的进程》,张翼星、夏璐译,北京:中国人民大学出版社2016年版,第86页。

但是她更加侧重于社会主义与形式民主而不是实质民主的结合，因为在她看来，任何实质的民主都有可能导致大多数人的专制。那么到底什么是形式民主，它有哪些特征？对于这样的问题，她在1978年冬天的文章"Past, Present and Future of Democracy"以及1983年的文章"Class, democracy, modernity"中对形式民主的特征以及民主做了比较详细的阐述。

她在前一篇文章中明确说道，现代民主制的形式特征（即形式民主）意味着如下内容："首先，国家和社会的相对分离，而不是完全分离。其次，其民主特征由一份基本文件（主要是以宪法形式）构成，该文件规定了民主的公民自由（所谓的'人的权利'）、多元性、契约制度和代表制的原则。"① 接着赫勒解释了后者中所包含的这四个方面的作用，即**多元性**能够确保各个群体之间斗争的可能性，也包括平衡和妥协，但它并不揭示各个群体如何构成以及由什么因素构成；**人的权利**确保言论、集会、结社、信仰的自由以及财产权，但它并不保证对其有效使用，它们也并未就各种公民自由的最终冲突做任何规定；**契约制度**确保订立契约的各方将能够修订其合约以及签署其合约的可能性，但是它并不承诺给较弱的一方以任何支持；**代表制的原则**通过全体公民的参与确保政府的合法性，并确保代表机构有权控制那些非选举产生的人。但它并不揭示代表机关选举之前和之后的情况。如上所述，正是民主具有这四个方面的形式上的特征以及赫勒目睹的20世纪发生的各种专制制度引发的悲剧，才使得赫勒特别推崇形式民主而不是实质民主，在她看来它为人们践行不同于苏联的社会主义提供了可能的路径。

而对于民主的理解，赫勒在后一篇文章中认为它是在现代性中与资本主义、工业化同时出现的，并且这三者之间彼此互相影响、互相作用。在赫勒那里她把民主当做价值中立的概念，它并不是与自由主义完全对立的概念，"它只包括如下概念性的成分：公开（宪法上）承认的政治多元化、形式上的自由公民身份、日益增加的政治平等趋势。"② 在这里，赫勒强调民主的价值中立特征，实质上在某种意义上也强调了它可

---

① Agnes Heller, "Past, Present and Future of Democracy", *Social Research*, vol. 45, No. 4, 1978, p. 867.

② Feher and Heller, "Class, democracy, modernity", *Theory and Society*, vol. 12, No. 2, 1983, p. 211.

以与社会主义相结合。

如上所述,通过对卢卡奇和赫勒的与民主相联的社会主义进行对比,可以看到虽然两人都非常赞同社会主义要和民主相联,但是对于民主的含义以及在如何推进社会主义民主的问题上两人还是存在着差别。**首先**,从民主的内容上来说,如果说卢卡奇是从民主化这一强调动态过程的角度来理解民主的中立特征的话,即它既可以与资本主义也可与社会主义相联系起来,那么赫勒则是从强调民主的形式(formal)而非实质的(substantial)特征来理解它的中立特征,因为在赫勒看来只有不规定具体内容的形式民主才为具体的社会结构留下了空间,即为选择社会主义还是资本主义留下了空间。尽管赫勒在那个时候强调的民主是形式民主,但未必是保守的,而是激进的民主,即她想将民主形式和程序扩展到社会的每个领域中,后来赫勒放弃这一激进的政治立场则另当别论。无论怎样,20世纪七八十年代的赫勒与西方新左派一样,将社会主义与激进民主密切联系起来。

在民主激进化的道路上比较典型的人物还有与赫勒同时代的拉克劳和墨菲,面对多元主义对阶级的瓦解,他们重新思考和确立了革命的主体以及革命的形式,同时也重新思考了社会主义。而墨菲在80年代后期的著作《霸权与新政治主题——走向一种新的民主概念》中曾经重新界定了社会主义:"一旦把各种反对社会从属关系的斗争接合进社会革命的激进蓝图中来,实际上,真正重要的就是重新界定社会主义,即把社会主义看作是一种能够把民主扩展到社会生活的所有领域的社会形态。我们今天正在见证民主革命的新时期:它开始挑战各种社会关系中的权力关系。从事斗争的个人,不仅仅是以公民、生产者的身份,而且也是作为铭刻于其他社会关系中的主体,比如性关系、种族关系、邻里关系等。如此纷繁多样的'主体位置'必然包含范围广泛的各种可能的对抗,而这些对抗已不可能由单一的机制去解决。在一个社会中,每个人——无论其性别、种族、经济地位、性偏好如何——都处于平等而共同参与的情景中,不再有产生歧视的基础,自我管理将出现在所有领域,在我们看来,这就是今日的社会主义理想应有的内涵。"[①] 从这一长段引用中可以看到,墨菲将社会主义和民主的彻底扩展紧密联系在一起,从而赋予

---

① 转引自墨菲:《论政治的本性》,周凡译,南京:江苏人民出版社2014年版,译者的话第14—15页。

社会主义以新的含义。在这一点上，她与晚期卢卡奇的主张有些相似，革命的主体以及革命的内涵也不再是传统意义上的工人阶级和夺取政权的斗争，而是被置换成具有多种身份的主体，革命的内涵也转换成了新的对抗。而赫勒亦然如此，她从现代社会的现实以及晚期卢卡奇的思想出发，把社会主义与形式民主结合起来，这样一来，个人在形式民主的保护下就可以以各种身份积极参与政治、经济、社会等领域的活动，正是在个人的各种动态活动中社会主义得以展开。由此可见，当西方一些学者宣称"无产阶级消失""告别革命"时，在西方社会中斗争和革命都仍在继续，只是方式发生了一些变化。

　　其次，在社会主义民主如何推进和发展的问题上，卢卡奇和赫勒还是存在着一些细微的差别。卢卡奇认为，"社会主义民主的实际发展要奠基于马克思方法之重建"[①]。在卢卡奇对斯大林的批判中，他认为斯大林颠倒了策略、理论和方法的关系，将策略放置在绝对优先的位置上，正是因为这样，所以才导致经济在整个社会的发展中被放置在至高无上的地位，从而忽略了民主的发展，使得群众对社会的发展表现得极为淡漠。因此，卢卡奇认为重要的是要恢复马克思主义的方法。在这里实际上我们可以看到卢卡奇早期在《历史与阶级意识》中表述过的总体性原则的延续。针对当时社会中存在的物化现象，卢卡奇回到德国古典哲学中认为只有恢复总体性原则，即主客体统一的辩证法才能克服物化现象，才能在现实中唤起无产阶级的阶级意识，从而进行无产阶级革命。在这里，卢卡奇强调要恢复马克思主义的方法，也是要恢复被斯大林压制的人们的主动性和积极性，从而推进社会主义民主化的进程。除了从方法上考虑社会主义民主外，卢卡奇还将社会中存在的缄默的、隐蔽的公众意见作为恢复社会主义民主的主要力量。在他看来，尽管这个社会中客观化的进程不断推进，但是仍然存在着一部分有活力的、自由的公众意见，只是这部分力量是以隐蔽的形式存在，正是这部分力量是现存社会主义民主化兴起的契机。除了这两方面之外，卢卡奇还谈到共产主义政党的作用，他们能起到动员、领导的作用，在实际生活中能够引导人们成为具有发挥主观力量的群体，能够将隐蔽的力量的热情唤醒。而结合赫勒在后来提出的大共和制的构想，她更加注重的是国家与社会的分离，注

---

　　① 卢卡奇：《民主化的进程》，张翼星、夏璐译，北京：中国人民大学出版社2016年版，第84页。

重由拥有积极自由的好公民推动建立的各种文件，当然也更加注重公民本身的资格和能力，只有这样，形式民主才能得以保证，也才能进一步与社会主义相结合。

通过两者之间的比较也可以看到，赫勒一方面和卢卡奇一样面临着同样的复兴马克思主义的任务，而要完成这一任务，坚持社会主义的信仰和反思斯大林式社会主义是不可绕过的重要问题，因此，他们两人都完成了这一任务；另一方面，赫勒与卢卡奇的经历和所面临的时代背景稍有不同，赫勒因为经历过纳粹大屠杀以及后来移居西方国家的体验，尤其是亲历过现代技术逻辑更深入的渗透，整体的阶级反抗越来越不可能的社会，因此，她对推进社会主义民主的侧重点的强调与卢卡奇必定有些差别。赫勒更加坚持现代社会中个人与类之间的实践关系，如果说卢卡奇坚持经济与民主同步发展的话，我觉得赫勒更加强调人的主动性的发展。此外，或许是赫勒看到了斯大林时代的苏联和东欧各国中的各种弊病，或许是看到了技术时代人个人比以往更深入地陷入物化境况中，她并没有像卢卡奇等20世纪初期的几位西方新马克思主义者那样坚持经典马克思主义的路线，更多强调阶级的作用，而是站在后现代的视角上，强调有个性的个人、好人、好公民等微观要素的建构。这在她的道德哲学、政治哲学中都有所体现。但无论怎样，赫勒和卢卡奇对社会主义与民主之间联系的强调都为社会主义的未来发展提供了很多有益的启示。

总而言之，因为斯大林式社会主义以及大屠杀的体验，无论是直接体验还是间接体验，这都构成了20世纪东欧新马克思主义者们共同的体验和直觉，使得对其的批判构成了他们政治哲学中最重要的主题，当然这种批判的彻底性和激进性也构成了马克思主义思想史上一道独特的理论风景，所谓"爱之深、责之切"说的也正是这个道理。无论如何，需要强调的是，尽管斯大林式社会主义的出现打破了很多人心中对社会主义的美好设想，但这并不意味着他们要放弃对社会主义的执着追求，当然他们追求的也绝不是斯大林式的社会主义，而是真正地建立在自由和生命等普遍价值基础上的、与民主紧密相连的社会主义。同样需要强调的是，他们对真正社会主义的执着追求并不是力图要在世界中实现人间天国这种完美的现代的宏大叙事，而是更加具体、更加微观，立足于后现代的视角将关注点放在现在和当下来做些改变。无疑在某种意义上可以说这种追求和想法是大多数东欧新马克思主义者心中的意愿。回到赫勒的政治哲学的现代性逻辑中,她不仅阐述了前面讨论的现代性的逻辑,也深入探索了更深层次的发展动力,即现代社会的不满,它构成了现代性内在的深层动力。

第四节　不满是三种逻辑的内在深层推动力

上面所提到的三种逻辑的内在推动力除了想像机制之外,还有一个因素就是现代社会中存在的不满,更确切地说,是第二种逻辑内两种因素之间不稳定的平衡组成的社会是不满的社会。对于这一问题,赫勒早在1982年出版的《历史理论》中就谈到了这一问题,随后赫勒和费赫尔在1989年出版的《后现代政治状况》中对不满以及不满的社会又进一步从需要这一角度入手进行阐释。他们表明,需要的扩张导致了人们对自身以及社会现实种种现象的不满。但他们并没有止步于此,而是进一步表示是现代人所具有的双重偶然性才导致他们需要的不断扩张,进而推动了不满意的增长,因此,要想改变这种状况,只有现代人将偶然性转化成自己的命运才能在不满的社会中感到满意。同时应该强调的是,在某种意义上可以说,也正是由于不满的增长,才推动着社会和个人向着更加完善的方向前进,社会变得更加正义和民主,个人更多地将自己的天赋转化成才能,也推动着社会向着社会主义的趋势发展,因此不满意构成了现代社会发展的巨大推动力。

一、不满的内容及推动因素

上面所提到的三种逻辑的内在推动力是不满,而不稳定平衡和矛盾发展逻辑的社会是不满的社会。那么在这里的"不满"的内容是什么呢?赫勒对此也明确地进行了回答:

"我所说的这个现象不是仅仅对人们个人命运的不满,或对政治体制腐败的不满,或是对道德约束松懈的不满。这些种类的不满常常动员人们为'生活更好'而斗争。我们所说的现象是对作为**整体**的生活世界的不满;对价值本身的不满,而不是对其不能实现的不满;对现存的**一般**经济和政治制度的不满,而不是仅仅对它们应用的不充分的或腐败形式的不满。因此,它是整体论的不满,而不是具体不满。它强调的不是恢复以前秩序的愿望或修正现存秩序的意图,而是在其整体性中超越社会和个人特征的限制的愿望。"①

由此可见,赫勒所说的现代社会中的不满并没有具体指向对某物的不满或者某种现象的不满,而是对整体生活的不满,重要的,这种不满实质上具有非常强烈的超越倾向,它为现代人和现代社会的发展提供了强大的动力,正如赫勒和费赫尔在《后现代政治状况》中写道:"在现代社会的再生产中,普遍不满充当着一种强大的动力。由此可知,如果人们停止对他们命运——一方面对他们的物质财富、社会地位、人际关系、学识和表现,另一方面对他们的制度、社会政治安排和世界总体事务——的不满,现代社会就无法再生产其自身。"② 在这里,赫勒和费赫尔所说的现代人的不满触及到了现代性内在的逻辑,正是这种普遍的不满,才推动着现代性内部三种逻辑的运行,当然也包含着推动资本主义社会向前发展发生蜕变的可能性。

而不满背后的原因则是赫勒和费赫尔所说的需要,他们所理解的需要不同于马斯洛的著名的生理的需要、安全的需要、爱和归属的需要、尊重的需要和自我实现的需要这五层次理论,主要指的是创造的需要、感知的需要、分配的需要和满意的需要。也就是说,所谓的不满是由人内在的需求和需要引发的一种情绪反应,归根结底源于现实与理想之间的差距,一旦现实无法与想象的景象一致,无法满足人内在的需求和需要,便会导致个人的不满。同时,赫勒和费赫尔还认为,在一个令人不满的社会中,是以需求和需要的扩张为特征的。由此可见,他们对现代人不满的分析不同于马克思和恩格斯从外部进行解释,而是将之引向了个人内部,从需要和需求角度来进行分析。他们也看到了需要的两重作用,认为需要是情感,同时是激励的力量,并且认为在现代,这些激励的力量在社会和政治舞台中都显示为要求(claim),有需要的人对他们需要的满足提出要求,在提出这样的要求时,人们把他们个人的不满转换成公共语言,转换成正义和平等的语言。把这些需要转换成正义的和

---

① 阿格妮丝·赫勒:《历史理论》,李西祥译,哈尔滨:黑龙江大学出版社 2015 年版,第 311 页。
② 阿格妮丝·赫勒、费伦茨·费赫尔:《后现代政治状况》,王海洋译,哈尔滨:黑龙江大学出版社 2011 年版,第 17 页。

平等的语言后，行动者们希望以新的社会和政治规则代替现存的法律，以便在期望和经验之间的鸿沟上搭起一座桥梁。由此，不满推动着人们从私人的社会存在转向了公共的政治存在，也推动着个人向着公民和好公民的转变。

赫勒和费赫尔进一步认为，所有的需要都应该被承认为真实的，尽管并非所有的需要都应该得以满足，正如他们指出："所有需要——不只是合理的需要——都应该被认为是**真实**的。然而承认需要的真实性并不意味着承认它们的合理性。只有在一种需要的满足没有仅仅把他人当做手段来使用时，这种需要才会被认为是合法的。"① 实质上，在这里赫勒接受了康德所提供的最坚固的道德命令，即"人是目的"，一个人不应仅仅将另一个人作为工具来利用，而是将其作为目的。她指出："**我建议接受'手段—目的'这一公式作为普遍的准则。我主张的是每当我们希望弄清楚这个或者那个特定的行动方案是正确的还是错误的时候；如果冲突出现时，这个还是那个机构的规则应该有优先权的时候；每当我们拒绝接受或者否定现存的规则和规范，将之作为不正义的或者错误的，并且主张可供选择的规章为正义的（更加正义的）和正确的时候，我们都应该牢记这个准则。**"② 但赫勒的这种接受，并不是全盘接受，而是包含着自己的主张。她指出："**这一'手段—目的'公式是构成性的道德原则的普遍化并同时是它的绝对化，其自身从用作一些与其他人的自主相关的引导性原则的禁止性版本中获得其合法性**。对我来说，尽管康德的公式看上去成为了不可超越的普遍性的命令，因为它以某种方式包含着所有其他准则，但是我并不主张我们赞同它作为比较的唯一标准或者作为一种特定的'行动选择'的唯一指南。"③ 因此，为了引导处于道德冲突中的正当的人的行动，赫勒也提出了很多其他的行动可以依据的格言。

二、不满的根源

赫勒和费赫尔认为，造成现代人不满的根源在于人们的双重偶然性。

---

① 阿格妮丝·赫勒、费伦茨·费赫尔：《后现代政治状况》，王海洋译，哈尔滨：黑龙江大学出版社2011年版，第29—30页。

② Agnes Heller, *A Philosophy of Morals*, Basil Blackwell Ltd, 1990, p. 107.

③ Agnes Heller, *A Philosophy of Morals*, Basil Blackwell Ltd, 1990, p. 106.

在之前的章节中已经多次提到这一独特特征，具体来说，双重偶然性主要指出生偶然性和社会偶然性，所谓出生偶然性主要是指每个人都不是注定在一个特定的时间、地点和社会等级中出生。这一偶然性是传统社会和现代社会中的个人共同拥有的特性。社会偶然性则表明个人在偶然出生之后并没有获得预定的命运，而且个人还意识到了这一点，因而赫勒明确指出："社会偶然性并不是指一个人被偶然地抛进世界这个事实，而是指被抛的意识，以及被抛进一个在其中他们不能获得定命的世界的意识。"① 这一偶然性是现代人独有的特性，也就是说，无论生活在现代的人们愿意与否，他们一出生都"被抛"入了双重偶然性之中。而且最重要的是现代人能够意识到自己存在的双重偶然性特征，这一点与前现代的个人截然不同。马克思在《〈政治经济学批判〉导言》中曾经说过："我们越往前追溯历史，个人，从而也是进行生产的个人，就越表现为不独立，从属于一个较大的整体：最初还是十分自然地在家庭和扩大成为氏族的家庭中；后来是在由氏族间的冲突和融合而产生的各种形式的公社中。只有到18世纪，在'市民社会'中，社会联系的各种形式，对个人说来，才表现为只是达到他私人目的的手段，才表现为外在的必然性。"② 的确如此，越往前追溯历史，资本主义生产关系形成之前，社会的生产力水平整体都比较低下，人们被限制在狭小的范围之内，普遍交往无从谈起，虽然分工有了较大程度的发展，但是分工的精细化程度并不是很高，个人独立性不强。

即便是到了封建社会，以往的状况仍未得到太多的改善，生产力水平和交往范围依然很低，人们之间的分工也很少。正如马克思和恩格斯描述中世纪分工情况时曾经指出，中世纪"在城市中各行会之间的分工还是非常少的，而在行会内部，各劳动者之间则根本没有什么分工。每个劳动者都必须熟悉全部工序，凡是用他的工具能够做的一切，他必须都会做；各城市之间的有限交往和少量联系、居民稀少和需求有限，都妨碍了分工的进一步发展，因此，每一个想当师傅的人都必须全盘掌握本行手艺。正因为如此，中世纪的手工业者对于本行专业劳动和熟练技巧还是有兴趣的，这种兴趣可以升华为某种有限的艺术感。然而也是由于这个原因，中世纪的每一个手工业者对自己的工作都是兢兢业业，安

---

① 阿格尼丝·赫勒：《现代性理论》，李瑞华译，北京：商务印书馆2005年版，第85页。
② 《马克思恩格斯选集》（第2卷），北京：人民出版社2012年版，第684页。

于奴隶般的关系,因而他们对工作的屈从程度远远超过对本身工作漠不关心的现代工人。"① 当代法兰克福学派中的弗洛姆在描述这一时期中人的生存状况时也指出:"封建社会早期,人在社会等级中的地位是固定的。一个人在社会地位上几乎没机会从一个阶级转变到另一阶级。从地理位置来讲,他几乎不可能从一个镇迁到另一个镇,或从一个国家迁到另一个国家,他必须从生到死,呆在一个地方,甚至连随己所好吃穿的权利都没有。"②

以上情况表明,传统社会中,人们自降生起便在他们所属的社会中有一个确定的、不可变更而又毋庸置疑的位置,人还没有出生就已经被命定是一个什么样的人,也知道将来要做什么。所以,一个人什么都不要问,做就是了,即便有疑问,也很少有改变的余地,更何况那时候由于人们的自我意识尚不发达,大多数人认为自己做的事情都是理所当然的,一言以蔽之,他们是成为已"是"的人。但正是因为一切都已经在出生之时注定了,人们不再考虑太多未来事务,那么他们对自己所做的事情和自己的职业也产生了一定的兴趣,如马克思和恩格斯所说,很多人对自己的活动还是有着一定的兴趣,所以他们也没必要怀疑工作的意义、生命的意义,因为生命的历程是在有一些兴趣的自发活动中展开的,但从深层次上来说,这是大多数人的意识还处于自发状态、尚未觉醒的结果。雅各布·布克哈特也曾指出:"在中世纪,人类意识的两方面——内心自省和外界观察都一样——一直是在一层共同的纱幕之下,处于睡眠或者半醒状态。这层纱幕是由信仰、幻想和幼稚的偏见织成的,透过它向外看,世界和历史都罩上了一层奇怪的色彩。人类只是作为一个种族、民族、党派、家族或社团的一员——只是通过某些一般的范畴,而意识到自己。"③

正是在这样的背景之下,前现代人只存在出生的偶然性,而没有社会的偶然性或者成长的偶然性,而且他们也没有对偶然性生存的意识,他们一出生命运已经被注定,因而无所谓对社会和自身满意与否,因为

---

① 《马克思恩格斯选集》(第1卷),北京:人民出版社2012年版,第187页。
② 埃里希·弗洛姆:《逃避自由》,刘林海译,北京:国际文化出版公司2000年版,第29页。
③ 雅各布·布克哈特:《意大利文艺复兴时期的文化》,何新译,北京:商务印书馆1979年版,第125页。

一切都已注定，照做就是。与之相对照，现代人是自由的，除了出生无法选择之外，之后的一切都可以选择，个人在今后的成长过程中，为了成为真正的社会的人，必然不断地进行着对象化的实践活动，并在这一活动中确证自己，将自己"被抛"的偶然性状态转化成确定性的存在状态，并且创造自己，寻求自己在世界中的位置。同时，人类的对象化实践活动展现了人的本质力量，并且不断地创造着历史。正是在这一寻求和创造的过程中，现代人对自身和社会产生了不满。所以，在赫勒和费赫尔看来，不满与现代人拥有的双重偶然性特征密切相关。尽管如此，不满并不是现代人的宿命，他们可以在不满中寻求满足，其中很重要的一个途径就是将自己的双重偶然性转化成自决或者命运。

三、不满的解决方式

现代双重偶然生存的人如何在不满的社会中获得满足？赫勒在《历史理论》中为我们提供了历史哲学和历史理论的不同的解决方式，在历史哲学中，持着"社会进步论"观点的人们会对不满进行救赎，而持着"社会退步论"观点的人们则将之完全归罪于世界或者归罪于生物存在和社会存在之间的永恒斗争，前者将不满转化为绝对的希望，而后者则将不满转化为绝对的绝望。而在历史理论中（赫勒当然赞同这种解决方式），则反思这种不满。它把"进步是没有任何失去的获得"这个理念完全接受下来，接受这一理念也意味着接受其表达的不满，这种不满既指向失去本身，也指向"以失去为代价的获得"，因为这两种失去包含着将他人仅仅当作手段的意蕴在其中。这里实际上非常绕口，因为在这里，赫勒在判断社会进步与否的标准中引入了柯林武德的命题，在他看来：如果"有所得而并没有任何相应的所失；那末就存在着进步。并且也不可能再存在有什么根据任何其他条件的进步。但如果有任何所失的话，那末得失相权衡的这个问题就是无法解决的。"[①] 从这里可以看到，赫勒继承了柯林武德的标准，使得评判社会进步与否的标准发生了变化。以往谈的进步和退步的理论对人本身会有不同程度的忽视和淡漠，这些理论中包含着将人作为完全的手段来看待，而这些理论理应被历史理论所排除掉。正是基于此，赫勒认为在历史理论中解决不满问题的关键就

---

① 柯林武德：《历史的观念》，何兆武、张文杰译，北京：商务印书馆1997年版，第451页。

在于我们要将"进步是没有任何失去的获得"这个理念完全接受下来，接受这一理念就意味着接受人们的不满以及表达不满的权利，如果我们接受了这一切，那么我们就将会被拥有不满和有权表达不满的他人当作目的来看待，而这也同时也意味着社会真正的进步，人们的不满得到了舒缓。

在这部著作中，赫勒为了免于陷入历史哲学的窠臼中，因而没有为我们提供具体的解决方案，然而在《后现代政治状况》中赫勒和费赫尔还是为我们提供了另外两种稍微具体些的方案。他们指出："假若我们能成功地把我们的偶然性转化成自决，即使我们不能满足我们所有的需要，我们也能对我们的生活满意。我们从偶然性到自决转换的最佳过程是直接寻求自决，不宣布放弃满足我们的需求。然而这个态度需要处理我们的境遇。我们不需要为了能够实现自决来决定我们的境遇。我们不需要认识到我们境遇中的任何必然性，我们不需要为了实现自决而认为自己是这一必然性的守门人。然而我们不得不按照我们的境遇行事。"[①] 这段话至关重要，主要阐明自决是需要的满足，即不满的克服。这一满足包含着两方面的内容：第一，需要把我们的偶然性转化成自决或者自律；第二，需要处理我们的境遇。具体如下：

第一，双重偶然性转化成自决。所谓自决，就是指人们能够在不受任何外力干扰的情况下自由地做出选择并决定自己的命运，这是一种重要需求的满足。对于自决的形成，如前所述，赫勒在其著作中表明它是通过生存的选择来完成的，特别是通过依据普遍性范畴所做的生存选择来完成，即如果一个人生存地选择了善或者选择了作为好人而存在，那么这个人就将完成从双重偶然性生存向确定性生存的跳跃，就选择作为自由的个体而存在，他能够决定自己的命运，从而对生活很满意。此外，赫勒和费赫尔也提到了个人更好的目标是他者的自决，即"以他者的自决为目标的正是超越个人的、永远不损害个人自决的自我实现。"[②] 在某种程度上这一点是马克思的关于人的社会性特征的扩展。无疑，个人总是生活在特定的群体、特定的社会关系中，个人可以努力把与他人的这

[①] 阿格妮丝·赫勒、费伦茨·费赫尔：《后现代政治状况》，王海洋译，哈尔滨：黑龙江大学出版社2011年版，第34—35页。

[②] 阿格妮丝·赫勒、费伦茨·费赫尔：《后现代政治状况》，王海洋译，哈尔滨：黑龙江大学出版社2011年版，第44页。

些关系塑造成他者的自决,因而,个人的自决与他者的自决是相辅相成的。但无论是个人的自决还是致力于他者的自决,都是一件很困难的事情。在个人自决形成的过程中所进行的生存的选择具有不可更改和不可撤销的特征,所以一旦做出选择,无论遇到什么样的情况都要坚定不移地走下去,否则个人将重新堕入偶然性中,让其他人决定自己。在致力于他者的自决中,个人总会遇到来自他者的限制和反驳。因此,这两者都需要个人拥有更强的责任感和更大的勇气。

第二,需要处理我们的境遇。个人在将偶然性转化成自决的过程中,需要应对面临的各种境遇,因为境遇不会自动满足人的需要,所以要时时处理遇到的各种情况以便满足自己的需求。赫勒和费赫尔提出,能够自如应对我们面临的境遇的前提条件是个人必须选择自己作为一个正当的人或者好人。这样的好人将道德考虑优先于任何理性计算,他们遵循柏拉图的"宁受委屈而不委屈别人"这一格言,遵循"人是目的"这一命令,当然这并不意味着他们会放弃自己的利益。在这里赫勒也表明,个人之所以这样做是出于善而善的,尽管"宁受委屈而不委屈的人"并不能够被论证,但是,我们能够知道的却是现代社会中的确存在着无数做这样选择的人,也存在着无数践行"遭受痛苦比犯错误更好"这一格言的人。正如她指出:"'宁受委屈而不委屈别人'这一主张无法证明。能证明的只有一点:存在着宁愿受委屈而不委屈别人的人。这些人是我们可以称之为道德高尚的人。道德上的好人是所有那些在日常生活中证实宁可受委屈也不委屈别人这一论断的人。"[①] 即"好人"以自己的方式坚持着"宁受委屈而不委屈"的真理,这样一种选择本身体现了内在于好人的自由和自我确定的精神,这是真正的、彻底的道德自由,它只能在普遍性范畴下生存的选择中得以贯彻,因为这一选择意味着选择自己作为了完全的好人,好人能够以自己的方式与通行的各种伦理规则形成自觉的关系,从而践行个性道德,这一切行动都是自然而然发生的,而且已经生存地选择自己作为一个正直人的人将永远不会提出类似于"为什么我应该成为好的,而不是坏的?"问题。他不会为其成为一个正当的人的决定而寻求或者确定理由或者理性证明他仅仅成为一个这样的人。更确切地说,他将成为他一直是的,即一个正当的、正直的人。除此之

[①] Agnes Heller, *General Ethics*, Oxford: Basil Blackwell Ltd, 1988, p. 65.

外，出于任何目的去行动的人都不能体现真正而充分的自由，正如赫勒指出："道德自由的理念是**道德自律**的理念。正如我已经指出的，**如果一个完全自主的道德体存在，那么这个人的所有相关的行动将成为完全自我决定的**。一个完全自主的道德体根本不可能有任何道德选择。"① 总的说来，赫勒和费赫尔认为，个人只有选择自己作为正当的人或者好人才能为应对各种境遇提供充分的准备，他们在解决如何在一个令人不满的社会中获得满足这个问题时，将之放在道德领域中来理解。

---

① Agnes Heller, *General Ethics*, Oxford：Basil Blackwell Ltd, 1988, p. 60.

第三章　后现代视角下现代具体的理论乌托邦构想

　　立足于现在对未来社会的构想和设计一直是很多思想家所热衷的一项理论工作，西方从柏拉图所设计的"理想国"开始，到近代的空想社会主义的创始人托马斯·莫尔在其著作《乌托邦》中对奇乡异国"乌托邦"中各个方面的描述、康帕内拉的"太阳城"等都是对未来理想社会的一种想像。尽管历史上很多思想家都对未来社会进行了理想化的描述——这里也包括正在阐述的赫勒构想的现代理论乌托邦——但现实社会的向前发展中仍然会时常呈现出贫穷、落后、非正义、专制、不自由等反乌托邦的另一面。那么，随之而来的一个问题就是这些人的乌托邦构想以及理论劳动是否是"西西弗"的劳动？尽管两者稍有不同，即乌托邦构想是不同的思想家在不同阶段、不同时代的劳动，而推石头的一直都是西西弗一个人，但实质上并没有什么根本性的不同，他们基本上都是在做着重复的劳动：前者重复着对理想社会的理论设想，后者重复着推石头的苦力。如果对这一问题的回答是肯定的，那么他们劳动的意义在哪里？对此问题，加缪已经给予了我们很好的答案，尽管西西弗以自己的整个身心致力于一种没有效果的事业，尽管这看似很荒谬，但他却是幸福的，因为他清醒地意识到自己的境况，从而超越了命运。正如荒谬的英雄西西弗一样，赫勒等这几位代表人物尽管意识到很多时候乌托邦在现实面前都无能为力，但他们仍然没有放弃希望，仍然针对社会现实进行着某种理论乌托邦构想这种苦力，从而超越了现实。之所以会如此，就在于在赫勒看来每个乌托邦构想都是一个令人惊叹和期待的奇迹，哲学不能放弃这一任务，因此，她也主要是立足于后现代视角、以后现代人的姿态制定了理性乌托邦构想。"后现代"这一词汇是自19世纪后期，特别是20世纪后半叶以来在各个领域中出现频率比较高的词汇，它的出现一方面是现代思想家们针对现代理性化进程中出现的种种弊病并力图修复这些弊病而创造的一个词汇或提出的一种设想，而另一方面正如赫勒和费赫尔所说的那样，后现代主义是异化一代的创造，是他们对自己身处的世界感到有些失望的结果。无疑，人们可以在各种各样的场合来应用它，而且不同的思想家也在不同的意义上来使用它。在这种背景下，赫勒对后现代及其政治、道德状况进行了思考，并且赫勒和费赫尔也对后现代意识进行了专门的描述。他们立足于后现代视角，以应然角度为指导，在理论上阐述了乌托邦构想。在这里需要再次强调的一点就是赫勒所说的后现代视角，不是从现代视角转向的后现代视角，而是看待现代性或者现代主义的后现代视角。无论怎样，这种后现代视角为赫勒的政治哲学的展开提供了一个可供选择的角度，同时，这一视角中蕴含的多样化主张对人类避免今后重演悲剧具有重要的引导意义。

正是基于后现代视角对赫勒政治哲学中的诸多问题的看法产生了重要的影响，所以本章首先对这一视角和人们面对现实的姿态进行阐释；其次在此视角上探讨上一章中分析的普遍不满这一现代性深层动力问题，进而引出赫勒的激进需要及其满足、激进哲学以及在此基础上的具体乌托邦构想；最后再进一步表明赫勒讨论的具体乌托邦构想的承载者在现代社会是有个性的个体。

第一节　后现代视角及后现代人的姿态

面对各个领域中纷繁复杂的关于"后现代""后现代主义"的含义，当代英国著名的史学家佩里·安德森在其著作《后现代性的起源》中系统追溯了"现代主义""后现代主义"等术语的起源。他认为，"现代主义"一词的创造是一场美学运动，首先应归功于尼加拉瓜诗人鲁本·达里奥，他在1890年开启了一股有自觉意识的、名为现代主义的文学潮流。但在英语中，直到20世纪中叶，"现代主义"才成为一般用语。"后现代主义"观念也是最早出现在20世纪30年代的西班牙语世界，最早使用后现代主义这一术语的人是弗雷德里科·德·奥尼斯，他用这个词描述现代主义内部一股保守的逆流。但明确表述后现代观念较早的一部哲学著作是利奥塔的《后现代状况》,① 即利奥塔曾发表的《后现代的状况》吹响了 20 世纪后现代主义兴起的号角。对于后现代这一词的含义,利奥塔曾在一次谈话中说过:"'后现代性'这个概念,首先并不确定任何固定的定义,也不确定任何一个历史时代的期限;其次,它只是表明这个词本身,也就是说,这是一个没有连贯性的词。正是因为这个原因,我才选择使用它。它只有起着一个警世告示的作用。这个字是用来表明:在'现代性'之中存在着某种正在颓废的事物。"② 无论怎样,后现代、后现代性、后现代主义等一系列的词汇是我们当今无法绕过的问题,而且它们也被人们在各个领域中所使用。为此,德国哲学家沃尔夫冈·韦尔施在其著作《我们的后现代的现代》中对"后现代主义"这种观念进行了整理和划界。他严格区别了混乱的后现代主义和准确的后现代主义,指出:"混乱的后现代主义是正在蔓延的后现代主义。它的变种从以拉康—德里达—沙司(Lacan—Derrida—Tunke)为代表的科学的万灵混合药剂伸展到时髦的文化风尚的兴高采烈的随意性场景。这种混乱的后现代主义的信条似乎是这样:一切不符合合理性的标准的东西或一切充其量歪曲地复述已知的事物的东西均是好的,甚至是成功的;人们只需好好地调鸡尾酒,给它掺入大量异国风味的东西。"③ 而所谓准确的后现代主义是名副其实和有效力的后现代主义,它支持和尊重多元性,并通过遵循一种相互区别的规定来维护和发展这种多元性。按照这种划分,赫勒所阐释的后现代视角大致属于准确的后现代主义的范围。赫勒在其《现代性理论》和《后现代政治状况》等著作中都对后现代视角做了深入的阐释,进而,她也对以这一视角看待问题的后现代人的姿态进行了描述。正是由于后现代人在生活中对待政治的态度不同,才使得后现代政治逐渐形成。

一、后现代视角阐释

后现代的视角被赫勒描述为是对现代性意识本身的自我反思,它是

---

① 佩里·安德森:《后现代性的起源》,紫辰、合章译,北京:中国社会科学出版社 2008 年版,第 1—2 页。
② 转引自高宣扬:《当代政治哲学》(上卷),北京:人民出版社 2010 年版,第 51 页。
③ 沃尔夫冈·韦尔施:《我们的后现代的现代》,洪天富译,北京:商务印书馆 2004 年版,导论第 2—3 页。

一种以苏格拉底的方式了解自己的现代性。这一视角既不同于一切的"主义",又不等同于"后历史",它与前者的区分在于:后现代的视角就是要承认和包容多元性特征,认为所有的视角和立场都具有平等价值,而不是仅仅专注于一个视角,从而避免走向"……主义"的僵化立场。因为任何理论一旦走入"……主义",就意味着丰富多彩的理论开始向比较单一的体系化方向发展,从而束缚了理论的进一步发展,取消了内部的多样性特征。对于与后者的区别,沃尔夫冈·韦尔施曾经对"后现代"和"后历史"做了详细的区分,他指出:"它们的本质之所以不同,在于它们所相信的东西不同。后现代所要求的,只是对现代的相信,而后历史所要求的,是对整个历史的相信。后现代相信一种未来的发展步骤,而后历史相信一切发展步骤的终结。显然,后现代的要求要比后历史的要求低得多。此外,这两种理论在感情(Pathos)问题上是很不相同的。后历史的诊断是消极的、悲观的、玩世不恭的和灰色的,而后现代的预后诊断是积极的、乐观的、亢奋的和彩色的。"① 沃尔夫冈·韦尔施所做的这种区分与赫勒的看法是一致的。同时,赫勒和费赫尔更是表明后现代主义是一种文化运动。他们认为,后现代主义既不保守也不革命,无关进步退步,它既不是上升希望的浪潮,也不是绝望的潮流。它仅仅是与文化相对主义相关的一种运动。

　　赫勒在明确了后现代视角之后,随即对后现代的视角做了进一步的区分,即把未经反思的后现代思想与经过反思的后现代思想相互区别开来,前者主要体现为原教旨主义和犬儒主义,原教旨主义是那些不能够带着一个公开的伤口生活的人的立场,另一种犬儒主义,则是那些不介意伤口却拒绝或不能承担责任的人所表现出来的态度。而经过反思的后现代思想则是那些不介意伤口却能够承担责任的人表现出来的态度。因此,后现代视角既与现代人的反思和自我反思密切相关,同时也与责任更紧密联系在一起。

　　进而,她也描述了以后现代视角生存的人们的行事方式,即后现代的男男女女思考和行事的方式,就仿佛一切(每一个历史事件)全都是偶然的(在这个词最强烈的意义上),但他们并不以本体—形而上学(onto-metaphysical)的方式谈论偶然性。一个偶然的人只是带着偶然性

---

① 沃尔夫冈·韦尔施:《我们的后现代的现代》,洪天富译,北京:商务印书馆2004年版,第27页。

意识行动和生活而已,正如她指出:"后现代人否认必然性正通过历史的偶然性走向它的目的,他们让伤口赤裸着。(经过反思的)后现代意识是展示这个伤口的姿势之一。把未来理解为正在开放的(being-open)——也就是说,让偶然性的伤口赤裸着,而不用知识或信仰所提供的药物——并且对现在和未来负责,这是难以担当的立场。"①

以上所阐述的赫勒所立足的后现代视角总体上可被理解为尊重、支持和包容多样性、差异性和多元性,同时又承认在这些多样性、差异性和多元性之中存在着能够将彼此连接起来的普遍的价值、规范和规则。在某种程度上这一视角从宏观领域转向微观领域,从关注整体历史进程的一般性转向关注特殊个体的多样性。理论上,赫勒对后现代人生活方式的阐述受到了尼采的影响。尼采曾经在《人性的,太人性的》一书中指出,在某些方面,人类翘首以待的美好未来必定是更糟的未来,因为相信人类新的更高级的阶段必定无一遗漏地囊括以前阶段的所有优点,是愚不可及的。因此,赫勒也认为,持后现代视角生活的现代人对人类未来不会有太完美的设想,因为历史已经证明人类对种种美好未来的设想都会被无情的现实碾碎,随之人们必将陷入深深的失望中去。同时,赫勒的这一视角与同时代的英国思想家齐格蒙特·鲍曼也是一致的,后者也描述了后现代世界的图景,认为"后现代世界是这样一个世界,在这个世界中,神秘之物不再是一个赤裸裸地等待着找出规则的沉默的外在异物。在后现代世界中,事情之发生可能并没有使它们具有必要理由,人们行事几乎不需要通过可以说明的目的检验,更不用说通过'合理性'目的检验。由于对空虚的恐惧(据西奥多·阿多诺),现代启蒙运动在心理上造成的最剧烈影响已经变得迟钝并且镇定了(尽管并没有被完全地消除)。我们不仅要学会与尚未解释的事实和行为共存,而且要学会与无法解释的事实和行为共存。一些人甚至可能会认为,正是这些事实和行为构成了人类困境中坚硬的、不可消除的主要部分。我们又一次学会了尊重模糊性,注意关心人类之情感,理解没有效用和可计算的酬劳之行为。我们承认,并非所有的行为,特别是最重要的行为,需要被证明或者说明它们值得我们尊敬。"②

---

① 阿格尼丝·赫勒:《现代性理论》,李瑞华译,北京:商务印书馆2005年版,第16页。
② 齐格蒙特·鲍曼:《后现代伦理学》,张成岗译,南京:江苏人民出版社2002年版,第38页。

二、泾渭分明的后现代视角和虚无主义

如上所述，如果说后现代视角总体上也可被理解为尊重、支持和包容多样性、差异性和多元性，同时又承认多样性、差异性和多元性之中能够将彼此连接起来的普遍价值存在的话，那么这一视角与相对主义或者虚无主义的区别在哪里？众所周知，相对主义以及虚无主义绝对承认差异和多样性。然而，两者之间还是存在着本质差别，尽管相对主义或者虚无主义表面上也承认差异，但实质上它们将差异做了极端化的处理，它们根本否定了维系差异和多元性背后的纽带的存在，因而后现代视角与相对主义或者虚无主义本质上截然不同。同时后现代视角中呈现出来的视角主义与相对主义和虚无主义也毫不相关，对此，赫勒在其《个性伦理学》中通过劳伦斯和约阿希姆的对话，借劳伦斯之口表明了这一点。劳伦斯认为，除非面对一个绝对，否则就没有相对主义，而视角主义与相对和绝对的并列毫无关系。每个视角都自我支持，从每个视角来看都有着不同的世界，但是这些世界，尽管不同，也分享着共同的东西：在人们可以共居于一个共同的世界这一点上，他们是彼此理解的。从视角主义的观点来看，真理可以是绝对的，也可以是相对的，但它是绝对的还是相对的，主要取决于每个特殊个人的具体视角。这段话表明了后现代视角与相对主义和虚无主义的确毫无关系，在多元的视角中有共同的背景将不同的人们联系起来，但相对主义与虚无主义却与此无关。由此我们可以表明两者截然不同。接下来需要对虚无主义做进一步的详细探讨。

近几年对"虚无主义"的探讨日益成为我国学术界中的一个很重要的问题，特别是国内学者刘森林教授对这一论题涉及的比较多，不仅如此，对虚无主义的关注已经不仅仅停留于理论探讨范围内，习近平总书记曾多次在不同的场合谈到当今历史虚无主义给我们带来的各种挑战。

实际上，在思想史上对虚无主义这一问题的讨论并不是近些年才出现的，在西方社会最典型的阐述可以追溯到尼采明确提出"上帝之死"的命题。但在我国，虚无主义、特别是历史虚无主义之所以会引起人们的关注以及普遍的讨论，一方面固然是学者的兴趣所在，但另一方面也恰恰说明虚无主义已经成为了我们这个时代人类所共同面临的主题，无论西方还是东方，随着普遍的现代性进程的深入展开，虚无主义已经成

了人们不可绕过的问题和现实。既然在我们所处的这个时代中虚无主义已经来临，它内在于启蒙进程中，是我们无法逃脱的宿命，那么人们唯一能做的便是直面这一现实。要区分后现代视角与虚无主义，我们首先需要重新梳理虚无主义的含义，然后简要追溯一下几个重要哲学家的思想所理解的虚无主义。

现代学术界公认的"虚无主义"一词最先使用的是18世纪德国反启蒙哲学家雅各比，在他那里，虚无主义是理性主义带来的信仰的丧失、怀疑论的道德姿态，而这种理性主义却无法确立自己的前提。那么到底什么是虚无主义？不同的文献对这一词汇的解释稍有不同。其中比较典型的是《西方哲学英汉对照词典》中的界定，虚无主义是"一种主张没有可信的东西和没有有意义的区分的理论"①。此外，在这一词典中还把虚无主义的形式概括为如下四种：形而上学的虚无主义、认识论的虚无主义、伦理的虚无主义、政治上的虚无主义。概览目前国内学术界的成果，其对虚无主义这一问题已经达成如下几点共识：最早在哲学上使用"虚无主义"一词的是德国宗教哲学家雅各比；在19世纪60年代俄国虚无主义运动兴起，随着屠格涅夫的《父与子》的问世，虚无主义开始流行；自从尼采论述了价值虚无主义之后，虚无主义才变成一个重要的问题。接下来简要概括一下尼采、海德格尔和施特劳斯所理解的虚无主义。

首先是尼采的价值虚无主义。尼采将虚无主义理解为"最高价值的自行贬黜"，并且将虚无主义的原因归结于：第一，"高等种类的缺乏，也就是缺乏这样的种类，它们取之不尽的成果和权力维护着那种对人类的信仰。"② 第二，"低等种类'群盲'、'大众'、'社会'荒疏了谦恭的态度，并且夸张了它们对宇宙价值和形而上学价值的需求。这样就把整个此在（Dasein）庸俗化了：因为只要大众占了上风，他们就会对特立独行者实行暴政，使之丧失自信而成为虚无主义者"。③ 也就是说，在尼采的理论中，现代社会中正是由于富有创造力的高等种类的缺乏以及大众的毫无创造力才造成了虚无主义。因此，他在《权力意志》中区分了两种虚无主义：积极的虚无主义和消极的虚无主义。所谓积极的虚无主

---

① 尼古拉斯·布宁、余纪元：《西方哲学英汉对照词典》，北京：人民出版社2001年版，第679页。

② 尼采：《权力意志》（上卷），孙周兴译，北京：商务印书馆2011年版，第407页。

③ 尼采：《权力意志》（上卷），孙周兴译，北京：商务印书馆2011年版，第407页。

义象征着精神权力的提高，它是一种"强力意志"，能够直面现实，并有勇气对现有的价值体系和秩序进行重估，并构建新的价值秩序。而与之相对应，消极的虚无主义则相反，它是精神权力的下降和没落，充斥着悲观主义。而只有前者才是克服虚无主义的希望。

其次是海德格尔的存在虚无主义。海德格尔的存在虚无主义主要是在分析尼采的价值虚无主义基础上得出的。他在其厚厚的对尼采理论分析的著作《尼采》中重点分析了尼采的价值虚无主义，最终他对虚无主义的本质及克服的表述非常明确：与虚无对应的是存在而不是存在者。西方形而上学的发展遗忘了存在本身，而一直在追问存在者的存在。因此，海德格尔从存在和存在着的区分中认为虚无主义的本质是对存在的遗忘，而这也是西方形而上学历史的内在逻辑。那么如何克服虚无主义？在他看来，其途径就在于重新追问价值背后的存在。正如他指出的那样："'虚无'和 nihil 是指在其存在中的存在者，从而是一个存在概念，而不是一个价值概念。"① 由此可见，海德格尔转变了尼采从价值的角度来理解虚无主义，将之放在了更为根本性的存在的角度上。

最后，施特劳斯主要针对的是德国虚无主义。他在描述了德国的虚无主义之后，又对虚无主义本身进行了界定。他认为，德国的虚无主义并非绝对的虚无主义，因为它并不意欲包括自身在内的全部事物的毁灭，例如，它并不反对现代技术设备，它只意欲现代文明的毁灭，它所反对的现代文明的道德意义可以表达如下：突出人的地位，或者捍卫人的权利，或者大多数人的最大幸福，"姑且把德国虚无主义界定为一种摧毁当今世界及其潜能的欲望"。② 为什么会出现这种意欲？对此，施特劳斯也给予了回答。他认为是对一战之后现实状况的不满导致了偏见，进而导致了虚无主义。在许多人看来，所有的自由民主制都无法克服德国在当时所面临的困难，这就产生了一种针对自由民主制本身的偏见，或者说加强了这种偏见。因此在这些人看来，有两条道路可以走出自由民主制：要么彻底反对它，要么再来一场革命，这场革命或者紧随一战而来，或者紧跟着来临的是无阶级社会、终极和平的纪元等。但无论怎样，后者是当时的很多年轻的德国人所憎恶的，"他们厌憎的，是对这样一个世界

---

① 海德格尔：《尼采》（下卷），孙周兴译，北京：商务印书馆2002年版，第688页。
② 刘小枫主编：《施特劳斯与古典政治哲学》，上海：上海三联书店2002年版，第742页。

的期待：那里每个人都幸福而满足，每个人都有他渺小的日间快乐、渺小的夜晚快乐，不再会有伟大心脏的跳动、不再会有伟大灵魂的呼吸，没有真实的、非隐喻意义上的牺牲，也就是，一个没有血、汗与泪水的世界。对共产主义者而言似乎实现了那人类梦想的东西，对于这些德国年轻人来说，好像恰恰是人性的最大堕落，是人性的完结，是末日的来临。他们未尝真正知道（因而也无法以一种足够清晰的语言表达），他们究竟想要用什么来替代当今世界、替代其所谓注定的未来或结局：他们所能绝对确定的，只是当今世界及其一切潜能均需摧毁，以便阻挡否则必然来临的共产主义终极秩序。毫不夸张地说，在他们看来，随便什么（虚无、混乱、丛林、野蛮的西方、霍布斯式的自然状态）都无限优于那个共产主义—无政府主义—和平主义的未来。"① 在这里施特劳斯用很形象的话语描述了一战之后德国年轻人中出现的奇特而吊诡的心态，正是这种心态才形成了德国虚无主义的独特性。进而，施特劳斯认为，虚无主义就是对文明本身的拒斥，而文明的支柱就是道德与科学。

  无论如何，几乎涉及虚无主义论题的哲学家都指出了虚无主义的危害，它的存在使陷入到虚无主义境地中的现代人的行为没有可倚靠的标准，他们遵循着"一切都被允许"的原则行事，从而最终堕入生存无意义、生命本身也没有意义的绝望境地中。此外，虚无主义也会把现代文明重新拖回到野蛮中去。对此，阿伦特曾在其著作中曾把极权主义的基础追溯到虚无主义原则上来，她在分析极权主义的时候深刻指向了其统治方法上，她认为极权主义的基础和基本信念就是虚无主义原则，即"一切都是许可的"，他们继承并相信这一选择。换句话说，在极权主义看来区分犹太人是许可的、屠杀并灭绝犹太人也是被允许的。为了避免现代人走入这种境地中，诸多学者纷纷从不同的角度寻找克服现代虚无主义的路径。赫勒在其理论中也极力把后现代视角与极端的相对主义、虚无主义严格区分开来。她一直坚持探寻现代人多元视角背后共同的规则规范以及价值，这些规则规范和共同的价值可以为现代人的行动提供可以凭靠的指南。

---

  ① 刘小枫主编：《施特劳斯与古典政治哲学》，上海：上海三联书店2002年版，第743—744页。

三、后现代人面对现实的姿态

首先,后现代人并不要求在历史中的特权地位。这种姿态主要与后现代人意识到自己生存的双重偶然性以及历史发展的非必然性密切相关。现代社会中随着文明的发展以及知识的积累,现代人原本以为通过知识的力量能够颠覆上帝、掌握规律、洞悉未来,把握历史发展的必然趋势和人生存的轨迹,以此在这个世界上拥有至高无上的特权。但现实却摧毁了现代人的梦想,最终人们发现历史并没有按照预定的轨道前进,也没有必然的规律供人们简单、机械地遵循和掌握,自己亦不是世界的主人。对于这一点,霍克海默和阿多诺的"启蒙辩证法"已经充分地做了说明。基于此,后现代人放弃了自己在历史中的特权地位,他们意识到现代人的生存都是偶然的,尽管人们可以借助知识的力量思考和了解历史的规律,但社会的运行永远不会完全、必然地按照预定的轨道运行。因而,如前所述,后现代人弃绝了现代人持有的自以为在世界中的中心位置的态度,承认自己双重偶然性存在的现状,开始带着偶然性意识行动和生活,即他们思考和行事的方式,就仿佛一切(每一个历史事件)全都是偶然的,但他们并不以本体—形而上学(onto-metaphysical)的方式谈论偶然性,作为双重偶然性存在的个人,他们只是带着偶然性意识行动和生活而已。

其次,后现代人接受生活在绝对的现在中,并坦然面对各种悖论以及未来。在赫勒看来,现代人身处在悖论中,正如前面所说到的,现代性中最大的悖论是自由本身的悖论,除此之外,真理中也包含着悖论。正是由于动态正义的不断发展,才使得这些悖论凸显。那么面对这些悖论,后现代人并不是刻意要去消除悖论,而是坦然接受它们,并生活在悖论中。之所以如此,赫勒认为后现代人并不需要把它们看成是悖论,因为它们通常可以被时间化,即在此时,这些观念和规则可以是正确的或者真实的,而在彼时,它们可以变成错误的或者虚假的,或者被彻底推翻。换句话说,对一切观念的判断以及判断标准都会随着时间的流逝而发生改变。此外,后现代人也坦然面对未来,并不会因为好奇而要洞悉未来或者探究未来人们能否得到拯救。对于这一点,赫勒用了一个很形象的例子来表述后现代人怀着希望生活的状态。现代人围坐在现代性这张桌子旁,现在人占据着所有的椅子,但一定要留一把空椅子,以等待着弥赛亚的来临,至于未来弥赛亚到底能不能来、什么时候来之类的问题不要去问,只要留着空椅子就好。如果有人试图坐在那把空椅子上宣称他知道这些问题的答案,那终将都是虚假的,并在现实中会带来灾难性的后果。无疑,赫勒所讨论的现代人的这种坦然态度应该归于现代人历经灾难性事件的平静和从容。这种形象的表述很容易让人想起贝克特的戏剧《等待戈多》,在这部无完整故事情节的荒诞剧中,两个流浪汉对于他们从何而来、为何要等戈多之类的问题一概不知,他们只知道等待。尽管这部戏剧的中心表现了现代人在世界中的尴尬位置这一主题,但我们也可以将之理解为两个流浪汉的态度在某种意义上是后现代人的一种生活态度,他们不问未来如何,只是坦然面对现实中的荒谬和悖论。

无论怎样,从一定意义上可以说,以上所阐述的后现代视角以及后现代人面对现实姿态的转变是与后现代意识的逐渐形成相伴而行的。无疑,赫勒对后现代人的姿态以及后现代意识的揭示与现实密切相关。20世纪发生的两次世界大战以及一系列事件("大屠杀"、赫鲁晓夫的秘密报告、匈牙利事件、波兹南事件、布拉格之春、五月风暴、古拉格群岛等)彻底粉碎了现代人对社会未来以及自己未来生活的美好设想,从此人们开始质疑理性和未来的确定性,这种质疑和反思恰恰是后现代意识的体现,而赫勒敏锐地捕捉到了这一意识。人们也可以说,苏联和东欧国家中斯大林式社会主义模式的终结在一定意义上证明了后现代意识的逐渐形成并潜在地起着作用。后现代意识意味着现代人正在逐渐祛除盲从,并试图运用自己认为是正确的标准不断反思现实的意识,他们已经学会并习惯于反思现实中的政治状况,而这实际上为公民意识的觉醒和好公民的形成奠定了良好的基础。

同时,随着后现代视角的转换和后现代意识的生成,后现代的政治状况亦随之出现。首先,宏大叙事的衰落导致了各种微小叙事的相互共存,后现代政治状况以接受文化和对话的多元性为前提,多样化是后现代性设计中的应有含义。其次,赫勒和费赫尔概括了后现代的一个显著政治特征,就是理论的重新利用。在之前的政治语言中充满了"终结且不复归"(end-and-no-return)的预言。然而,有确切的迹象表明,在后现代时间性中,这些语言都失而复得,没有一个丧失,即后现代政治语言中不再出现"……终结"的词汇。赫勒和费赫尔对这一特征的洞察也是与现实有关,现实表明,"……终结"也许给人类带来的不是福音,而是灾难，因而后现代人不再谈论这样的话语。

　　总的说来，尽管后现代视角以及后现代政治状况都意味着以多元性为前提，但由此也会引发危险，即可能会导致相对主义和虚无主义的出现。但赫勒更关注后现代政治状况中的积极方面，认为这些积极的因素可以克服消极的影响，他们所认为的积极方面是阿多诺的"最低限度的道德"里蕴含的内容。这意味着尽管多样化的规则和价值取向存在，但共同的规范和价值仍可以形成，可以为道德对话和政治对话提供平台，并且从这些对话里能够真正提炼出某些民主政治的道德规范。

第二节　激进需要及其满足、激进哲学以及激进乌托邦构想

　　赫勒立足于20世纪中后期的现实情况，以后现代视角提出了以需要和激进需要为重要概念的激进哲学和激进理论乌托邦构想。20世纪50、60年代之后，一方面，西方社会的变化引发了人们对自身多种需要的关注，无疑这也影响了赫勒学术思考的走向。战后，随着科技的快速发展，当与生产密切相关的物质资料在较大程度上得到满足后，人们、尤其是年轻一代更加关注精神层面、文化层面等多种需要及其满足问题。正是在这一背景下，赫勒也转向了对马克思的需要理论的关注上。实质上，她对此问题的关注还与她在1968年参与反抗苏军对"布拉格之春"的干涉有密切关系。在这期间，她和参加科尔丘拉夏令学园学术活动的众多学者们发表了抗议声明。正是这一亲身经历的活动，赫勒也意识到了需要的承认和需要的满足问题；另一方面，苏联以及东欧各个国家的社会主义模式中所存在的弊端逐渐显露出来，匈牙利事件、布拉格之春就是对这些弊端的直接反应，在苏联强力干预后，很多思想家也纷纷思考社会主义的含义和战略等问题。在如上所说的这两方面背景下，赫勒自然而然就转向对需要的关注，进而对激进需要、激进哲学以及乌托邦的构想上。实质上，在当时也正是在这一背景下"激进民主"这一概念凸显出来，它发端于拉克劳和墨菲的《领导权和社会主义战略：走向激进民主政治》。激进民主立足于多元性，不再提宏大的社会主义革命的目标，而是力图通过社会中存在的多种多样的团体进行的各种运动来实现社会的变革，拉米斯在《激进民主》中也持着同样的主张，在他那里，他将

"激进民主"设置为基本液，它处在现在存在的所有政治的中心，并是其能量的重要源泉，而且激进民主在各个领域都是颠覆性的力量。在这里拉米斯回到了"激进的"这一词汇的根源上来使用的，这一词汇在《牛津英语词典》中所列出的第一个意义是："基本液（radical humidity）：在中世纪哲学中，基本液是所有植物和动物中自然固有的，它的保有是动植物活力的必然条件。"[①] 也就是说，它是其他理论所建立的基础或者它是保持其他理论之所以存在的根基。拉米斯则将"激进民主"设置为政治的中心和根基，它在各个领域里起着颠覆现存秩序的作用。尽管赫勒没有集中论述"激进民主"这一问题，但她却明确提出了"激进需要""激进哲学"等主张，这些主张主要是在"正统马克思主义"理论的批判基础上对马克思的需要理论深入研究后进行的独特诠释，之后她又构建了激进哲学或激进乌托邦。因而本节接下来将对赫勒的激进需要、激进需要的满足和激进哲学进行阐释。

一、激进需要及其满足的重要性

激进需要是赫勒于1976年在美国首次出版的并被她自己认为是真正新左派的书籍——《马克思的需要理论》中阐述的，"激进需要"的提出对于深化马克思的需要理论具有重要的价值和意义。在本书中，她重新诠释了马克思的历史理论，认为马克思的理论中存在的不是以生产为主导的范式，而是以需要为主导的范式，这一点主要针对的是"正统马克思主义"简化马克思历史观这一现象。当然，这本著作对于人们深入理解赫勒本人的思想也非常有帮助，它为赫勒本人的"对需要的专政"以及激进哲学的论述奠定了理论基础。目前为止，尽管国内的青年学者李晓晴、颜岩、赵司空和于萍等人都从不同的角度阐释过赫勒的激进需要和乌托邦等问题，这一诊断的提出不仅仅是对西方现实社会的映照，而且在理论上也是针对"正统马克思主义"对马克思的历史观做还原论处理的批评。满足这一更为根本的点上，即认为赫勒在阐述马克思需要理论中不仅仅明确提出"激进需要"这一理念，更重要的是强调了对其的接受和满足才是超越资本主义社会的力量，而激进需要的接受和满足与赫勒对现实乌托邦的构建具有同一性。

---

① 转引自道格拉斯·拉米斯：《激进民主》，刘元琪译，北京：中国人民大学出版社2002年版，第17页。

（一）激进需要主题的提出：人需要的丰富性与资本主义社会中工人贫困化的悖论

众所周知，马克思在其理论中并没有给需要本身下一个明确的定义，赫勒则通过对马克思的经典著作《1844年经济学哲学手稿》《1857—1858年经济学手稿》以及《资本论》等的解读，归纳了马克思对需要范畴的理解。她认为，马克思的需要范畴并不是作为一个完全的经济范畴，他倾向于将需要的概念视为非经济范畴，视为历史的—哲学的价值范畴，即视为人类学的价值范畴。① 而作为价值范畴的需要正是对于人的丰富性的需要，以此为标准，在资本主义社会中，将需要的概念简化为单纯的经济需要就是需要异化的表现。在赫勒对马克思需要理论阐述的过程中，她把马克思有意识地在哲学上构建的应然存在的"人的需要的丰富"和现实生活中实然存在的工人的"无需要"相对照，即通过真正的人的需要的丰富和异化需要的贫乏这对鲜明的矛盾，从而明确提出了"激进需要"这一有创造性的概念，并将对激进需要的满足看作是超越资本主义的更为根本的要点。依照赫勒对马克思哲学中需要的分析，马克思把"人需要的丰富"设立为哲学的建构而非经验的事实，以此为标准来评判资本主义社会中人的需要状况，从而得出现实生活里需要的异化这一结论，需要的异化问题则构成了马克思对需要的哲学分析的中心问题。赫勒从马克思的思想中进而将资本主义社会中需要的异化细分为四组：手段/目的关系的倒置；质量和数量的颠倒；需要（和能力）的贫困；对利益的强调。

首先是手段和目的关系的颠倒。这意味着在异化的发展中，手段变成了目的，目的变成了手段，这种倒置体现在"人的本质"的各个方面中，即在正常境况下，每个人的主要目的是他人，即人不能把他人当做手段，而要作为目的，但在异化条件下，他人则成为满足自己私人目的、私人需要的纯粹手段。这体现了资本主义条件下手段和目的之间正常关系的倒置。其次是质量和数量的分离。资本主义社会需要的质和需要的量分离主要表现为：与商品占有相关的需要正无限扩张开来，占有与人们对物品的享用毫不相关，且表现出一种量化的特征，人们不再关心商品具体的质的属性，也不再发展出新的需要。再次是需要的贫困（缩

---

① Agnes Heller, *The Theory of Need in Marx*, St. Martin's Press, 1976, p. 27.

小)。赫勒指出,在资本主义社会中需要的异化还突出表现为需要以不同的方式向着同质化的方向发展。就资产阶级而言,同质化发展的需要表现为有效的占有,私有财产和金钱朝着数量上不断增长的方向前进;对工人阶级而言,其需要仅仅与生存密切相关。也就是说,在资本主义社会,需要的贫困主要表现在工人的需要被归结为维持最基本的肉体存活。最后是利益的凸显。对于这一点,赫勒考察了马克思、恩格斯的《1844年经济学哲学手稿》《政治经济学批判大纲》《神圣家族》和《德意志意识形态》等大量原著,分析了他们讨论的一般利益、阶级利益和个人利益之间的关系。

实质上,赫勒如上所述的资本主义社会中需要的异化主要源于下面的两个方面。一方面源于需要的概念被归结为经济需要。也就是说,在这样的社会中人们生产的目标不是为了满足人多方面的丰富需要,而仅仅是为了资本的增值。对于这一点,我们并不陌生。在资本主义私有制中,资本运行的逻辑已经渗透到了社会生活的各个领域以及人的生存方式中,无论资本家还是工人都围绕着商品运转,因而人的多方面的需要就被归结为纯粹的经济需要。尽管在资本增值的过程中,因创造出了更多的商品,使得当代资本主义社会中的人们、特别是工人的工资得以提高从而使得生活条件得以改善,但是他们真正的全面的需要仍未能得以满足,对此马克思在《雇佣劳动和资本》中已经深刻揭示过,"工资的显著增加是以生产资本的迅速增长为前提的。生产资本的迅速增长,会引起财富、奢侈、社会需要和社会享受同样迅速的增长。所以,即使工人得到的享受增加了,但是,与资本家的那些为工人所得不到的大为增加的享受相比,与一般社会发展水平相比,工人所得到的社会满足的程度反而降低了。我们的需要和享受是由社会产生的;因此,我们在衡量需要和享受时是以社会为尺度,而不是以满足它们的物品为尺度的。因为我们的需要和享受具有社会性质,所以它们具有相对的性质。"[1] 另一方面则源于资本主义社会中分工的日益细化。在以私有制为基础的资本主义社会中,资本家为了资本增值以获取更多的利润,为了在竞争中取胜,往往想尽办法提高生产力,而更细致地分工则是达到这一目的必不可少的环节,对此马克思曾经揭示过:"一个资本家只有在自己更便宜

---

[1] 《马克思恩格斯选集》(第1卷),北京:人民出版社2012年版,第345页。

地出卖商品的情况下，才能把另一个资本家逐出战场，并占有他的资本。可是，要能够更便宜地出卖而又不破产，他就必须更便宜地进行生产，就是说，必须尽量提高劳动的生产力。而增加劳动的生产力的首要办法是**更细地分工**，更全面地应用和经常地改进**机器**。内部实行分工的工人大军越庞大，应用机器的规模越广大，生产费用相对地就越迅速缩减，劳动就更有效率。因此，资本家之间就发生了全面的竞争：他们竭力设法扩大分工和增加机器，并尽可能大规模地使用机器。"① 由此可见，在更加细化的分工中，各种矛盾也随之出现：物质财富的迅速增长与个人丰富性的日益贫困；需要的多样性与工人需要的单一性；剥削者和被剥削者的对立。

赫勒认为，对异化需要的分析构成了马克思对需要的哲学分析的中心。怎么判断一种需要是否是异化的？赫勒认为，判断的标准就是人"需要的丰富"（man "rich in needs"）。需要的异化相当于这种丰富性的异化，即如果一个人的需要是匮乏的、单一的或者少量的，那么这个人的需要就处在异化的境地中。赫勒后来回顾其哲学历程时明确表示，所谓异化的需要可以描述为康德的术语"*Süchte*"，主要指个人对财产、权力和名誉的渴求。这些渴求在现代社会是可以量化的，正是因为这样，它们永远不会得到满足。而且赫勒在《现代性理论》中也曾经比较过前现代社会和现代社会中人们对这几种需要存在着本质的不同。前现代社会中，这几种需要都是定质地分配和界定的，即人们追求对某种财产的拥有，拥有做某件事情的权力，在某一方面声名显赫；但现代社会中，人们追求的是财产、权力和名誉本身，无论做什么，只要满足这几种需要就行。因而，现代人这样的需要就是异化的需要。对于判断异化的标准，赫勒与马克思的理解一脉相承。马克思曾经指出："**富有的人**同时就是**需要**有总体的人的生命表现的人，在这样的人的身上，他自己的实现作为内在的必然性、作为**需要**而存在。"② 实际上，赫勒也很清楚，人的需要的丰富性这一标准只是一种哲学建构而非经验事实，因为没有哪个社会中的个人能真正实现需要上的富足。尽管人们比较羡慕古代人，但是赫勒指出，古代社会中个人需要的丰富性实际上只是表面现象，这种丰富性是受限制的，那时候的人还没有同自然共同体的脐带割断联系，

---

① 《马克思恩格斯选集》（第1卷），北京：人民出版社2012年版，第352页。
② 马克思：《1844年经济学哲学手稿》，北京：人民出版社2000年版，第90页。

在这样的时代占主导地位的是需要的质量而不是数量。而到了近代社会，资本主义生产关系割断了个人与自然共同体之间的联系，个体需要的数量压倒了质量并占据主导地位，从而推动了少数需要的发展，同时也使得需要的丰富性无法真正实现。这一点正如马克思和恩格斯所言，"已经得到满足的第一个需要本身、满足需要的活动和已经获得的为满足需要而用的工具又引起新的需要，而这种新的需要的产生是第一个历史活动。"① 无论怎样，近代社会之后根据赫勒提出的"人需要的丰富"这一标准来判断，出现了异化的需要。无疑，正是这些异化的需要构成了现代生活，它们推动了现代生活以及个人的发展。

赫勒在阐述她的需要理论时也强调了一个重要的问题，即不能认为需要有真实和虚假之分，因为这种区分很危险并具有家长式作风的倾向。也就是说，如果需要真的有真实和虚假之分，那就会产生一个问题：谁的需要是真实的？认为自己的需要是真实的人或者集团就会将自己的意志强加到具有虚假意识的人身上，一旦这样，社会上必然会有一部分人处于被管制或被奴役的状态中。为此，她得出了如下的结论："人的需要是个人真正认为、感觉的东西。任何人都没有资格告诉他这不是他'真正'需要的、他只是相信他需要它、我们更清楚。每个人的需要都应该获得承认为其需要。人们可以仅仅基于道德理由把一些需要排除在外。我从康德那里借用了排除的原则。所有的需要都应该获得承认，除了那些其满足必然将他人用作纯粹手段的需要之外。"② 赫勒之所以强调不能区分真实的需要和虚假的需要，主要是针对马尔库塞的观点。马尔库塞在其理论中区分了这两种需要，他认为："为了特定的社会利益而从外部强加在个人身上的那些需要，使艰辛、侵略、痛苦和非正义永恒化的需要，是'虚假的'需要。满足这些需要或许会使个人感到十分高兴，但如果这样的幸福会妨碍（他自己和旁人）认识整个社会的病态并把握医治弊病的时机这一才能的发展的话，它就不是必须维护和保障的。因而结果是不幸之中的欣慰。现行的大多数需要，诸如休息、娱乐、按广告宣传来处世和消费、爱和恨别人之所爱和所恨，都属于虚假的需要这一范畴之列。"③ 马尔库塞进而认为，这种虚假的需要具有一种社会的

---

① 《马克思恩格斯选集》（第 1 卷），北京：人民出版社 2012 年版，第 159 页。
② Agnes Heller, *A Short History of My Philosophy*, Lexington Books, 2011, pp. 39 – 40.
③ 赫伯特·马尔库塞：《单向度的人》，刘继译，上海：上海译文出版社 2006 年版，第 6 页。

内容和功能，这种内容和功能是由个人控制不了的外部力量决定的；这些需要的发展和满足是受外界支配的。无疑在这里，马尔库塞的确深刻批判了现代西方技术社会中个人真实的需要被统治和宰制的真实状况，但赫勒却看到了另外一个问题，如果需要被区分为真实的和虚假的，那么谁的需要是真实的、谁的需要是虚假的呢？即如果进行了这种区分，仍然会出现受压制的情况，所以她更加强调每个人的需要都是真实的。

正是在上面所分析的各种矛盾和悖论中，赫勒认为在马克思的理论中，他所强调的资本主义创造出"丰富而多方面的"需要的同时也使得人更加贫困，并使工人成为"没有需要"的人，两者之间形成的鲜明对照使得激进需要这一主题显现。这里自然就会出现一个问题：赫勒明确提出的激进需要到底是什么？她在分析马克思的需要理论中并没有给激进需要一个明确的定义，只是从不同的角度来阐述它，但在1984年发表的《激进哲学》中她则明确表示："我们把所有在一个以依附与统领关系为基础的社会中出现的，但在这样的社会中**不能被满足**的需要表征为激进的需要。"① 那么进一步的问题就是：在这样的社会中激进需要如何产生？对这一问题的回答既会深入理解激进需要本身，也会为扬弃需要的异化以及超越资本主义提供理论依据。

（二）激进需要产生的关键：异化意识的出现与"超越其边界意识"的生成

赫勒在其需要理论中，有时候单独使用激进需要这个术语，有时候又把这一术语与异化的意识等同起来，例如，她通过对马克思在《政治经济学批判大纲》中思想的阐释，认为可以得出几点结论：（1）资本主义是一个矛盾的社会，其本质是异化。类的丰富和个人的贫困互为基础、彼此生产。（2）作为一个总体的资本主义社会不仅生产着异化，而且生产着异化的意识，也就是激进需要。（3）这种意识（激进需要）必然由资本主义产生。（4）这种意识（复数形式的激进需要）的存在已经超越资本主义，并且其发展使资本主义不可能保持生产的基础。② 并且她认为，"马克思坚称，由于异化意识的存在，资本主义异化本身产生了激进

---

① 阿格妮丝·赫勒：《激进哲学》，赵司空、孙建茵译，哈尔滨：黑龙江大学出版社2011年版，第123页。
② Agnes Heller, *The Theory of Need in Marx*, St. Martin's Press, 1976, p. 94.

的需要。"① 由此可见，在阐释马克思思想的过程中，赫勒注意到了在马克思批判资本主义社会的劳动异化时异化的意识占有一个很重要的位置，同时她把激进需要与异化的意识并置也表明这一意识在人的激进需要的产生中至关重要。

在赫勒对异化意识的说明中，可以看出她所理解的异化意识就是"认识到社会关系是异化的"，② 但这里的关键问题是：在资本主义社会中异化意识是如何产生的？工人如何才能认识到社会关系是异化的并进而产生超越这一社会关系的冲动？毕竟，在马克思的理论中曾经很形象地说明了异化的劳动给富人和工人带来了不同的影响，即"劳动为富人生产了奇迹般的东西，但是为工人生产了赤贫。劳动生产了宫殿，但是给工人生产了棚舍。劳动生产了美，但是使工人变成畸形。劳动用机器代替了手工劳动，但是使一部分工人回到野蛮的劳动，并使另一部分工人变成机器。劳动生产了智慧，但是给工人生产了愚钝和痴呆"。③ 问题在于，既然异化的劳动使工人变成了机器，给工人生产了愚钝和痴呆，那么如机器般的工人或者愚钝、痴呆的工人在头脑中如何生发出异化的意识，或者如何生发出赫勒所谓的激进需要？对此问题，无论是马克思的理论，还是赫勒在分析马克思的需要理论时都没有明确作出回答。他们只是共同认为，资本主义社会本身产生了异化意识，产生了激进需要，并因此产生了其掘墓人，而且这种意识或这种需要是资本主义的有机构成部分，它是超越资本主义的根本动力。对于此问题，列宁和卢卡奇分别为我们提供了两种不同的路径：外在的灌输和内在的超越。

列宁在《怎么办？》中曾表明工人运动中所获得的社会民主主义的意识和阶级政治意识不是自发形成的，如果单靠自己的力量进行自发的工人运动，只能形成工联主义及其工联主义意识，因而这种社会主义意识和阶级政治意识只能是从外部灌输进去的，正如他所说："阶级政治意识**只能从外面灌输给工人**，即只能从经济斗争外面，从工厂同厂主的关系范围外面灌输给工人……为了向**工人灌输政治知识**，社会民主党人应**当到居民的一切阶级中去**，应当派出自己的队伍分赴**各个方面**。"④ 也就

---

① Agnes Heller, *The Theory of Need in Marx*, St. Martin's Press, 1976, p. 93.
② Agnes Heller, *The Theory of Need in Marx*, St. Martin's Press, 1976, p. 95.
③ 《马克思恩格斯选集》（第1卷），北京：人民出版社2012年版，第53页。
④ 《列宁选集》（第1卷），北京：人民出版社2012年版，第363页。

是说，工人由于受到自身经济利益、知识水平等各种因素的限制，在意识层面上并不能自发地升华到真正的阶级意识，只能依靠社会民主党人或者知识分子从外面进行引导。与列宁的外在灌输论相对照，卢卡奇在《历史和阶级意识》中从内在超越的角度对阶级意识的分析则为我们理解异化意识的产生提供了另一条路径。他将阶级意识理解为"被赋予的意识"（imputed consciousness），他指出："阶级意识不是个别无产者的心理意识，或他们全体的心理意识，而是变成为意识的对阶级历史地位的感觉。"① 在卢卡奇看来，这种"被赋予的意识"有如下的特征：第一，它与组成阶级的单个个人的感觉、思想以及人们直接的经验意识完全不同。据此，他批判了机会主义的错误，认为它"混淆了无产者实际的心理意识状态和无产阶级的阶级意识"。② 第二，它是阶级、更确切地说是无产阶级对其历史地位的意识。卢卡奇认为，和前资本主义相比，只有随着资本主义的出现，阶级意识才进入一个可能被意识到的时期。然而尽管资产阶级和无产阶级在资本主义社会中都面临着同样的社会存在，但它们意识的发展状况以及由此引发的行动却是截然不同的，前者由于受资本的限制，其阶级意识及其发展就会受到限制，而后者则不会。因而，在卢卡奇那里阶级意识主要是指无产阶级的阶级意识。那么无产阶级的阶级意识如何被意识到并进而变成一种革命的实践理论？

　　对于这一问题，卢卡奇认为，尽管在资本主义社会中，无产阶级和资产阶级都面临着同样的社会存在，但由于阶级利益的推动，与资产阶级被禁锢在这种社会存在中相对照，无产阶级则要被迫超越这一社会存在。无产阶级之所以要超越这一存在就在于它的社会存在并没有资产阶级所拥有的双重形态，"对于资产阶级来说，历史过程和社会存在的主体和客体始终是以双重形态出现的：从意识上来讲，单个的个体作为认识的主体面对着社会事件的极其巨大的客观必然性，他所理解的也只是它的一些细枝末节，而在现实中，恰恰是个体的自觉行动居于过程的客体方面，而过程的主体（阶级）却不能达到自觉地意识，个体的自觉行动

---

① 卢卡奇：《历史与阶级意识》，杜章智、任立、燕宏远译，北京：商务印书馆1999年版，第136页。
② 卢卡奇：《历史与阶级意识》，杜章智、任立、燕宏远译，北京：商务印书馆1999年版，第136页。

必然永远超出——表面上的——主体，即个体的意识。"① 换句话说，资产阶级一方面处在被物化的状态中，另一方面它却又是表面上的主体，正是这种双重形态才使得它被囿于社会存在的直观性中，将其作为永恒的事实，但对于无产阶级来说则不存在这种双重形态，"它暂时是作为社会事件的纯粹客体而出现的。在日常生活的一切方面，当单个工人以为自己是自己生活的主体时，他的存在的直接性立刻就把这一幻想撕得粉碎。"② 也就是说，与资本家意识中拥有主体假象相对照，在工人意识中根本没有这种虚假的、表面上的主体的位置，一旦意识到这一点，他就被迫超越现存的状况，进而，无产阶级的阶级意识也逐渐生成。

此外，在卢卡奇看来，无产阶级意识之所以能够被意识到的关键因素也是工人内部还蕴含着没有完全被客体化的质的内容。他认为，尽管在资本主义社会中，工人必须把自己唯一拥有的所有物，即劳动力出卖为商品，从而使得劳动力与其个性相分离，但并不是所有的精神能力都受到机械化的压抑，都变成商品。这样在同一个人身上就存在着尖锐的矛盾，正是这一矛盾，才使得他能够意识到自己的地位，意识到拥有唯一的劳动力的自己是商品，因而正是在这一系列的意识中"商品结构的拜物教形式也就开始崩溃了：工人认识了自身，认识了在商品中，他自己和资本的关系。"③ 进而，当工人认识到自己是商品时，这种认识也已经是一种实践的认识了。这种意识一旦出现，也就意味着无产阶级对其历史地位有了清醒的认识，无产阶级意识就已经生成，进而会指导无产阶级进行现实的革命。

依上所述，尽管列宁和卢卡奇对于阶级意识的生成途径存在着分歧，但是列宁的外在灌输论与卢卡奇的内在超越论一样都是建立在工人群众的意识和阶级意识的区分基础之上的。列宁曾明确指出："当工人们还没有学会对**各种各样的**专横和压迫、暴行和胡作非为（不管这些现象是针对**哪些阶级**的）作出反应，并且正是从社会民主党的观点，而不是从其他什么观点来作出反应时，工人阶级的意识是不能成为真正的政治意识

---

① 卢卡奇：《历史与阶级意识》，杜章智、任立、燕宏远译，北京：商务印书馆1999年版，第252页。
② 卢卡奇：《历史与阶级意识》，杜章智、任立、燕宏远译，北京：商务印书馆1999年版，第253页。
③ 卢卡奇：《历史与阶级意识》，杜章智、任立、燕宏远译，北京：商务印书馆1999年版，第257页。

的。当工人还没有学会根据各种具体的、而且确实是大家关心的（迫切的）政治事实和政治事件来观察其他**每一个**社会阶级在思想、精神和政治生活中的**一切**表现时，当工人还没有学会在实践中对**一切**阶级、阶层和居民集团的活动和生活的**各个**方面作出唯物主义分析和唯物主义评价时，工人群众的意识是不能成为真正的阶级意识的。"[1] 这充分说明了在列宁看来工人的意识与阶级意识也存在着一定的差别。

在阐述了列宁的外在灌输论和卢卡奇的内在超越论之后，需要重新回到本部分最初提出的问题上：在资本主义社会中异化意识是如何产生的？尽管赫勒在对马克思的需要理论的分析中并没有言明这个问题，而将之当成既定的事实，但无疑她承袭了卢卡奇的内在超越论的路径，从她在分析中提到卢卡奇的"被赋予的意识"可以看到这一点。她认为马克思在提出应然的命题"共产主义应该实现"中所体现出来的"超越其边界"（exceed its bounds）的意识与卢卡奇的"被赋予的意识"无疑是同样的。这种意识"不同于工人阶级的'经验的意识'。它不是痛苦的意识，更不是狭义上的贫困的意识了……它是纯粹的关于异化的意识"。[2] 由此可以看到赫勒在对马克思需要理论的分析中继承了卢卡奇的路径。既然如此，那么异化意识（激进需要）的生成也就可以解释了。如之前在阐述卢卡奇的阶级意识生成过程一样，处在异化或者物化社会中的工人，由于同一个人内部体现的主体与客体之间的分裂、质与量的矛盾让他意识到自己就是一件商品，一旦认识到这一点，那么他就认清了在物的掩盖下的人与人的异化，也就超越了经验的意识，上升到了对自己在社会中的真实地位的认识，从而进一步产生出激进的需要。这个过程并不是，或者主要不是依靠外在灌输形成的，而是还没有完全被商品化的人内在觉醒的过程。异化意识或者激进需要一旦形成，那它就会变成实践的力量，推动着人们超越现存的社会结构和需要结构。如果说马克思和卢卡奇将无产阶级阶级意识的现实承载者赋予无产阶级的话，那么赫勒则将激进需要（异化意识）的现实承载者更多地赋予了个人，更确切地说，不单单赋予无产阶级。

（三）追求激进需要满足的主要现实力量：日常生活中的个体们

在赫勒对马克思激进需要的分析中，我们不能忽略的是她对激进需

---

[1] 《列宁选集》（第1卷），北京：人民出版社2012年版，第354页。
[2] Agnes Heller, *The Theory of Need in Marx*, St. Martin's Press, 1976, p. 95.

要满足的强调,尽管这样,这并不意味着她要求满足在现实生活中所有激进需要,因为这是她所批判的历史哲学的诉求,而是强调对激进需要的满足可以在现实中超越资本主义社会,拥有激进需要以及追求其满足的力量则是资本主义社会中已经出现的诸多的个体们,这些个体也是马克思的应然命题(共产主义应该实现)变为现实的承载者。对于个体的分析在第一章中已经详细分析过。无论怎样,在赫勒看来,只有拥有个性的个体们才能在其内部生发出激进需要来,也能给予这些激进需要以同等的承认。

赫勒进一步阐释了马克思理论中萌发的激进需要的表现形式,向人们展示了具体什么样的需要是激进需要。她认为对自由时间的需要是一种主要的激进需要,因为它推动着人们超越异化的限制,而且只有超越资本主义才能够得以满足。此外,她认为对普遍性(universality)的需要也是一种激进的需要,在这里的普遍性主要是指个人多种能力发展的普遍性。赫勒认为,资本主义社会中发展得更细化的分工限制了人们普遍性的发展,因而对普遍性的需要在资本主义社会中无法得到满足,只有超越这一社会才能够满足,所以她才指出:"对普遍性的需要应当发生,因为只有拥有对普遍性的需要(和能力)的人才能够进行全面革命。"[1] 即这种激进的需要是实现全面革命所必备的因素。在之后的《激进哲学》中,赫勒又进一步扩充了激进需要。她认为如下的需要都属于激进需要:人们想要通过合理性的讨论决定社会的发展及其内涵、方向和价值的愿望;自由选择的共同体的普遍化;人际关系中人与人之间的平等以及社会统治的根除;缩小贯穿整个社会的社会必要劳动的压力与业余时间的闲暇之间的差异;废除战争和军备;消除高级文化与大众之间矛盾的愿望等。因为这些需要在现在我们所处的社会中都无法得到满足,所以它们都属于激进需要。[2]

无疑,在赫勒看来,只有拥有个性的个体们才能追求激进需要的满足,以期超越资本主义。因而,赫勒对马克思需要理论分析和阐释的重要性不仅仅在于她对需要本身进行了归类,也不仅仅在于她列举了激进需要的具体表现形式,而在于她对激进需要满足的强调,同时看到了追

---

[1] Agnes Heller, *The Theory of Need in Marx*, St. Martin's Press, 1976, p. 92.
[2] 阿格妮丝·赫勒:《激进哲学》,赵司空、孙建茵译,哈尔滨:黑龙江大学出版社 2011 年版,第 123 页。

求这些激进需要满足的个体们在现实的西方工业社会中已然出现的事实，她曾经指出："的确可以说，越来越大规模的人们感到不满足，在量的需要的世界中茫然不知所措，因而自发地寻找一种量的需要在其中不再占主导地位的生存模式。最发达工业社会中的许多青年团体，以及他们中最优秀的人员，放弃冰箱、汽车和他们父辈的声望；许多学生，同样是最优秀的学生，出于类似的理由而放弃了大学；新的家庭形式激增，取得了共同体的形式。所有这些都显示出超越现存需要结构的需要的兴起。不管这些旨在遏止量的需要的质的需要的性质如何，它们表明，一种发展激进需要的共同体运动不再是，至少不再必然是一个乌托邦。"① 需要注意的是，在这里赫勒所强调的追求激进需要满足的现实力量虽然是微观层面上的个体，而不是马克思和卢卡奇所重点强调的宏观意义上的无产阶级，但这些个体也绝不是孤立的个体，而是具有积极价值的共同体中的个体，所谓的共同体是指"一个可以获得相对同质化的价值体系，并且个人必定会归属其中的结构化的、有组织的群体或者层级"。② 共同体为个体及其活动提供了场所，个体也同共同体的价值体系和目标密切联系。实际上，赫勒对个体与共同体关系的分析与马克思恩格斯在谈到消灭分工时曾经强调过的观点是一致的："个人力量（关系）由于分工而转化为物的力量这一现象，不能靠人们从头脑中抛开关于这一现象的一般观念的办法来消灭，而只能靠个人重新驾驭这些物的力量，靠消灭分工的办法来消灭。没有共同体，这是不可能实现的。只有在共同体中，个人才能获得全面发展其才能的手段，也就是说，只有在共同体中才可能有个人自由。"③

综上所述，赫勒之所以用很大篇幅分析资本主义社会需要的异化，其目的是引出"激进需要"这一关键概念，并强调对激进需要的满足才是超越资本主义的力量，尽管她并不要求完全实现这些激进需要。她在其需要理论中对这种需要的阐述可以说是很重要的一个论点。激进需要是推动资本主义社会内在矛盾加剧的力量，同时也是现代社会促使资本主义社会发生质变的重要因素。正如赫勒对激进需要进行的描述，"我们

---

① 安德拉什·赫格居什、阿格妮丝·赫勒等：《社会主义的人道主义》，文长春、王静译，哈尔滨：黑龙江大学出版社2014年版，第70页。
② Agnes Heller, *Everyday Life*, Routledge & Kegan Paul, 1984, p. 34.
③ 《马克思恩格斯选集》（第1卷），北京：人民出版社2012年版，第199页。

把所有在一个以依附与统领关系为基础的社会中出现的,但在这样的社会中**不能被满足**的需要表征为激进的需要。它们是这样的一些需要,即只有这样的社会被**超越**,这些需要才能被满足。因为对于在以依附与统领关系为基础的社会中无法满足的需要有不可计数的阐释,因此就存在着不可计数的激进需要。"① 由此可见,赫勒对激进需要的重视不仅仅继承了马克思劳动异化的思想,对西方资本主义社会的批判,而且在某种意义上也是对苏联模式的社会主义无法满足个人需要的抗议。众所周知,苏联模式的社会主义中,个人真正的需要也受到压抑,无法得到真正满足。这种情况,随着现代科技的发展愈演愈烈。因为随着当今技术的发展,个人逐渐被统合到技术一体化的进程中,这种进程对个人的压制已经深入到了个人的内心中,马克思所设想的全世界无产者联合起来共同推翻资产阶级的斗争暂时还不可能。在这样的背景下,赫勒提出"激进需要"以及她和费赫尔、马尔库什等人提出了"需要的专政"等理论,就是将自由和解放的希望寄托在现代社会中有激进需要的人身上。实质上,有反思和批判意识的知识分子、积极的公民等都是拥有这种需要的人,他们渴望社会更加公平、民主和正义,因而他们批判现实、关注社会中现存的各种规则是否公正,赫勒当然也属于这类人。同样,和她同属于布达佩斯学派的瓦伊达也属于这类人,他出于内在的求真的需要对马克思主义方法中所蕴含的还原论进行了批判,他批判了那种将马克思的历史理论简化为生产力的观点:"这种方法的本质就是还原论(reductionism):把权力关系即主从关系还原为经济剥削关系,把社会形态还原为表达经济依存关系的社会经济形态,把社会群体构成还原为阶级,并把相应的社会冲突还原为阶级冲突。"② 当然瓦伊达在这里批判的对象主要指的是马克思和恩格斯之后的僵化教条发展的马克思主义,他们对马克思的理论进行了简单粗暴的对待。总而言之,赫勒等人以自由等普遍价值为立足点,对现代性发展到极致导致的灾难大屠杀进行批判,对西方资本主义社会和当时现存的苏联社会主义本身进行批判。所以说,在现代社会中,激进需要推动着社会和个人前进,而拥有激进需要的人才

---

① 阿格妮丝·赫勒:《激进哲学》,赵司空、孙建茵译,哈尔滨:黑龙江大学出版社 2011 年版,第 118 页。

② 米哈伊·瓦伊达:《国家与社会主义》,杜红艳译,哈尔滨:黑龙江大学出版社 2015 年版,第 7—8 页。

是推动人类解放的力量所在。

二、激进哲学和激进乌托邦构想

马克思在《〈黑格尔法哲学批判〉导言》中论及理论与实践的关系时曾指出："批判的武器当然不能代替武器的批判，物质力量只能用物质力量来摧毁；但是理论一经掌握群众，也会变成物质力量。理论只要说服人［ad hominem］，就能掌握群众；而理论只要彻底，就能说服人［ad hominem］。所谓彻底，就是抓住事物的根本。而人的根本就是人本身。"① 与马克思的这段经典论述相一致，赫勒的理论最终落脚于激进哲学的创建上。但赫勒也强调，理论的作用是有限的，即便这样，现代人仍然需要一种哲学，正如她指出："显然，哲学不是神：它自己不能改变世界。尽管如此，就它为世界呈现的规范可以给规范一个世界的程度而言，它也是改变世界这一实践的一部分。今天，所有那些想要结束以依附与统领关系为基础的社会的人都需要哲学。他们需要能提供一种视角使他们可以改变世界的规范和理想。哲学的价值讨论本身就是这样一种理想：明确地说，就是**民主的**价值讨论和意见生成的理想。**应该**给世界制定一种规范，以便一个符合规范的世界能够得以创建。"② 正是基于此，赫勒等主要哲学家把哲学与全面的社会批判密切结合在一起，其激进哲学构想如下。

（一）赫勒和费赫尔的激进哲学和乌托邦构想

首先，在阐述自己的激进哲学之前，他们在《后现代政治状况》中对救赎政治（传统的无政府主义政治观点和"正统马克思主义"的政治观点）进行了批判，他们认为，传统的无政府主义观点已经过时。这种观点认为，只有废除国家，一切才会朝着好的方向改变，进入一个没有暴力、统治和等级制度的社会。同样，"正统马克思主义"的观点也已经过时，因为根据这种观点，必须占领并破坏国家机器，建立工人阶级的统治，取消市场，一个崭新而平等的社会才会产生。以上这两种政治构成了救赎政治的部分。他们所理解的救赎政治就是单一的最终姿态被视为对社会和生活于这个社会中的每个人所进行的最终救赎。赫勒和费

---

① 《马克思恩格斯选集》（第1卷），北京：人民出版社2012年版，第9—10页。
② 阿格妮丝·赫勒：《激进哲学》，赵司空、孙建茵译，哈尔滨：黑龙江大学出版社2011年版，第118页。

赫尔之所以要批判这种政治，一方面源于20世纪的现实社会并没有朝着越来越人道、公正、完善的方向前进，反而已经出现了很多人为灾难；另一方面源于传统意义上的工人阶级并没有完全联合起来的现实。正是基于此，他们才要对已存在的救赎政治进行批判。

其次，赫勒提出了激进哲学的基本任务。第一项基本任务是它必须承担起其哲学的任务。这一任务并不表明哲学要对未来社会进行一种详尽的描述，而是要发展体现合理乌托邦的理想。这种理想立足于现在，并为现在构建一种理想，它需要批判依靠依附与统领关系的社会。第二项任务是必须满足"考虑你应该如何思考"这一陈述中所表达的需要。第三项任务是激进哲学需要为"人们应该如何生活"这一问题给出清晰的答案。第四项任务是为最广义的政治行动制定计划。总的来说，这几项任务共同表明，无论在其道德理论还是在政治理论中，赫勒都非常注重哲学为生活在现代双重偶然存在的人们提供行动的指导性功能。

最后，激进哲学或者激进乌托邦的理想。赫勒认为，激进乌托邦有三种理想。第一种与阿佩尔和哈贝马斯表述过的理想相同，即预设了一个理想交往共同体中人们不受支配的交往。众所周知，哈贝马斯在其理论中颠覆了传统马克思主义的历史观，将生产关系看做是与生产力同等重要的范畴，同时以言语为核心建立了交往理论。在赫勒看来，"理想的交往共同体"就是民主理念的实现。人类社会发展到今天为止，无论在哪个社会中，民主理念并没有从总体上得到实现。也就是说，迄今为止，不平等的权力分配仍然居于支配地位，一部分人仍然被另一部分人所奴役。而民主总体的实现等同于所有统治的消除。赫勒认为，这种激进的民主必须采用一种制度化的方式。第二种理想是建立在善和真的理想基础上的共同体。善的理想就是对所有人的需要都予以承认和接受，除了将他人作为工具的那种需要之外。赫勒进一步分析了这种善的理想，她指出："**善的理想**包含着两个方面：对所有需要的承认，**以及对所有需要的满足**。'所有需要必须得到承认'是一种**构成性的理念**，'所有需要必须得到满足'是一种**调节性的理念**。我们在调节性理念的引导下行动，并且我们把这一理念当做是普遍有效的；然而，它们的奉行只能被想象为一种**无限的过程**，这是调节性理念本质的一部分。"① 尽管赫勒认为所

---

① 阿格妮丝·赫勒：《激进哲学》，赵司空、孙建茵译，哈尔滨：黑龙江大学出版社 2011 年版，第 148 页。

有的需要都应该予以承认和满足,但这在现实生活中根本不可能得以实现。赫勒继而提出,我们更应该关注的不是所有的需要能否得到满足的问题,而是哪一种需要应优先得到满足。在这一种理想中,更重要的一个问题是拥有善的个性的好人的生成,这一理想中渗透着道德的因素。第三种理想是"以一种**适合于个体**自己的方式,通过占有类的丰富而实现人的类的所有肉体的、心理的和精神能力的发展,以及个体自身肉体的、心理的和精神能力的全面且和谐的发展。"① 在这一理想中,可以看到马克思对赫勒深深的影响,马克思曾经设想个人与类的统一,赫勒继承和完善了这一理想。

赫勒为我们勾画了其激进乌托邦的三种理想,但核心是前面提到的作为普遍价值的自由,正如赫勒自己所说:"这里已经描述的三种理想全都依赖于**自由**。自由是**最高的善**,而三种理想仅仅是它的表现形式。如果这些价值变成了普遍有效的,那样,也只有那样,就意味着'自由'的价值理念将成为应该遵守的普遍规范。"② 由此可见,自由这种普遍价值在政治哲学和道德哲学中占有核心地位,它是现代人所拥有的要素,是动态正义的根据,是其激进乌托邦理想的内在本质。

在理解赫勒的激进乌托邦构想时,也应把它理解成一种激进哲学。激进乌托邦和激进哲学密切相关,相辅相成,正如她所说:"激进哲学一刻也不能忘记它激进的乌托邦,它必须仍然是哲学,因为一旦它不是了,它将再也无法把偶然的事实归入由普遍价值构成的理论之下。但是,它又不能'仅仅'是一种哲学,因为把经验事实归入理论之下是它肩负的责任。激进哲学绝不能辜负这项责任,因为它必须为了在每一个地方、每一种情况下都能为帮助和救济提供**劝告**(recommendation),'决不'在这里指的是——只要以依附和统领关系为基础的社会继续存在的话,就是如此。"③ 这正如马克思的理论一样,他的哲学亦是其乌托邦,马克思在哲学上对当时资本主义社会进行批判,批判其存在的劳动的异化、旧式分工等,从而期待能通过总体革命,实现其构想的共产主义社会这一乌托邦理想,

---

① 阿格妮丝·赫勒:《激进哲学》,赵司空、孙建茵译,哈尔滨:黑龙江大学出版社 2011 年版,第 150 页。
② 阿格妮丝·赫勒:《激进哲学》,赵司空、孙建茵译,哈尔滨:黑龙江大学出版社 2011 年版,第 155 页。
③ 阿格妮丝·赫勒:《激进哲学》,赵司空、孙建茵译,哈尔滨:黑龙江大学出版社 2011 年版,第 129 页。

因而，哲学与乌托邦两者之间密切相连。

此外，赫勒在阐述其激进乌托邦理想的过程中，还有一个理论贡献，那就是对激进主义本身进行了审视，区分了左翼和右翼激进主义哲学，而她自己的激进哲学则属于左翼激进主义哲学。两者的区分如下：右翼激进主义包括没有将人类视为最高的社会价值的一切运动。只有把人类视为最高的价值理念的人才是左翼激进者。进一步来说，赫勒把所有对普遍价值理念采取拒绝态度的那些人都描述为右翼激进者，把接受所有价值理念的人称为左翼激进者。把所有不接受哲学价值讨论规范的那些人，所有不准备自觉地反思自己价值的意识形态本性的那些人，所有不准备承认与其他群体或社会紧密相关的价值也可能是真实价值的那些人界定为右翼激进者。左翼激进主义的主要标准就是：所有人都是同等合理的存在者的假设，价值应该由所有人通过集体合理性的讨论来决定的愿望，以及对真实的价值讨论的努力。因此，在赫勒看来，左翼激进主义将始终保有启蒙的一面，绝不顺应时势，左翼激进主义力图使每一个人都能意识到自己的独立思考的权利和义务。右翼激进主义是精英主义的，左翼激进主义始终是民主的。① 赫勒对激进主义的审视和类型学上的区分，进一步细化了激进主义者的态度和行动方式。

从上面的阐述中可以看到，赫勒尽管并不赞同空想意义上的乌托邦，然而她也没有完全弃绝乌托邦内含的希望和引导的维度，因此，她仍然期望有一种较弱的可能意义上的乌托邦，这从她提出的新需要体系、大共和制、可行的社会主义等理论构想中可以看到，但并不是同时代的所有学者都试图建构乌托邦，哪怕是最弱意义上的乌托邦，其中一个比较典型的学者就是瓦伊达。瓦伊达并不热衷于乌托邦，甚至有些反—乌托邦。尽管如此，他并不反理论的乌托邦，正如他曾经所说："我必须承认我对于乌托邦的热情也不高——尽管我确信只有那些被看作是必然的乌托邦才是'危险的'。我的反乌托邦态度，或者说是我在这个方面的中立态度，不是反理论的。"② 由此可见，瓦伊达在看待现实以及论述自己的构想时更加务实，诚如他自己指出的那样，"我最感兴趣的是，在我所

---

① 阿格妮丝·赫勒：《激进哲学》，赵司空、孙建茵译，哈尔滨：黑龙江大学出版社 2011 年版，第 120—121 页。

② 米哈伊·瓦伊达：《国家与社会主义》，杜红艳译，哈尔滨：黑龙江大学出版社 2015 年版，第 4 页。

生活的社会中，哪些是最激烈的冲突，需要人们去解决，而潜藏于这些冲突之下的是，现实存在的但在既定的社会结构中又未被满足或在一定程度上不可满足的需要。"① 因此，他在理论上并不想无意义地复兴马克思主义中内含的乌托邦理想，原因在于他认为这种复兴要么会再次产生一个左派激进先驱，某种如共产主义运动起初发生的那样；要么会单纯服务于一种无效的理性梦想，就像镇定和抚慰我们良心的一剂药物：我们没有放弃什么，我们正在保护我们神圣的人类价值，如果它不想要我们的人道主义的社会主义，不想清除一切偏见和危险的教条，这个世界将变得更坏。因而他不想在这两种方案之间进行选择，他放弃了马克思的方法。在这一点上，他比卢卡奇以及这一学派中其他的成员都更加激进。在对社会未来的设想这个问题上，他立足于资产阶级世界体系，既没有试图推翻资产阶级的宏大愿望，又不想发起终结异化的运动，他最终希望能在现存的社会秩序中保留生活在其中的个人的自由。为此，他认为我们需要找到一种解决方案，"我们必须寻找'人类学转变'的可能，这能够治愈现代个体的'病痛'，能够为现代世界个体和共同体之间的未解决关系提供一种解决方案（某种程度上，这种方案是完全可能的）。"② 瓦伊达的这种解决方案是立足于资产阶级世界的，认为实现政治民主至关重要，因为它可能会创造一个由共同体组成的世界。而一个由共同体组成的世界能够保证那种必要条件，使政治民主变得多于纯形式民主，并克服大多数人的冷漠，这种冷漠使这些人将自己排除在整个世界事务之外。同时，他维护自由这一普遍价值。由此可见，自由等普遍价值是赫勒等诸多学者共同维护的东西，无论是否坚持要终结资产阶级世界体系，都非常注重保留这一重要价值。当然如果基于马克思主义的立场来看瓦伊达最终的理论走向的话，肯定持一种批判的态度，因为他在批判斯大林式的马克思主义的过程中抛弃了马克思主义，同时也抛弃了马克思本人的思想中内含的辩证法以及社会主义的目标，这完全背离了"复兴马克思主义"的初衷。

---

① 米哈伊·瓦伊达：《国家与社会主义》，杜红艳译，哈尔滨：黑龙江大学出版社2015年版，第4页。
② 米哈伊·瓦伊达：《国家与社会主义》，杜红艳译，哈尔滨：黑龙江大学出版社2015年版，第130页。

（二）具体乌托邦的基本期许：联合生产者的社会中新需要系统的建立

布洛赫曾经在《希望的原理》中区分了乌托邦功能的特定想象与单纯的幻想，即区分了具体的乌托邦和抽象的乌托邦，"前者本身具有某种可期待的尚未存在的东西。这意味着，乌托邦功能的想象不是在空洞的可能性中徘徊、迷路，而是在心理上预先获取某种现实的可能性，与此同时，正如经常强调过的一样，在白日梦中，乌托邦的特定想象因其真实的可能预取而获得明晰性：在单纯的如意算盘（wishful thinking）中，乌托邦的功能根本不在场，或者仅仅一闪而过。"[①] 也就是说，前者与现实的趋势存在着一致，而后者则因为与现实的趋势相脱离，并不涉及现实的可能性。无疑，赫勒的乌托邦期许是布洛赫所谓的具体的乌托邦，其体现之一在于如前所述的激进需要的指向上，她在对马克思的需要理论的分析中明确提出的激进需要，指向的正是这种具体的、现实的乌托邦：联合起来的生产者的社会中新需要体系的构建。在这一新的现实乌托邦的社会中，激进需要得以满足，而且围绕着激进需要的满足建立起了一套新的需要体系（the system of needs）。

具体来说，赫勒认为要从两个不同的方面来阐述这一社会中的需要体系：从物质的需要和非物质的需要方面，以及从一个单独的需要结构中这两类需要的关系方面。所谓物质的需要是指其满足的对象不在与自然的交换中生产出来的需要，而非物质的需要是指不在与自然的交换中生产满足的对象的需要。从这两个概念来看，赫勒对于需要系统中区分的两种需要都与生产密不可分，因而分析需要和物质生产之间的关系就成了分析联合起来的生产者的社会中需要体系的关键。进而，她认为要分析两者之间的关系，首先要弄清楚在马克思的联合起来的生产者的社会这一思想中物质生产所起的作用。为此，她具体细分了五个问题并进行了回答：（1）生产还发展吗？对于这一问题，赫勒认为马克思对此的回复无疑是肯定的，即将来的社会也是一个物质财富持续增长的社会。与此同时，赫勒也表明在将来的社会中，物质生产的增长比例受联合起来的生产者的需要决定。在丰富性不断增长的同时，人们的需要也将越

[①] 恩斯特·布洛赫：《希望的原理》（第1卷），梦海译，上海：上海译文出版社2012年版，第160页。

来越少地指向物质消费品。这表明一种新的需要结构的来临,也就是说将来新社会的需要结构中,人们对物质消费品的需要会越来越少,而对非物质的需要会越来越多。(2) 生产的发展在多大程度上代表"社会丰富性"的增长? 对此问题,赫勒将之又分成了两个问题:第一,在什么程度上劳动被视为物质财物的来源? 正是在资本主义社会中才将劳动视为物质财富的唯一来源,而在将来的联合起来的生产者的社会中,生产中进行的劳动会降到最低限度,甚至会不存在,原因在于社会随着科技的不断发展,完全自动化的社会就会来临,尽管生产还会进行,但传统意义上的劳动需要重新被思考。第二,生产是否是社会丰富性的来源。赫勒认为马克思对此问题是持否定态度的。通过生产获得的物质财富只是社会丰富性的一个条件,而不代表整体的社会丰富,而"社会真正的丰富是通过社会个体自由自主的活动以及通过其质上多方面的需要体系实现的。人和社会的真正丰富不在于劳动时间,而在于**自由时间**。"① 总的来说,赫勒通过对这两个细致问题的分析表明了一个观点:人们在自由时间中所进行的各种生产活动,而不仅仅是物质生产,才真正代表着社会丰富的增长。(3) 存在着社会分工吗? 在赫勒看来,将来社会中马克思所说的旧式的、固定化的分工将不会存在,即便是存在着某种分工,例如技术的分工,但个人也不再屈从于这一分工,而是可以自由地进行选择和改变其工作,而这种选择完全取决于自己的发展需要。(4) 必要劳动和剩余劳动还存在吗? 赫勒认为在联合起来的生产者的社会中必要劳动和剩余劳动是否存在这一问题主要取决于马克思是否区分了价值和交换价值。她认为,马克思的著作直至《〈政治经济学批判〉序言》中都没有区分两者,而在他后来的著作中他使用了两种价值概念,第一种保持了早期意义:价值只在交换关系中实现,即这种意义上的价值仍然没有区分两者,而价值的另外一种解释是价值是一个一般性的社会范畴,这种意义上的价值与交换价值则区分开来。以此为基础,赫勒认为马克思所区分的共产主义的两个阶段中必要劳动和剩余劳动的区分情况是不同的。在共产主义的第一阶段中,价值和交换价值区分开来,因而个人的必要劳动和剩余劳动的区分还存在,而且工作或者劳动还没有成为人们至关重要的需要。而在第二阶段中,两者之间不再存在着区分,而价

---

① Agnes Heller, *The Theory of Need in Marx*, St. Martin's Press, 1976, p. 104.

值规律也失去了其作用。(5) 直接消费品和生产资料的生产与那些"满足社会需要"所必需的物品的生产之间的比例是多少？对于此问题，赫勒指出，在马克思所设想的联合起来的生产者的社会中，对丰富性的衡量不是必要劳动和剩余劳动的比例，而是必要时间和可自由支配时间之间的比例。因而，必要劳动和剩余劳动之间区分与否已经不再重要了。她也明确阐述了马克思理论中联合起来的生产者的社会需要的结构完全不一样，在这个社会的需要结构中，人们对劳动的需要已经变成了至关重要的需要，因为随着传统意义上生产物质性商品的劳动停止，所有的劳动都变成了智能性的劳动，变成了人们个性自我实现的领域，因而人们的劳动变成了至关重要的需要，而在资本主义社会中劳动则是负担。赫勒进一步追问了联合起来的生产者的社会中为什么人们要进行工作的问题，原因就在于在这一社会中劳动或者工作已经不再是作为一种外部的社会职责或者义务而存在，而是变成了内在的动力，在这一点上，"必须"和"应该"相一致。

  总的来说，赫勒通过细致分析马克思思想中所阐述的联合起来的生产者的社会中需要和生产之间的关系，表明了这一现实乌托邦社会里新需要体系的建立。随着生产力的发展以及物质产品的不断丰富，由现代社会出现的激进需要的推动所逐渐生成的新需要体系中，人们对物质需要的追求将会达到"饱和状态"，即人们不再过多地谈论物质需要，而更多地谈论物质需要之外的其他需要，诸如对闲暇时间的需要会占有很重要的地位。至此，赫勒通过分析马克思的需要理论，非常精彩地阐述了由激进需要及其满足推动的联合起来的生产者的社会中新需要体系的建立。正如布洛赫所形象比喻的马克思主义中所蕴含的寒流和暖流一样，在赫勒对马克思需要理论的深层分析中，也同样存在着寒流和暖流，既冷静地挖掘了马克思思想中蕴含的需要理论，进而明确提出了"激进需要"的主题，又以对蕴含着自由时间和普遍性的联合起来的生产者的社会的期待作为革命的理论和实践，从而使得赫勒所构建的现实乌托邦摆脱了其抽象性的内容。但我们仍需要将目光转向当下，要实现这种现实乌托邦的期许仍然任重而道远，正如安德拉什·赫格居什所说："当前社会进步的基本问题之一是生产力的快速发展是否可以塑造一种新的生活方式。实现这一点需要有两个基本的前提：促进个性发展的社会条件和鼓励个体充分利用各种机会来拓展他们知识结构的志向。因此，我们面临的问题是，是否可能超越完全表现为'物'的消费社会的客观化的个体化，而且如果是这样的话，以人类价值和个体发展为目标的共同体结构（communal structure）以什么方式能够形成，或者是否能够形成。"①

综上所述，无论是赫勒的激进乌托邦构想，还是瓦伊达的反乌托邦情结，他们所理解的乌托邦都不是随意的，而是在这个概念的限定意义上来谈的。波兰哲学家科拉科夫斯基在《经受无穷拷问的现代性》中对这一概念进行了比较准确的表述。他认为应该对这个概念进行双重限制，"首先，我们要这样谈论乌托邦，即心中所想到的不是任何改进人类生活某个方面的观念，而只是这样一种信念：一个最后的和不可超越的状态是可以达到的，在这一状态中没有什么再需要改正。其次，我们将把这个词运用到这样的计划中，即通过人类的努力它们应该实现，由此既排除了一个来世天堂的想象，也排除了通过纯粹神圣的天命而建立一个尘世天堂的启示录的希望。"②

第三节 具体的理论乌托邦的希望：具有个性的个体

对于有个性的个体以及个体的作用，即有个性的个体是日常生活革命的承载者等问题在第一章中已经进行了充分的阐述，前面也说过，对于特性和个性的区分在赫勒的政治哲学领域和道德理论的领域中始终是个非常重要的问题，她对于个性的个体赋予了很多期待，在这里谈到的是作为具体的理论乌托邦的承载者的个体。

一、乌托邦的承载者的转变：从无产阶级到个体

不同的思想家们对于实现未来理想社会的承载者的看法是不同的，他们往往会根据社会背景的转换更换其想法。前面已经说过，在马克思和恩格斯那里，他们在多处都强调无产阶级是超越资本主义、实现人类解放的重要力量。马克思在《黑格尔法哲学批判导言》中首次阐述了无

---

① 安德拉什·赫格居什、阿格妮丝·赫勒等：《社会主义的人道主义》，文长春、王静译，哈尔滨：黑龙江大学出版社 2014 年版，第 87 页。
② 莱泽克·科拉科夫斯基：《经受无穷拷问的现代性》，李志江译，哈尔滨：黑龙江大学出版社 2013 年版，第 142 页。

产阶级负有世界历史的使命，他将无产阶级视为消灭资产阶级私有制的物质力量和主体承担者。在分析"德国解放的可能性在哪里"时他回答道："就在于形成一个被戴上**彻底的锁链**的阶级，一个并非市民社会阶级的市民社会阶级，形成一个表明一切等级解体的等级，形成一个由于自己遭受普遍苦难而具有普遍性质的领域"，① 而无产阶级恰恰就是这个特殊的等级。列宁在《马克思学说的历史命运》一文中也曾肯定了这一点，他指出"马克思学说中的主要的一点，就是阐明了无产阶级作为社会主义社会创造者的世界历史作用。"②

如果说马克思和恩格斯把超越资本主义生产方式的力量寄托在无产阶级身上的话，那么到了 20 世纪卢卡奇则将人类走出物化状态的希望寄托在无产阶级意识的生成上。对此问题的阐述主要集中在他的《历史和阶级意识》一书中。他所说的阶级意识广义上主要是指各个阶级对自己所处的社会地位的意识，狭义上主要是指无产阶级的阶级意识。具体来说，"阶级意识就是理性的适当的反应，而这种反应则要归因于生产过程中特殊的典型的地位。阶级意识因此既不是组成阶级的单个个人所思想、所感觉的东西的总和，也不是它们的平均值。"③ 卢卡奇之所以如此注重阶级意识、特别是无产阶级的阶级意识的重要作用，或者说乌托邦的承载者之所以从无产阶级过渡到对无产阶级的阶级意识的关注主要原因还在于，当人类转入到 20 世纪后，随着科技的进步，工人工作环境和生存环境得到了很大的改善后，工人在内心中或者在意识中比原来更认同现存的社会秩序，这就是卢卡奇所描述的整个社会都进入到了物化的境地，要摆脱被物化的状态，工人首先就要在意识上清醒地认识到自己所处的阶级地位和生存状况，正如卢卡奇所说："因为如果从特定的阶级地位这样一个立场出发，竟全然不能觉察现实社会总体的话，因为如果连对自身的利益所作的归因于这些利益的深刻思考也没有涉及这个社会的总体的话，那么一个这样的阶级就只能起被统治的作用，就决不能影响历史的进程，无论是维持这一进程，还是推动这一进程。这样的阶级一般地讲注定是被动的阶级，注定是在统治阶级和肩负革命的阶级之间无所作

---

① 《马克思恩格斯选集》（第 1 卷），北京：人民出版社 2012 年版，第 15 页。
② 《列宁专题文集：论马克思主义》，北京：人民出版社 2009 年版，第 61 页。
③ 卢卡奇：《历史与阶级意识》，杜章智、任立、燕宏远译，北京：商务印书馆 1999 年版，第 107 页。

为地左右摇摆，它们也可能奋起，但它们的奋起必然具有空洞初步的和无目标的特点，即使偶然取得了胜利，最后也注定要失败。"① 在这里，卢卡奇深刻阐释了阶级意识对于特定的阶级所起的重要作用，只有具备了阶级意识，才能在现实中有所作为，否则只能处于被支配、被操控的地位中，因而，卢卡奇认为，一个阶级能够胜任统治意味着它的阶级利益和阶级意识使它能够根据这些利益来组织整个社会，所以在阶级斗争的情况下，哪个阶级能够在特定的时刻拥有阶级意识，哪个阶级就能够最终胜出。正是基于此，卢卡奇认为，在现代社会中，在阶级之间非常尖锐的生死斗争的情况下，阶级意识的问题才表现为最终起决定性作用的因素。

随着20世纪中叶西方学生运动的兴起，法兰克福学派的哲学家马尔库塞则看到了在技术理性统治的社会中新的希望——新工人阶级，这个阶级与传统意义上的工人阶级结构不同，它不仅包括原来的工人阶级，还包括了青年学生，企业里面的技术人员等。但是随着70年代之后学生群体逐渐地被整合到技术一体化的进程中去，马尔库塞寄希望的新的工人阶级也逐渐消解，最终马尔库塞开始强调通过人内在的感性力量的解放和爱欲的复活来反抗文明对人的压抑。

伴随着马尔库塞寄希望的新工人阶级的消解，并将解放的希望寄托在单个的艺术家身上时，赫勒则将希望寄托于日常生活中的个体身上。对于个体的分析如前所述已经在第一章中做过详细的分析，在这里就不再赘述。总体说来，赫勒对个性理解的**特殊**之处在于，她将个性并不是理解成一个固定不变的已经在"这里"或者"那里"的东西，即它并不是已经是的东西，因其包含着不断的选择和向类本质的趋紧，它是不断变化和逐渐生成的动态过程。拥有个性的个体们也是从微观层面上趋向各种乌托邦或者最佳理想社会的重要力量。这些个体们在动态变化中改变着社会的需要结构、道德结构、政治结构、文化结构等，进而超越西方资本主义的生产方式和工业社会的发展模式。

既然现代社会中个体的问题已经出现，那么进一步的问题就被提出：拥有个性的个体如何生成？除了在第一章《日常生活》中谈到的几种途径外，赫勒还谈到了生存的选择的重要性，即真正的个体是完成依据普

---

① 卢卡奇：《历史与阶级意识》，杜章智、任立、燕宏远译，北京：商务印书馆1999年版，第108—109页。

遍性进行生存选择跳跃的个人,除此之外,其他的任何选择都无助于个体的形成。所以说,将个性与"生存地选择",特别是与"依据普遍性范畴的生存选择"结合起来是赫勒与众不同之处。

实际上,在马克思和恩格斯的理论中也对"有个性的个人"与"偶然性的个人"进行了区分。他们认为,有个性的个人与偶然的个人之间的差别,不是概念上的差别,而是历史事实。在不同的时期,这种差别具有不同的含义,例如,等级在18世纪对于个人来说就是某种偶然的东西,家庭或多或少地也是如此。这种差别不是我们为每个时代划定的,而是每个时代本身在它所发现的各种不同的现成因素之间划定的,而且不是根据概念而是在物质生活冲突的影响下划定的。一切对于后来时代来说是偶然的东西,对于先前时代来说则相反,亦即在先前时代所传下来的各种因素中的偶然的东西,是与生产力发展的一定水平相适应的交往形式。正是在此基础上,他们才指出,人们要想重新实现自己的个性,就必须立足于现实,消除人们生活的外在种种偶然性的条件,而不是仅仅在意识中进行革命,所以他们认为,"无产者,为了实现自己的个性,就应当消灭他们迄今面临的生存条件,消灭这个同时也是整个迄今为止的社会的生存条件,即消灭劳动。因此,他们也就同社会的各个人迄今借以表现为一个整体的那种形式即同国家处于直接的对立中,他们应当推翻国家,使自己的个性得以实现。"[1]

以上所述乌托邦承载者的转变,即从无产阶级到个体的转变中可以看到从宏观到微观层面上的转变,之所以会发生这种转变当然与社会现实背景的转换密不可分。同时也与思想史上理论主题的转换密不可分,其中很重要的一个转变就是从20世纪60年代之后逐渐发展的从结构主义到解构主义的转换。对于这一转换,法国的思想家弗朗索瓦·多斯(François Dosse)在其思想史著作《从结构到解构》中表述得非常清晰。在这本书的序言中,多斯追溯了"结构主义"一词的词源。结构指的是一种建筑样式,17和18世纪,"结构"一词的意义被更改和拓宽了。这个术语渐渐地开始用来描述具体物体的各个部分构成一个整体所采取的方式,因而也能够用来描述形形色色的结构,包括解剖学、心理学、地质学、数学的结构。在此之后,这种方法才被应用到社会科学中。对于

---

[1] 马克思、恩格斯:《德意志意识形态》(节选本),北京:人民出版社2003年版,第65页。

斯宾塞、摩根和马克思而言,这个术语描述的是把整体之部分连接成整体的持久现象。在1900—1926年期间,结构派生了结构主义。1939年,丹麦语言学家叶姆斯列夫找到了一卷《语言学学报》,其首篇论文就以"结构语言学"为题,因而,从这一角度看,这一术语在所有社会科学领域都带来了革命,并且成为了20世纪的核心。

多斯在追溯了这一术语的历史后指出,结构主义的到来也是我们知识史的一环,它开辟了社会科学研究异常繁荣的时代,并且也将结构主义进行了分类:科学结构主义,明显体现在列维-斯特劳斯、格雷马斯和拉康那里;记号学结构主义;历史化的或者认知性的结构主义。实质上,无论怎样的结构主义,它们都强调一种整体性的关系范式。但随着人类转到20世纪,两次世界大战的现实悲剧以及技术理性引发的大屠杀瓦解了结构主义范式中的确定性、完整性,人们眼中理性推演的社会不断进步,会朝着更美好世界前进的想法都被推翻了,这导致了人们的普遍怀疑和悲观情绪,由此我们迎来了后现代的时刻或者后结构主义的时代,即解构的时代,正是在这一全新的时代中,传统的阶级概念也发生了变化,正如多斯指出:"借助于现代传播技术和社会的信息化,知识发生了转化,它成了决策者、程序师的权力不可分割的一面。他们渐渐把古老、传统的政治阶级归入较小的角色。在这种语境中,对正当化的质疑,导致了宏大叙事(grands récits)的危机。"[①] 也就是说,正是随着现代技术和社会的发展,随着社会多元化的发展以及从结构到解构的转换,原有的作为一个整体的阶级已经渐趋瓦解,乌托邦的主体也就发生了转换。

此外,这一主体的转换也与一些学者对"工人阶级能否集体行动"的质疑密切相关。美国经济学家曼瑟尔·奥尔森(Mancur Olson)在其著作《集体行动的逻辑》中指出,许多人想当然地认为,具有共同利益的集团中的人们必然会为其共同利益而行事,而这其中自然包括了马克思主义阶级斗争理论。这个貌似合理的假设并不能很好地解释和预测集体行动的结果,许多合乎集体利益的集体行动并没有产生。相反地,个人自发的自利行为往往导致对集体不利、甚至极其有害的结果。为此,他分析了"搭便车"的行为,集体的人数越多,产生集体共同的行动就越困难。因为人数越多,要通过协商解决进行一项集体行动的成本就越

---

① 弗朗索瓦·多斯:《从结构到解构》(上卷),季广茂译,北京:中央编译出版社2004年版,第475—476页。

高。而且人数越多，人均收益就越少，那么人们就越想搭便车，而这种行为也越难被发现，这样就会产生集体行动与共同利益之间的鸿沟，因而一些学者在理论上对马克思和恩格斯理论中作为乌托邦承载者的无产阶级能否真正联合起来产生了质疑。例如，美国的学者马歇尔·伯曼就曾指出：马克思试图通过工人之间的联合来实现共产主义的这种设想"令人目眩，但当你努力观看时却又闪烁不定。……现代的男女完全可能更喜欢卢梭式的绝对自我的独处的悲壮，或者伯克式的政治假面剧的集体性着装的舒适，而不是更喜欢马克思试图将两者的优点溶合在一起的努力。"① 总之，正是如上所述的来自现实和理论的挑战和质疑，为赫勒在对马克思思想的阐释中从微观层面发展其理论提供了背景。

二、有个性个体是社会全面变革的关键要素

赫勒之所以特别重视有个性的个体的生成，就在于这种个体是人称其为真正的人的重要标志，也是个人成为公民的关键因素，同时还是前面所说的日常生活人道化革命的主体，换句话说，一旦有个性的个体生成，那么现存社会中各个领域的变革就有可能进行下去，具体的乌托邦的实现也就充满着希望，所以拥有个性的个体是社会全面变革的关键要素。

首先，有个性的个体是人称其为人的标志。如果失去了这一点，那么人性很容易步入兽性中，这一点在集中营中体现得最为明显。阿伦特在分析极权统治的过程中详细地分析了集中营中人如何逐渐变为活死人的过程。阿伦特认为，极权统治最想要摧毁的就是人的个性，这之所以能够实现就在于在集中营中它将无限多元和无限有区别的人演变成绝对一致的一类人，而其实现的手段是精英组织的意识形态灌输和集中营里的绝对恐怖。在她看来，"集中营不仅意味着灭绝人和使人类丧失尊严，而且被选用于在科学控制的条件下可怕的杀人试验，消灭人类行为的自发性表现将人类个性转变成一种纯粹的事物，转变成连动物都不如的东西"②。阿伦特认为这种转变是一步步逐渐完成的，首先就是要取消人的

---

① 马歇尔·伯曼：《一切坚固的东西都烟消云散了》，徐大建、张辑译，北京：商务印书馆2003年版，第141页。
② 汉娜·阿伦特：《极权主义的起源》（第二版），林骧华译，北京：生活·读书·新知三联书店2014年版，第548页。

法律人格，也就是使挑选出来的某类民众不受到法律保护，这可以通过剥夺其公民国籍的办法，也可以通过在正常的惩罚制度之外建立集中营的办法来达到目的。在这一过程中，为了防止集中营的囚徒团结一致，还要将他们进行分类，更可怕的是囚徒竟然认同这样的分类。第二步是要摧毁人身上的道德人格。但是阿伦特指出，"这种对人的道德人格的攻击可能仍然遭到人类良心的反对，良心会告诉他，宁可作为一个受害者而死，也不作为一个刽子手官僚而活着。当极权恐怖成功地切断了道德人格的个人退路，使得良心的决定绝对成问题和暧昧可疑时，它就取得了最令人可怕的胜利。"① 一旦道德人格消失了，能够阻止人变成活死人的，只有个人的差异化和他的独特性了，这种个体性最难以摧毁。在这里阿伦特所说的个体性实质上与赫勒的个性具有相同的意义，有个性的个体的生成在某种程度上可以避免群众在特定的情况下滑入极权主义宣传和运动中，可以避免人转化成兽性的人。因此，在很多时候群众有逃避现实的表现，但逃避现实在阿伦特看来能够保持一种最低限度的自尊，正如她所说："群众逃避现实，这是对世界的一种判决，他们被迫在这个世界上生活，却又不能在其中生存，因为偶然性变成了这个世界里的最高主宰，人类需要经常地将混乱的、偶然的条件转化为一种相对地比较一致的人为条件。群众反对'现实主义'、常识，以及'世界的表面真实'（plausibilities of the world）（伯克语），原因是他们的分子化，他们失去社会地位，随之失去整个社群关系，而常识本来只有在它的范围内才能产生意义。他们在精神上和社会上无家可归的情况下，就无法以一定的尺度来深刻洞悉任意性与计划性、偶然性与必然性之间相互依存的关系。极权主义宣传只有在常识失效的地方才能大量地侮辱常识。或者面对混乱的发展和完全任意性的衰落，或者服从于最严格的、异想天开的意识形态虚构的一致性，群众可能永远只会选择后者，随时以牺牲个人来作为代价——这并不因为他们愚蠢或邪恶，而是因为在总体的灾难中，这种逃避至少给予他们一种最低限度的自尊。"②

其次，有个性的个体是政治领域中公民不服从的前提。公民的不服

---

① 汉娜·阿伦特：《极权主义的起源》（第二版），林骧华译，北京：生活·读书·新知三联书店2014年版，第564页。
② 汉娜·阿伦特：《极权主义的起源》（第二版），林骧华译，北京：生活·读书·新知三联书店2014年版，第453页。

从观点是阿伦特的政治理论贡献。她认为，近年来，在美国和世界其他很多地方，不服从民事或刑事的法律已经成为一种群众性的现象。对既有宗教性的或者世俗的权威所进行的反抗蔓延到了全球。那么在什么情况下会发生公民不服从呢？她认为，当一个社会中大多数的公民都相信，正常的沟通和变革的渠道已不起作用，人们的冤屈无法上达视听、蒙恩洗雪时，或是相反，当政府试图改变或着手从事变革，或是保留那些合法性和合宪性遭到严重质疑的行为方式时，就会发生公民不服从。而公民不服从的一个特征就是非暴力。实质上，阿伦特对公民不服从的论述与赫勒对现代社会中出现的动态正义的分析有着共通之处，动态正义也是表现为现代人不断地质疑原有规则和规范的有效性，公民不服从和动态正义都是对不再合理的东西的质疑和批判。无论怎样，能够进行这种质疑和批判的人只能是现代社会中已经生成的个体，只有他们才有独特的思考能力、独立的判断能力。

最后，有个性的个体是日常生活人道化的改变力量。对于这一点在第一章中已经比较详细地说明，概而言之，人类社会中可以区分为三个领域：自在的类本质对象化领域、自为的类本质对象化领域以及自在自为的类本质对象化领域。自在的类本质对象化领域也是日常生活的领域，三者之间除了前面提到的区别外，还有一个区别如赫勒指出的那样："日常生活的领域不能够经历进一步的区分，它仅仅能够被削弱。然而，自为的领域能够被——并且实际上已经被——进一步细分（分成美学、宗教、科学和哲学的分领域），自在自为的领域同样如此，它已经被细分为经济和政治的领域。人们也能够区分法律的领域。"① 依照赫勒的看法，日常生活领域尽管是以个人的再生产为基础，尽管能够提供复数的意义，但是其自身具有一定的局限性，主要表现为它具有重复性、自在性、经验性和实用性，它不能进一步被分化，因此，要对日常生活进行批判，使之能够向着人道化的方向改变。在这里需要注意的是，赫勒是立足于资本主义社会的日常生活来进行的批判，她寄希望于日常生活能够向着人道化的方向改变，而这一目标的核心要素就是使日常生活中的个人与其类本质能够建立自觉的关系，凭借这种关系的改变进而使得现存日常生活结构的自在性特征能够发生变革，从而使个体的再生产由"自在存

---

① Agnes Heller, *General Ethics*, Basil Blackwell Ltd, 1988, p. 155.

在"变为"自为存在"和"为我们存在",而这种改变则需要拥有个性的个人来推动。

以上我们阐述了有个性的个体生成的重要性,但在这一生成过程中,很多微观因素会起到至关重要的作用,例如家庭。对此,瓦伊达在分析构成法西斯主义中间力量的小资产阶级时,就概要地分析了他们的性格特征,他认为资本主义中位于中间阶层的小资产阶级的性格的形成并不仅仅是由他们在生产组织中所占据的位置来决定,在很大程度上起决定性作用的媒介是家庭。

三、有个性的个体的生成

在马克思和恩格斯的理论视野中,有个性的个体生成的一个重要条件在于消灭旧式分工和私有制,正如他们所说:"我们在前面已经指出,要消灭关系对个人的独立化、个性对偶然性的屈从、个人的私人关系对共同的阶级关系的屈从等,归根到底都要取决于分工的消灭。我们也曾指出,只有交往和生产力已经发展到这样普遍的程度,以致私有制和分工变成了它们的桎梏的时候,分工才会消灭。我们还曾指出,私有制只有在个人得到全面发展的条件下才能消灭,因为现存的交往形式和生产力是全面的,所以只有全面发展的个人才可能占有它们,即才可能使它们变成自己的自由的生活活动。我们也曾指出,现代的个人**必须**去消灭私有制,因为生产力和交往形式已经发展到这样的程度,以致它们在私有制的统治下竟成了破坏力量,同时还因为阶级对立达到了极点。最后,我们曾指出,私有制和分工的消灭同时也就是个人在现代生产力和世界交往所建立的基础上的联合。"①

而在赫勒的视野中,正如前面已经表述过,她是希望现代双重偶然性生存的个人能够依据普遍性范畴进行生存的选择,在这一过程中,个人能够与各种规则和规范、格言等结成稳定的关系,最终形成确定的个体,在赫勒看来,个性的核心之一是本真性。对于本真性的理解,赫勒将之理解为与理性的推动力量相互区别开来的一种力量,它是来自命运的拉动,一种情感迸发的力量,它并不是德性本身,更不是德性的总和,与之相对应的非本真性并不是邪恶。本真性和非本真性都是生存的形式;

---

① 《马克思恩格斯全集》(第 3 卷),北京:人民出版社 1960 年版,第 516 页。

它们都是偶然性的人生存的形式。本真性"是一个个性词汇，而不是一个道德词汇。真正来说，它是多面的，并且被过度诠释了。但不知何故，所有的诠释都是以'成为真实的'而不是'成为复制品、赝品'这层意思为中心。本真的人可以说是一个'真正地生存的人'，然而，非本真的人是'不真实的'；如此这样的人存在着但却没有生存，活着但却没有生活。"① 尽管赫勒一再强调本真性并不是道德本身，也不是一个道德词汇，但其中包含了如下含义：首先赫勒承袭了尼采的观点，认为本真性指一个人真实地对待自己和自己的工作，永远忠实于自己，其中**真实**是本真性的核心含义，如果这个人因说谎等行为没有忠实于自己的内心，那么他的个性就立刻消失，真实既是个性的主要特点，也是个性存在的基础。因此，赫勒认为尼采是实现自己个性的一个典型的人物，他选择自己作为哲学家而存在，一生无论对于自己的生命还是自己的哲学理论，无论成功还是失败，他都保持着真实性，从而也形成了**自己的**个性。这一点最突出的表现还在于他后来跟随自己的命运与好友瓦格纳的决裂，两个人理论上的决裂表明了尼采真实地实现了自己的个性，所以本真性尽管不是道德本身，但却是个性道德的标志。其次，本真性也意味着一个人持续不断地践行自己的生存选择，也就是说，一个人在进行了生存的选择之后，无论这种选择是在普遍性范畴，还是在差异性范畴的指导下所作出的，都能始终如一持续地践行，这就表明这个人拥有了本真的个性，在这里能否持续不断是一个非常重要的衡量标准。

如上所述，已经阐述了马克思和恩格斯视野中以及赫勒理论中个性如何生成的问题，实质上，在现实社会中，个性生成是一个长期的过程，在这一过程中会受到很多制约，诚如拉米斯在《激进民主》中曾经指出："人们被安排在这样一个社会中：除了能换出钱，你才能获得价值，并且从事工业化的工作（你或其他人）是赢得财富的惟一途径。或者一个社会把经济直接置于国家权力之下（被称之为'社会主义'或其他）并且使用国家权力的铁拳实施经济发展的铁律并且使人民工作。所有这些体系能够通过附加的一种意识形态被加强：从事工业劳动被说成是有美德的、或英雄气的、或爱国的、或'先进文明'的特征、或成熟的（对于怀疑其成熟与否的人）、或受尊敬的（对于办公室工人）、或男子

---

① Agnes Heller, *A Philosophy of Morals*, Basil Blackwell Ltd, 1990, p. 76.

气概的（对于男人）、或自由的（对于女人）、或诸如此类。关键是：必须强迫人民或者在他们的思想中灌输一些意识形态，在这种意识形态支配下人民将强迫自己，这样才能使得人民在违反自然的工作条件下，在违反自然的长时间中去做违反自然的种类的工作。我们在世界上所见到的各种各样的'经济体系'是不同种类的强制力和意识形态的不同组合。"① 由此可见，正是由于现实社会中诸多阻碍和限制因素的存在，才会使得有个性个体的生成变得更加困难。

无论怎样，有一点需要说明的是：尽管赫勒非常重视具体的理论乌托邦的构建，但她不问乌托邦能否实现，而是更关注它如何实现以及行动的意义。这与赫勒集中营的经历也密切相关，她并不期待更美好的未来和更道德的世界，只是将目光转向当下以及现实中存在的好公民和好人身上，以期为处于文化危机时代以及虚无主义中的人们提供指引。实质上，早前尼采就曾经深刻指出，在某些方面，人类翘首以待的美好未来必定是更糟的未来，因为相信人类新的更高级的阶段必定无一遗漏地囊括以前阶段的所有优点，是愚不可及的。正是基于此，赫勒为未来留下了一把空椅子，她也更加关注当下的行动和意义，因此从这里可以理解赫勒为什么对1956年匈牙利事件的评价如此之高，她将这次事件称为革命，如她所说："1956年的匈牙利革命并没有因为它被挫败而失去其代表性，革命参与者的行动也并没有因为失败被认为没有意义。在失败之上和之外的'结果'——如果能够谈到结果的话——是对革命事业的历史证明。但即使没有对一项事业的回溯性证明，政治行动本身也不会失去其内在的意义。意义表现在行动本身之中，表现在行动者的热情以及他们对自己从事的事业所抱持的信念之中，表现在行动的快乐和对行动的叙事性回忆之中。政治行动本身就是目的，不过，这并不意味着政治行动者仅仅寻求行动。他们还寻求实现他们的理想，改变他们的世界，实现自由或确立新的自由。行动本身即目的意味着即使那些目标没有实现，或仅仅是部分地实现（情况往往是这样），政治行动也不会失去它的意义或美。它的**目标是**结果，但它**并不取决于**结果。"② 正因为这次事

---

① 道格拉斯·拉米斯：《激进民主》，刘元琪译，北京：中国人民大学出版社2002年版，第42页。

② 阿格尼丝·赫勒：《现代性理论》，李瑞华译，北京：商务印书馆2005年版，第100—101页。

件或者如她所说的这场革命是当时的匈牙利人们当下的行动，尽管最终行动以失败告终，但这场政治行动中所传达的意义和信念却是一笔非常宝贵的财富。当然如果回到对匈牙利事件的评价上，不同立场的人们和学者都有不同的评判，如果站在当时的苏联和匈牙利当权者的立场上，这的确是一场必须镇压的事件，然而如果站在追求独立和自由的匈牙利人民的角度上，它当然是一场非常有进步意义的革命。

以上概括了赫勒的激进需要、激进哲学和乌托邦的内容，总的来说，赫勒的激进哲学和激进乌托邦的构想与拉米斯在《激进民主》中所表达的激进民主的任务类似，拉米斯曾经指出："激进民主不要求将一些英雄主义的新伦理引进到这个世界之中——激进民主要求的只是我们将我们业已拥有的一些常识性的美德用得更好。"① 无疑，赫勒政治哲学的核心也是民主问题，而且在其政治哲学的阐述中她也引入了很多道德规则和规范作为支撑。因此，在这里政治哲学与道德哲学相互交融，对于这一问题在后面的章节中还会涉及。此外，赫勒对乌托邦的希望如前所述承继着布洛赫的具体乌托邦的维度，同时这也体现着犹太教的救世精神，无论赫勒是否信仰犹太教，作为犹太人的她在内心中都会有这种情结。当然，在现实操作的层面上，犹太人对待犹太教以及其中包含的拯救精神的处理上会有几种不同的路径，而赫勒采取的是期待犹太弥赛亚主义的到来，而不是期待实现弥赛亚主义。前者意味着赫勒所说过的要留一把空椅子的隐喻，任何人都不能占据这把空椅子，否则现实悲剧必将到来，对此20世纪的现实已经印证了这一点。而后者则通过行动要实现弥赛亚主义的世界，那就意味着某个人或者某个团体要占据这把空椅子带领众人实现这一目标，最终的结局前面已经说过，实现的并不是人间天堂，或许是人间地狱。因此，无论是赫勒提出的激进需要，还是她践行的激进哲学，或者是她从各个角度所构建的乌托邦，都没有诉求于其现实生活中的完全满足或者实现上，而是诉求于逐渐的改变。

在这里还需要说明的是，赫勒的激进政治理论不同于艾弗拉姆·诺姆·乔姆斯基（Avram Noam Chomsky）的激进主义，她本人也不同于乔姆斯基这样的职业激进分子，而是欧文·豪（Irving Howe）式的激进做派。对于这两个人学术界应该不会太陌生，乔姆斯基是著名的语言学家，

---

① 道格拉斯·拉米斯:《激进民主》，刘元琪译，北京: 中国人民大学出版社2002年版，第149页。

但是在20世纪90年代后期开始介入政治生活中，或许是越南战争的深入进行激发了乔姆斯基内心的责任意识。在介入政治生活后，他当时对各地政局和政策积极发表言论，成为了美国激进派政治人物的一个著名代表。他自称是无政府主义者，并且试图对一切不平等的等级制度进行挑战和消除，也正是因为这样，他成为了左派批评人士中非常有影响的人物。但显然赫勒并不喜欢他这样的激进派做法，在接受访谈时赫勒将他称为"职业激进分子"，在赫勒看来，职业激进分子喜欢炫耀自己，喜欢在电视等媒体上出风头。此外，职业激进分子并不致力于对问题的深入思考，因为他们在思考问题之前就知道答案了。而赫勒更喜欢的是欧文·豪这样的激进派。我们国内学术界对欧文·豪的研究并不是很多，据查到的资料来看，南京师范大学金陵女子学院的学者叶红发表过关于他的文章，并出版了一本专著。在这本专著和文章里，她为我们全面介绍了欧文·豪以及他的激进主义思想。欧文·豪更专注于脚踏实地、低调实干的方式来推动这个社会向着更良序的方向发展。此外，赫勒认同欧文·豪以及他的激进主义的原因还在于他们之间存在着相似的身份以及相同的追求，即都是犹太人，都对社会主义情有独钟。这在某种程度上可以解释为什么社会主义是他们共同追求的主题，因为社会主义为他们的精神生活提供了类似家园的东西，提供了可以依靠的稳定性，这一点从欧文·豪的思想传记《一线希望》中可以确证，他说："我们随波逐流，我们需要名分、意义、平台和支柱……我们强烈地憧憬着秩序，是的，哪怕我们才十来岁，这是一个清楚的信号，说明社会正处于无序中。我们既需要生活中的秩序，也需要观念上的秩序，于是我们寄希望于意识形态的改变来追求生活中的秩序"，"社会主义对于犹太移民来说并不仅仅是政治或是思想，它意味着一种可以投身其中的文化，一种可以借以重塑人生的感知和判断的模式。"[1] 而且，重要的是，欧文·豪批判极权主义、支持社会主义以及坚持乌托邦理想等一系列的活动都是坚定而低调的，他对民主激进主义、一个更公正的社会的真诚追求以及认真思考正义和非正义的本质等与赫勒等人不谋而合，这也是赫勒认同他的原因所在。

通过本章的讨论，可以看到正是因为赫勒曾经亲身经历过集中营的

---

[1] 转引自叶红：《欧文·豪——一位不该被历史风尘淹没的当代美国社会文化批评家》，载《外国文学动态》，2006年第2期。

生活，也曾生活在苏联模式控制下的匈牙利，所以她对这一模式的体验和感触也更加深刻。在这一体验中，她并没有屈服和顺从，而是选择了用哲学这种理论武器来进行谴责和批判，她的批判更加深刻，她不仅仅针对人，而且如前所述针对的是西方社会和斯大林统治下的社会主义社会，从不同的角度对此进行批判，尤其是对于后者的批判更是入木三分。这种批判性的实践活动正应了她曾经在《超越正义》中表达的态度："这个世界被视为**不正义的**，视为对正义的否定，而对正义的这种否定本身也必须被否定。现存的不正义被认为是双重的：人们因其腐败和邪恶而不是正直的成为不义的；社会（或者国家）则因其鼓励邪恶、允许正直之人遭到践踏和毁灭而成为不正义的。因此，否定必须也是双重的：正直的新人和正义的新社会应该得到确证。邪恶和不正义的肤浅、愚蠢和谎言的本质需要被揭露，而正直和正义的构想世界应该在本质、智慧和真实的光芒中熠熠闪耀。正是因为这种否定之否定的双重特性，我们才得以谈论正义的伦理—政治概念。人们呼唤谴责，不仅要谴责具体的罪犯，而且要谴责那个催生他们的社会。"[①]

由此可见，赫勒对现实社会的批判与马克思和恩格斯是一脉相承的，马克思和恩格斯在其思想中透过现象，批判了现象背后的由商品和资本所支配的资本主义社会以及生产方式，并揭示了社会发展的逻辑和方向。赫勒亦如此，也对她所生活的社会现实进行了深刻的批判，并承袭了西方共和主义的传统，提出了大共和制的理想模式。

---

① Agnes Heller, *Beyond Justice*, Basil Blackwell Ltd, 1987, p. 54.

第四章　共和主义思想的发展：大共和制

　　1985 年赫勒在 Praxis International 杂志上发表了文章《大共和制》("The Great Republic")，这标志着她共和主义的立场和思想的系统形成。对于现代共和主义这一思潮的追溯，学界普遍认为其直接的来源是罗马共和国。公元前 509 年建立的罗马共和国，国家由执政官、元老院和部族会议三部分组成，三者相互分立、相互制约，这也被称为是现代共和主义的雏形。而在政治思想史上，很多学者大都承认 20 世纪后期剑桥历史学派的波考克梳理的共和主义传统的脉络。在波考克看来，共和主义的传统从古希腊的亚里士多德开始，中途经过文艺复兴时期佛罗伦萨与威尼斯的共和政治的发展，在 17 世纪英国和 18 世纪美国的革命与政体实践中得到承传。① 在这条线索上，所涉及的思想家主要有亚里士多德、波利比乌斯、西塞罗，到近代的马基雅维利、哈林顿、孟德斯鸠、卢梭、托克维尔、汉密尔顿、麦迪逊、康德、黑格尔等人以及现代的阿伦特、波考克、佩迪特等人。

　　总的说来，赫勒的共和主义思想中在很大程度上承袭了共和主义传统的很多关注点，例如她对自主性、公民美德、共善、政治自由的延续，在她的思想中经常会看到亚里士多德、康德的影子。但同时她的共和主义又有着非常强烈的地域特色和独特性，这种地域特色正如她所说的那样，她所设想的大共和制的模式基于易北河东岸的欧洲传统，在这里需要注意的是她刻意避免使用"东欧"这一术语，因为大共和制的传统只是一些中欧社会和非常少数的东欧社会才有，因此她所设想的这种模式所植根的范围是特定的，它不是直接来源于古希腊的城邦制，也不是直

---

① 刘擎：《反思共和主义的复兴：一个批判性的考察》，载《学术界》，2006 年第 4 期。

接来源于现代的法国和美国革命的传统,而是直接来源于中欧共和主义的传统;她的共和主义思想另外一个比较独特的地方在于它们来自于现实生活中这一地域发生的重大历史事件,这些事件主要指的是1956年匈牙利、1968年捷克斯洛伐克和1980—1981年波兰等国家发生的重大事件。对于赫勒共和主义的来源的独特性,西班牙学者 Ángel Rivero 也注意到了这一点。当然,赫勒的大共和制的来源并不止于此,它还有其理论来源,诸如康德的共和制思想以及二战后由汉娜·阿伦特所复兴的这一共和主义传统。总的来说,共和主义主张公共利益至上,这是衡量好坏政体的标准,强调公民的美德,强调混合均衡政体,这是古典共和主义思想的突出特征。但是随着现代自由主义的复兴,古典共和主义思想也吸取了其中包含的合理要素,它更加强调公民的自由和权利,主张代议制形式以及分权制衡的原则。对于这一共和主义传统,赫勒始终持赞同的态度,并且在此基础上形成了自己的共和主义的思想。概而言之,她的共和主义既延续也批判了康德、卢森堡、阿伦特的这一路线的主张,最终形成了自己的如下的思想:对自由特别是对公民积极自由的强调,不太赞同阿伦特提出的直接民主形式,更赞同直接民主和代议制民主结合的形式,提倡公民的美德等。在这篇文章中,她对大共和制的讨论直接源于罗莎·卢森堡在《论俄国革命》中对列宁在革命胜利后取消制立宪会议感到愤怒的分析,在分析的过程中,赫勒也构想了自己独特的大共和制的模式。因此,本章首先围绕着赫勒的这篇文章对她的大共和制及其要求进行介绍和分析,在阐述的过程中,表明这种模式在哪些方面继承了共和主义共同的传统,哪些方面存在着不同,然后对赫勒与大共和制密切相连的价值和概念进行阐述,最后对其大共和制模式做一个非常简要的评析。

第一节 赫勒的大共和制模式概览

前面说到赫勒在其论文《大共和制》中首先是从分析罗莎·卢森堡在《论俄国革命》中批评列宁和托洛茨基在十月革命后解散立宪会议展开的。卢森堡对列宁和托洛茨基的这种做法进行的批判在这里不再赘述,重要的是赫勒的共和主义思想以及她构想的大共和制模式是赞同卢森堡保留立宪会议的观点。为此,赫勒从根源出发首先把人的身份分成三种类型：作为个人的个人身份、作为社会团体中参与成员的个人身份以及作为政治团体中参与成员的个人身份。原则上，个人身份的这三种形式彼此独立，也就是说，同是一个人，但基本上这个人有三种形式的身份，作为个人的、作为社会团体中一员的、作为政治团体中一员的身份。在这三种身份中，作为个人的个人身份的权利是首要的，个人凭借这一身份有权选择或者决定是否参与到社会团体或者政治团体中作为一员行使权利，参与到其中的一个团体中也并不影响其他的身份。因此，赫勒对个人身份的形式进行分类就为她进一步强调公民的政治参与或者积极自由以及直接民主制和代议制相结合的共和政制埋下伏笔。

在这里应该注意到，赫勒尽管在其整个思想脉络中阐述不同的领域时使用的术语有些差异，但它们之间其实存在着隐秘的联系。在我看来，这里赫勒对个人身份的区分在某种意义上与她强调的个体的个性相互呼应，尽管赫勒本人并没有言明这一点。在第一章中已经阐述过赫勒对个性的理解，也表明她期待的是日常生活中个性的生成，以进行日常生活的革命。个性这一词汇与这里所说到的个人身份的三种形式看起来似乎并不关联，但细究起来却存在着一定的联系。个性这个词的英语是"personality"，它最初来自罗马的西塞罗运用的"persona"一词，这个词最初指的是喜剧演员所使用的面具。西塞罗用它指政治行动者在实践自然法进行权衡时所应扮演的角色，当人们尽自己的义务时，就将选择好的面具戴上，扮演特定的角色，以达到这一角色内部蕴含的特定期望。因此，如果这样追根溯源来理解个性的话，那就与这里的个人身份的区分形式遥相呼应，这三种个人的身份可以看做个人在不同的场域中所戴的不同面具，发挥不同的作用，而这些角色之间互相独立，并不影响其他角色的功能和采取的行动方式。因此，注意到赫勒思想的内在联系，尤其是政治哲学领域与道德哲学领域之间的联系非常重要。

回到赫勒的共和主义思想中来，在区分了个人身份的三种形式后，接着她具体分析了后两种形式，即作为政治团体中参与成员的个人身份以及作为社会团体中参与成员的个人身份。在对前者进行分析时她从不同的角度来谈论这一身份。她首先认为西方的普选制度的主体是赋予作为主体的人，或者说是赋予作为个人的人。既然如此，那么每个人都有权进入到政治领域中按照自己的需求和期望进行投票或者表达自己的声音。赫勒在谈到这一点的时候，其实也是在回应西方左翼人士的质疑，因为在他们看来，这种投票仅仅是形式上的，有些公民是被动的，他们的声音或许会被忽视或者不能被代表。但赫勒强调，这绝不是形式的，只要公民的声音以及表达的建议能够放在公共领域中进行公开讨论，就不意味着公民的声音或者投票选出来的代表仅仅是形式上的或者仅仅是被动消极的。另外，她也从另外一个角度来阐述这一身份。在她看来，在大共和制中的第三种身份就是人们参与到一个政治团体中的参与资格，它能够将直接民主和代议制民主结合起来。对于这一结合的理念赫勒进行了描述：

> 人是提出公众关注和最重要政治问题的政治团体中的成员。这些问题是通过辩论解决的，在辩论中每个人都发表自己的意见。最终通过一项决议，该决议体现着成员对所讨论问题的意见。共同意见必须由政治体中那个群体推选出来的成员所代表，其中的成员由各种基层和民主的政治团体中的推选出来的成员所组成。（例如1956年匈牙利有地方工人委员会、布达佩斯工人委员会和全国工人委员会。）民主制在所有的基层团体中确实是直接的，每个人的意见都得以表达和承认。基层和代议制的政治团体都被赋予主权（sovereignty）。它们掌握着真正的政治权力（power）。因此最高的政治机构分成了两部分：议会和工人委员会。严格说来，共和政体以**双重权力**结构为特征，其基本假设是像这样的一个体系是防止权力成为统治机构的最佳手段。①

这段描述是理解赫勒的共和主义思想的关键。从这段话中看它包含着如下要点：

第一，这种模式与激进的直接民主制和完全的代议制区别开来，主张直接民主与代议制的结合。从这点可以看到赫勒与共和主义传统中的卢梭和阿伦特的分野。我们知道这两位哲学家都主张比较激进的直接民主制，但赫勒却注意到了托克维尔的忠告：在一定条件下民主会导致多数人的暴政，而且某些情况下，道德因素如果占了绝对性优势成了唯一的衡量标准时，那么恐怖政治就会发生。完全的代议制尽管道德压力会

---

① Agnes Heller, "THE GREAT REPUBLIC", *Praxis International*, April 1985, pp. 26 – 27.

少很多，但是也会蜕变为少数人的专政。正因如此，赫勒才力求将直接民主与代议制民主结合起来，这样既能保证每个人的积极参与，又能够防止权力的过度使用和膨胀。赫勒并不主张完全的直接民主制，这实质上在某种程度上也会避免人们对参与公共事务逐渐淡漠的情况。她曾在著作中以及访谈中多次谈到，现实生活中的人们除了参与政治事务，还有很多其他的事情要做，所以并非所有的人都对政治领域感兴趣。如果如卢梭设想的作为最高主权者的公意是不可被代表的，公共事务必须由人民亲自为之，那么久而久之就会耗尽人们的精力和兴趣，进而仍然会导致少数热衷于政治活动的人专权的情景。所以，为了避免多数人的暴政或者少数人的专权，赫勒特别主张直接民主制和代议制两者之间的结合。

第二，这种模式是权力和主权的双重分离，或者更确切地说是主权的双重划分。正如赫勒自己所说的那样："在这里新意不是权力的划分，而是主权的划分。此外，在这里新意不是人民主权的思想，而是**名义上的主权**和**实际上的主权**的结合。"① 也就是说，赫勒不仅认为主权是可以分割的，它可以被议会和工人委员会拥有，而且公民不再仅仅是名义上的主权者，需要把自己的权力赋予真正的主权者，它也拥有实际的主权。在这里赫勒对自己大共和模式新意的说明，可以看出她与卢梭主张的人民主权论截然不同。

卢梭在其社会契约论中构建了绝对的民主制，即他从自然状态出发，诉求于自然法，创造了始于每个人又高于每个人的公意（general will）这一不可侵犯的主权者来指导和护卫人们。这一公意是最高的主权者，它不可被代表、不可转让、不可分割、不可让渡、不可摧毁，人们在共同体中也能够互相接纳每个成员作为全体不可分割的一部分。尽管卢梭所创造的这个主权者由全体人民所共同构成的集体，看起来是把民主绝对化了，然而在这里每个人让渡的却是其自身以及全部的权力，这样一来，其理论只承认普遍性的人民主权者的存在，而否定了个人或者某个小群体拥有主权，这就使得个人或者进入政治领域中的公民成为了并不拥有实质主权的个体。正是在这里就会出现一个很关键性的问题：不可被代表、不可转让、不可分割、不可让渡、不可摧毁的公意如何与人们

---

① Agnes Heller, "THE GREAT REPUBLIC", *Praxis International*. April 1985, p. 27.

的具体事务相互关联,即它如何处理具体事务?要想回答这一问题必不可少地就会产生政府这一中介,那么这里就发生了一个转变,这种转变正如台湾学者萧高彦所注意到的那样:"社会契约所达成者为普遍意志(普遍意志即公意,不同的学者对 general will 的翻译并不相同——本书作者注)之形成,但是力量之特殊性本质并未有根本转变,并以政府作为此特殊力量集中的辐辏点,是以政府乃特殊性的总和。换言之,**自然状态中每个个人的特殊利益间之冲突,通过社会契约转化为普遍意志与政府官员特殊利益的两元对立解构**;在理想中,普遍意志应当能支配特殊利益,但在现实中,特殊力量的集结自然有维护特殊利益之倾向。"[1] 也就是说,一旦公意落实到现实操作层面时就容易出现特殊团体滥用权力的问题,而这进而会危及到个人各项权利的运用。正因此,赫勒主张人们不应该只是拥有名义上的主权,也要拥有实质上的主权,这主要体现在人们委托出去的只是某些权力,而不是如卢梭所设想的所有的权力,而且就算是委托出去的权力也是要经过公共领域中的反复讨论,同样,委托出去的权力也不是一劳永逸的,它们总是变化的,在重新决定需要委托哪些权力时仍需要公民反复讨论并最终由全民投票决定。从两者之间的对比可以看到,赫勒赋予公民某些实质上的权力在某种意义上会制衡权力的滥用或者无限扩张。或许人们会问:如果两个主权团体之间发生冲突怎么办?赫勒也对此进行了阐述,如果两者之间发生冲突,为了通过商谈达成共识,那就需要在普遍的公共领域,同时通过直接民主的方式在政治团体中进行重新讨论。

以上讨论了赫勒的作为政治团体中参与成员的个人身份,接下来将讨论她所说到的个人身份的第三种形式:作为社会团体中参与成员的个人身份。以这一身份行动的个人进入到社会的领域,这一领域是私有财产和福利的领域。赫勒所设想的大共和制的社会基础包含着自我管理的普遍化,因为在这一领域中,每一个人都有权成为其创造的财富的拥有者,也有权处理其所创造的财富,因此,普遍化的自我管理构成了其模式的基础。当然,赫勒强调这种自我管理的模式其实是一般性的模式,没有固定的作为操作规则的方案。它只是意味着社会机构的运作规则应由其机构的成员制定,而不应该是被某些社会统治机构所强加的。这种

---

[1] 萧高彦:《西方共和主义思想史论》,北京:商务印书馆2016年版,第167页。

自我管理的模式也可以以不同的形式来实现，它可以以集体的形式来实现。

那么这种模式是否具有可行性也是赫勒所关注的问题，所以她也阐述了其可行性的问题。在具体的实施中，赫勒仍然坚持市场调节和适度的计划经济相结合的方式，但这种市场的调节并不是如自由资本主义阶段那样完全依靠市场来运行，而是以其为前提，但生产资料归集体所有和集体管理，同时运用大共和制的政治结构，两者之间的结合创造了新的生活方式。实际上在这里赫勒的设想既与斯大林式社会主义又与完全自由的资本主义相互区别开来，斯大林式社会主义中整个社会经济生活包括人的需要都被严格操纵，并没有给集体中的个人共同自主决定和自我管理的余地，而完全自由的资本主义社会中，又缺少有计划的调控和宏观的把握机构。

在这种方式的运行中，赫勒仍然担心的是这种模式会受到家长制的干涉和操控，因此她力求能够通过这种模式尽可能地摆脱家长制的管理作风。至于具体的摆脱方式，她认为集体做决定的集体中的成员们可以将其利润的一部分投入到重要的服务中去，诸如学校、医院、老年之家等，而投入的目的并不是为了获取更大的经济利益，而是为了社会的目的。在这里的确呼应了赫勒在本篇论文开篇所说的"一个乌托邦或多或少都是乌托邦的。大共和制的模式是最小程度的乌托邦。"① 因为在现阶段资本主义社会中大多数人将其利润投入到服务行业中去，最主要的目的仍然是为了追求更多的利润，当然这并不影响未来人们首要的关注点的转移。但无论怎样，在这种集体决定中，蕴含着共同的讨论和商谈，最终形成一致的意见。正是在这种商谈中，家长制的管理作风逐渐退居幕后。

以上讨论了赫勒对于其独特的大共和制模式的概述，在这种模式中她从个人拥有的三种身份入手，继而以能够进行自主选择作为主体的人为基础来详细论述个人的其他两种身份，正是在身份的区分中，赫勒强调了这一模式政治领域中要坚持直接民主制和代议制的结合，经济社会领域中要坚持市场调节和适度的计划经济的结合，从而既解决了政治领域中某种权力过度膨胀和滥用的问题，又在很大程度上避免了经济社会

---

① Agnes Heller, "THE GREAT REPUBLIC", *Praxis International*. April 1985, p. 23.

领域中家长制管理作风和过度自由的问题，无论怎样，个人或者公民的自由价值都得到了充分的保障和发展。

在1990年的《现代性能够幸存吗？》这一著作中，赫勒继续完善了她之前建构的共和模式，强调自由在共和政体中的重要作用，对此，她发展了康德对共和制规划中自由因素的强调。康德建构的共和制是："每一个共和制总是基于的自由三原则如下：作为社会成员的所有人的自由，作为主体的人们的平等，以及作为公民的每一个共同体成员的独立。"[①]赫勒认为，这三条原则涉及消极的自由、积极的自由以及权利的自由，因此是对政治自由进行现代诠释的完整目录。赫勒再三强调现代社会中自由价值的重要性，即它已经成了现代社会中的普遍价值，尽管自由在现代社会中面临着悖论，但是它仍然是一切事物得以建构的基础，也是共和政体得以发展的重要基础。在这里，赫勒对自由的强调无疑是吸收了自由主义的观点。众所周知，自由是自由主义中最高的价值，无论现代自由主义内部存在着多大的差异，都不否认这一点。共和主义要想在当今复兴，也必须吸收这一要素。此外，赫勒在康德理论的基础上，不仅仅揭示了自由在现代社会中存在的悖论，而且阐述了政治论争中自由理念的合法和非法使用的问题，她认为，康德提出的"非工具化公式"（一个人绝不应将他人作为纯粹的工具来使用）能够避免对自由的非法诠释和使用。赫勒在其共和思想中，也更加提倡"积极的自由"，即好公民应该积极地参与社会事务，关注这个社会中正义和非正义的事情，这是衡量"好公民"的标准之一。同时，赫勒也强调，在公共政治领域应保持道德的位置，在这一点上，赫勒与马基雅维利区分开来，走向了亚里士多德的思想。尽管她不提倡道德化的政治，但无论是公共领域还是私人领域，道德都应该作为共同的场景存在。但如上所述这不意味着提倡道德化的政治，因为她很清楚地知道道德化的政治是危险的，能够带来恐怖的政治。对此，赫勒在她的道德理论中给予了充分的论述。以上讨论了赫勒所设想的大共和制的模式或者政体，实质上，这种模式或者政体如果真正贯彻起来，诚如赫勒所说的那样，其要求是非常苛刻的，正是基于此，这种模式实施起来就会非常困难，然而这并不排除它是西方社会中人们努力的目标。接下来就对这一模式的实施要求进行阐述。

[①] Agnes Heller, "*Can Modernity Survive?*", Polity Press in association with Basil Blackwell, 1990, p. 132.

第二节　赫勒大共和制模式实施的要求

实施赫勒的大共和制模式有很多要求，否则它只能停留于理论的构想。至于这些要求，赫勒首先提到了它需要大多数民众自愿的积极参与，或者说需要人们能够进入到政治领域中成为公民，尤其是这种模式需要好公民的积极推动，当然这种参与并不是短期的，而是一种持续的参与，它还需要人们具有参与的能力。赫勒说到尽管这一模式并不强制人们参与其中，但是如果没有人们的积极参与，实质上这一模式就无法运转，因为在前面讨论赫勒的这一模式时也知道它是一种直接民主制与代议制的结合，而直接民主制是以公民的积极参与和讨论为前提的。因此，这一模式的运行依靠人们的参与，而且是持续的参与。同时，它对人们的参与能力也有要求，它要求参与其中的人们拥有良好的判断力，即拥有明智（prudence）的美德，对于这一概念，在前面的章节中已经阐述过，这里就不加以赘述。

赫勒对公民、好公民以及他们所拥有的良好判断力的阐述构成了其政治哲学和道德哲学的重要问题。实质上，赫勒的阐述与亚里士多德对公民的理解密切相关。亚里士多德曾经对"公民"进行了三种界定："凡得参加司法事务和治权机构的人们"，"凡得参加无定期统治机构的人"以及"凡有权参加议事和审判职能的人"。[①] 尽管对公民的这几种界定中着重点不同，但公民都与参与城邦的政治决策有密切关系。同样，在现代社会中，赫勒所构建的大共和制模式依然强调公民的积极参与。只是她也强调现代社会的公民权的获得与亚里士多德时代的公民权的获得存在着很大的不同，主要体现在现代社会的公民以及公民身份不是预定的，它们是自主选择的结果，而这同时也决定了如何成为公民的问题。这种转变主要源于社会发展到今天已经发生了极大的变化，现代社会赋予了现代人更多的自由，现代社会和现代人的生存也更多地具有偶然性特征，因而现代公民并不是预定的，而是人们自主选择的结果。一个人要想成为好公民，必须自觉选择关注和参与非正义的事务，并且下定决心承担和践行责任。当然这个人也可以不选择成为公民，这样也无需承

---

① 亚里士多德：《政治学》，吴寿彭译，北京：商务印书馆1983年版，第111页。

担特定的责任。在某种意义上，是否成为公民或者好公民已成为个人的事务。

上面所阐述的赫勒对公民的理解中已经包含着如下的观点，她的政治哲学所追求的并不仅仅是名义上的公民，而是对**好公民**的追求。她对好公民的这种追求和较为明确的阐述主要体现在1990年出版的《道德哲学》中。在这本著作中，她对这一问题的阐述是在它与好人和担忧的人的区分中展开的。他认为好公民初步的定义如下："一个好公民担忧这个国家（他或者她的'城市'）中正义和不正义的事情，并参与到目的在于纠正不正义的行为中。"① 在这个初步的定义中，包含着两层含义：首先，好公民事关正义与不正义；其次，要积极行动，而不是仅仅担忧不正义，即要实际参与到纠正不义的行动中，也包括纠正引起不正义的法律和制度。还有一点在这个定义中并没有完全体现出来，那就是如上所述的好公民是需要持续性的，好公民身份不是一种消遣，它需要持续地参与到公共事务中。为了能够使得她所设想的大共和制能够运转下去，赫勒也号召人们："一个人应该成为一个好公民"。② 因为只有积极地参与政治领域，才能使得直接民主制和代议制正常运转。然而，赫勒也清楚地知道现实生活中因为各种原因，很多人并不选择成为一个好公民，从而成为非本真的人，她也明确表示不赞同这种现象："每当人们以伦理的考虑（'政治是肮脏的。我不想弄脏我的手'）或者以冒险无用（'反正什么也不能获得'）为理由放弃了行使好公民身份时，他们就成为**非本真的**（inauthentic）。"③ 即她认为，好公民必须时刻准备参与到政治领域中，关注社会中非正义的事情，而不会以任何理由摆脱对正义和非正义事情的思考和介入。同时，赫勒也注意到现代社会中好公民承担责任时面临的两种困境：第一个困境就是，好公民希望其他人也成为好公民，能够参与到公共事务中来，但是，现代社会中，其他人有可能对于正义与非正义的事情保持不关心甚至冷漠的态度，或者是关心但是并不提出来。第二个困境是现代社会中人们对于正义与非正义的看法有广泛的不一致，以至于他们不想改变任何事情。那么如何走出这种困境，就需要公民的美德来加以应对，公民的美德也是她在很多地方都强调的重要

---

① Agnes Heller, "*A Philosophy of Morals*", Basil Blackwell Ltd, 1990, p. 153.
② Agnes Heller, "*A Philosophy of Morals*", Basil Blackwell Ltd, 1990, p. 156.
③ Agnes Heller, "*A Philosophy of Morals*", Basil Blackwell Ltd, 1990, p. 156.

内容。

在赫勒看来,"公民的美德是对每一个公民的期望。"① 至于在应对现代困境、保证大共和模式的正常运转中需要哪些公民美德,她在1985年的《大共和制》这篇论文中并没有展开论述,但是在之前的60年代末出版的著作《文艺复兴时期的人》(Renaissance Man)② 中她曾经很详细地讨论过古代人们的美德在文艺复兴时期的变化,其中赫勒就谈到了这些美德,而在1988年出版的她与费赫尔合著的《后现代政治状况》一书中又对公民美德进行了较为详细的论述,在《道德哲学》中她仍然又重申了公民美德的问题,而且她更加明确地将公民美德与好公民密切联系在一起,而不只是笼统地将之与公民相连,由此可见,她对公民美德这一问题非常重视。赫勒对公民美德的阐述是与自由、生命、平等以及交往理性这几种普遍价值密切相关的,即她所提出的公民美德中都蕴含着这几种普遍价值(对于她曾经反复强调的现代社会中存在的这几种普遍价值,将在下面的内容中重点阐述,这里先暂时略过)。这些主要的公民美德,或者更确切地说,好公民的美德包括:完全包容(radical tolerance)③、公民勇气(civic courage)、团结(solidarity)、正义(justice)、实践智慧(phronesis)以及准备进行理性话语的理智德性(intellectual virtues)。接下来简要介绍赫勒非常重视的这几种主要的好公民美德。

首先是完全包容的美德。这种美德建基的价值是生命和平等,她认为,如果人们统一将生命价值解释为所有人的平等生命—机会的话,那么就应该承认所有人的需要,当然这种需要赫勒也反复强调并不包括将他人仅仅当做手段来使用的需要,在这里我们看到了康德的"人是目的"这一绝对律令对赫勒的影响。将他人仅仅当做手段可以体现为统治、暴力和残暴的做法等,赫勒认为除了这些之外,对人类需要应该完全承认和认可,这意味着认可和尊重别人不同的生活方式,当然认可和尊重并不意味着不能进行批判。她把这种"认可不同生活的美德和乐于与其

---

① Agnes Heller, "THE GREAT REPUBLIC", *Praxis International*. April 1985, p. 33.
② 本部著作在赫勒的整个思想线索中其实占有重要的地位,它写于20世纪60年代,1967年在匈牙利首次出版,但是直到1978年才被翻译成英语。这部著作的写作时间稍早于《日常生活》,它主要对文艺复兴时期的人本身进行了考察。
③ radical tolerance 这一词汇不同的学者在翻译中用的中文词也存在着差异,有的将之译成"彻底容忍",有的将之翻译成"激进的宽容",本书除了引用部分用了译者的"彻底容忍"这一说法之外,其余的都将之译成"完全包容",但都是指的同一个词。

拥护者进行理性的价值对话"① 的态度指认为"完全包容"的美德。赫勒也明确承认,包容是自由主义的传统的价值,它是所有的民主政治都必须维护的消极自由的先决条件之一,但当它应用到不同的生活方式共存的时候,它只意味着我们各自按照自己的生活方式行事,彼此之间没有太多的关系。赫勒在借鉴自由主义的这一价值时,用了"认可"这个词语将原来"包容"所蕴含的消极自由的含义转变成了积极自由的含义,转变之后"包容"意味着我们关心其他的生活方式是怎样的,尽管我们并不侵犯别人的自由,但是我们却因为"认可"这一主动的姿态而与他人发生了积极的关系。当然关心他人的生活方式虽然意味着可以对之进行评判,但并不意味着要用暴力或者武力进行干涉,所以赫勒说到"那些已经获得彻底容忍美德的人,会为生活方式的认可而斗争,并且他们会挑战不公正的法律,因为不公正的法律使他们的生活方式不被认可。"② 也就是说,拥有这种美德的公民尽管不会以武力干涉别人的生活方式,但是如果他们自己的生活方式不会得到认可时,那么他们就会为了更加公正的法律的制定而斗争。在这里就体现了赫勒的大共和制中的个人在政治领域以公民身份参与公共事务的讨论和商谈的问题。

其次是公民的勇气这一公民美德。赫勒对公民勇气的强调在某种意义上与她自身的经历密切相关,特别是在经历过"大屠杀"之后,她对这种勇气的认识更为深刻。在纳粹统治下的国家中,特别是借助现代技术的力量,使得统治和控制手段比以往任何时候都更加严密和残酷。因而在这样的社会中,人们失去了自主性,各种言行都会受到监控,恐惧无处不在,稍有不慎,生命就会终结。在这样向原子化、碎片化方向发展的社会中,在人的生命相当脆弱的政治环境中,个人能否有勇气继续选择自己成为好公民就成了一个问题。无疑在任何社会中公民勇气都很重要,但在极端的境况中,公民的勇气对于公民承担责任则具有特别非凡的意义,在这种环境下,只有少数的人才能承担起公民的责任,关注非正义的事务,从而成为好公民。正是赫勒特定的生活经历,才使得她在其政治哲学中用了比较多的篇幅来谈公民的勇气,并呼吁人们参与社

---

① 阿格妮丝·赫勒、费伦茨·费赫尔:《后现代政治状况》,王海洋译,哈尔滨:黑龙江大学出版社 2011 年版,第 97 页。

② 阿格妮丝·赫勒、费伦茨·费赫尔:《后现代政治状况》,王海洋译,哈尔滨:黑龙江大学出版社 2011 年版,第 97—98 页。

会中非正义的事务。

在她看来,"公民的勇气是为一项事业,为不公正的牺牲者,为我们相信是正确的甚至反抗压倒性的不平等的意见说话。"① 赫勒明确向我们传达的一个观点就是:拥有公民勇气的好公民并不是喜欢去冒险,也不是为了反抗而反抗,他们只是"出于对民主的信仰,怀揣着正义终将实现,不同意见将被其他人接受,美好的目标能有机会实现的希望行为。"② 也就是说,公民勇气意味着处于黑暗中的人们能够勇敢站起来反抗黑暗,这对于正义社会的建构尤为重要,对于赫勒的大共和制的贯彻也至关重要。如果没有公民的勇气推动着公民积极行动,那么这样的公民也只是一个名义上的公民。当然在现代日益复杂的社会中,当计算原则以及功利主义渗透到现代生活中的各个领域时,好公民也会面临着很多困境,其中之一就是好公民希望其他人也成为好公民,能够参与到公共事务中来,但是,现代社会中,其他人有可能对于正义与非正义的事情保持不关心甚至冷漠的态度,或者是关心但是并不提出来,赫勒在后来的《道德哲学》中也指出了这种困境,那么如何克服这种困境,而改变个人的非本真的生存呢?赫勒仍然寄希望于公民的勇气这一公民美德。她认为好公民要有巨大的公民勇气来感召别人,他们需要在冷漠中承担责任,当他们意识到或看到其他人遇到不公正待遇时,能够自然地为其他人的利益行动,并且帮助他们将不公正待遇转化成公共问题,这是他们履行自己公民权的表现。但是赫勒也特别强调人们在这样做时不应侵犯他人的自主性,不要掌控而是建议并鼓励受害者将他们不公正待遇以各种可能的方式公之于众。进而,好公民也要用公民勇气质疑和改变不公正的制度。从以上的讨论中可以看到公民勇气一旦被运用,就会对政治领域以及其他领域的改善具有重要的推动作用。

第三个公民美德是团结。赫勒认为这一美德是左派的传统美德,之前在工人阶级运动中是比较普遍的唯一美德。它以前包括两种不同的团结:第一种是在一个党派、一场运动或者一个阶级团体内部实践的团结;第二种是左派的非实践形式的团结,它需要同情或者移情,以延伸到所

---

① 阿格妮丝·赫勒、费伦茨·费赫尔:《后现代政治状况》,王海洋译,哈尔滨:黑龙江大学出版社 2011 年版,第 98 页。

② 阿格妮丝·赫勒、费伦茨·费赫尔:《后现代政治状况》,王海洋译,哈尔滨:黑龙江大学出版社 2011 年版,第 98 页。

有被统治阶级和民族中，并最终渗透到全人类中。然而现实的发展让赫勒认为现在我们需要重新定义这种美德，因为 20 世纪 30 年代出现的法西斯主义和斯大林主义也都非常强调团结这一美德，最终引发了人类的灾难和悲剧。正是基于这样的现实教训，赫勒认为："我们所寻找的那种团结必须被附加同样的完全包容或者公民勇气的价值。"① 也就是说，在赫勒看来，法西斯主义和斯大林主义尽管也强调团结，然而这种团结却将刚才说到的彻底容忍或者公民勇气排除出去，即这种团结并不承认和认可多种生活方式，也没有把将他人当做手段的做法排除出去，因此这种团结并不可取。而赫勒所重新界定的美德需要将暴力、绝对的统治、武力等因素排除在外，更加强调协商对话等因素来团结受害者和尽可能多的不公正制度的受害者。总的说来，赫勒和费赫尔尽管提到了团结的分类，但并没给团结一个明确的定义，在《道德哲学》中则明确提出，所谓的团结是"建立在正义而不是身份（membership）基础上的。而且，好公民不会将团结与情感依附（emotional attachment）混淆起来：团结是参与和承诺的事情，它包括忠诚于国家，并且只要是正当的理由就有勇气保卫它。"② 这同样是重申上面的观点，基于正义目标而结合起来的团结与为了特殊利益由情感依附而结合成的团结有着本质的差别，后者诸如在法西斯主义和斯大林主义中表现出来的团结最终会引发更加非正义的局面。实质上，无论赫勒对团结的界定如何改变，都不能改变她支持马克思思想的主旨。众所周知，马克思的整个思想中都包含着全世界的无产者需要联合起来的观点，因为只有无产阶级的解放才能带来人类的解放。随着时代背景的转换，作为左派的马克思主义者赫勒认为尽管我们可以不接受马克思的某些理论，然而其中蕴含的思想主旨仍然需要加以捍卫，因此，赫勒仍然坚持团结这一美德在政治哲学领域以及生活中各个领域的重要作用，只有团结起来的群体的力量才能加速不公平事情的解决，也才能推动政治领域以及其他领域的变革。

第四是正义的美德。对这一美德的强调是赫勒思想脉络中非常重要的内容，她在 1987 年出版的《超越正义》这部著作中曾经非常详细而系统地讨论了正义问题。在这部著作中，她对各种正义进行了分类讨论，

---

① 阿格妮丝·赫勒、费伦茨·费赫尔：《后现代政治状况》，王海洋译，哈尔滨：黑龙江大学出版社 2011 年版，第 100 页。

② Agnes Heller, "*A Philosophy of Morals*", Basil Blackwell Ltd, 1990, p. 158.

讨论了形式的正义概念、伦理政治的正义概念、动态正义概念、社会政治的正义概念、不完备的伦理政治的正义概念和良善生活。其中在形式的正义概念中赫勒谈到了正义的美德和形式的正义概念之间的关联。在赫勒看来,形式的正义概念指的是"应用于特定社会群体的规范和规则一贯而持续地应用于这个社会群体的每一成员身上"。① 从这个定义可以看到,赫勒将形式正义首先与规范和规则连在一起,其次还指出了规范和规则运用需要"一贯而持续"这样的条件,最后它需要将同样的规范和规则运用于每一个成员。正是因为形式正义概念中蕴含的这几点特征,才使得它成为了一种美德,而且是一种冷酷、有时候也是一种残酷的美德。赫勒也指出,这种美德完全根据规范和规则本身而行事,它必须是客观而公正的,绝不能受到好恶、激情或者利益的影响,也不应该受到爱心、怜悯或者仁慈的影响。当然正义美德并不意味着不能追求自己的利益,只是意味着对利益的追求也得遵循各种规范和规则。在随后的《后现代政治状况》中,赫勒再一次谈到了公民的这种美德,即公民在有勇气纠正不公正事务前得首先判断自己要做的事情是否符合规范和规则,而个人的感情和私人利益需要悬置起来。

第五个公民美德是实践智慧。赫勒对这一从亚里士多德那里继承来的美德非常重视,她在《超越正义》《后现代政治状况》等多部著作中都反复讨论过。鉴于这一概念在第一章中已经阐述过,因此在这里就不加以赘述。**最后一个公民美德是准备进行理性话语的理智美德。**这一词汇虽然也是从亚里士多德那里借鉴而来,但其中蕴含的含义与亚里士多德的还有些差别。在后者那里,理智美德与伦理美德(ethical virtues)相对,前者通过教育理性发展而来,而后者则通过性格培养与习惯养成。前者主要包括技艺、科学、明智、智慧、心智,后者包括勇气、节制、正义以及其他与实践生活密切相关的政治美德,诸如慷慨、大度等。而在赫勒这里,公民所拥有的理智美德看起来更加偏向哈贝马斯的商谈伦理,两人都强调理性交谈而不是武力的重要性,也都依赖于程序的运转,只是哈贝马斯更进一步规定了交往者和语言的条件。在赫勒看来,理智美德主要指的是参与或者准备参与理性话语的美德。当社会需要确定正确的规范或者规则、正义的制度时,就需要这一美德。而这一美德的实

---

① Agnes Heller, *"Beyond Justice"*, Basil Blackwell Ltd, 1987, p. 5.

施也需要有程序正义，即与社会制度、社会安排等有关的每个人都需要参与到讨论这些制度、规范或者规则、社会安排等的对话中来，如果相关人员都参与进来，那么这个程序就是正义的，进而参与理性对话或者理智的美德就会践行和加强。赫勒在这里更加强调相关的每个人的参与，如果并不是每个人的参与，那么程序就不是正义的，进而理智美德也没有践行。而在后来的《道德哲学》中赫勒亦强调了与之相关的理智勇气（intellectual courage）的重要性，特别是在极权主义条件下这一勇气的重要性。因为在极权主义模式下，赤裸裸的暴力已经成为准则，理性的争论、商谈已经不可能，人们被迫接受主导制度，这时就需要好公民准备使用自己的理性或者说下决心采取理性批评现状的态度，赫勒将这种"准备就绪（readiness）"或者"下决心"的姿态称为理智的勇气，进而赫勒指出："理智的勇气包括决心弄明白'到底发生了什么事'。当审查制度和灌输阻塞了信息流的通道时，在那里人们对于基本的真相全然不知，统计数据被定期篡改，而且疑问、甚至好奇都被斥为不忠诚、甚至也许是犯罪意图的迹象，这是一个困难的任务。"① 在这种情况下，理智的勇气与理性的算计相反，它本身是一种美德，包括很多聪明的人由于缺乏理智的勇气，将会犯致命的错误。

以上我们比较全面地把赫勒对于公民美德的讨论展现出来，在她看来，当公民身上的这些美德被公民所拥有而成为好公民时，她所构建的大共和制模式才能够被贯彻，从而摆脱了仅仅只是无法实现的乌托邦的空想状态，而且只有当人们发展出这些美德从而成为好公民，才能够恢复亚里士多德对城邦的定义：城邦就是其公民的总和，进而也才能够实现良善的生活。从赫勒的理论构架可以看到，面对着现代性的不断展开以及现代性后果的不断出现，她也在进行着恢复古典共和主义的努力。

第三节 与大共和制密切相连的概念概述

上面已经阐述了赫勒的大共和制模式的构想，也阐述了与之紧密相连的公民美德，通观赫勒的大共和制理论，其中还蕴含着一些与之密切相关的概念需要在此做进一步说明。这不仅仅关乎她的大共和制思想，

---

① Agnes Heller, "*A Philosophy of Morals*", Basil Blackwell Ltd, 1990, p. 146.

也关乎她的整个政治哲学。在其整个政治哲学中，她很频繁地使用自由、生命等与普遍价值、民主、政治等相关的关键性词汇，当然这几个词汇也是政治哲学史上无法绕过的词汇，因此在这里有必要把赫勒对它们的讨论交代清楚。当然，赫勒在运用这些词汇的过程中，对自由这一普遍价值以及奠基于它的政治概念赋予了新意，对民主的看法在其不同的时期所包含的内容有所不同。无论怎样，赫勒对自由的独特解读、对现代政治所赋予的新意以及民主的变化都体现了赫勒的政治哲学思想既激进又保守的特征，这也体现了她整个政治哲学随着她的经历和生活背景的不同发生的微妙转换。无论怎样，自由等普遍价值贯穿在她的现代政治、民主等概念和观念中。

一、作为根基的自由、生命等普遍价值

众所周知，18世纪法国大革命中明确提出了"自由、平等、博爱"这一著名的政治口号，并在《人权宣言》中以纲领性文件将此确立下来。自此，自由、平等的问题在哲学中成了众多学者们用来论证其理论的基础和依托。赫勒亦不例外，她在其政治哲学中将作为普遍价值的生命、自由、平等和理性作为其共和主义思想的支撑，因而无论在对现代政治的概念重新定义时，还是对现代性的强调中，又或是在对大共和制的阐述和后续的完善中，都蕴含着这些普遍的价值。纵观赫勒的思想线索，实际上她在写于20世纪60年代末的《文艺复兴时期的人》中就已经对自由等价值进行了简要的分析，在之后的著作、尤其是在20世纪八九十年代的关于现代性的理论中都涉及这几种普遍的价值。在这四种普遍价值（生命、自由、平等和理性）中，赫勒认为生命和自由是现代性中无条件的终极的普遍价值，而平等和理性则是有条件的普遍价值。**鉴于自由在其整个政治哲学中所占的篇幅较大，因此本书将主要讨论赫勒的自由这一普遍价值**。在这一部分中首先要对她的自由价值的多种含义进行梳理，即有作为可能性的自由、人类学的自由与政治自由、积极自由与消极自由、作为自律的自由；其次表明现代自由内含着悖论，即作为出发点和目标的自由本身是不稳固的。

（一）赫勒理论视野中自由的多种含义

有两个英文单词 liberty 和 freedom 都可以被翻译成中文的"自由"，布达佩斯学派的另一位代表人物瓦伊达曾经区分了两者。他认为，在资

产阶级的自由（liberty）概念中，自由（freedom）专门修饰的是个体，按照常规的意义就是，我做我喜欢的事情，只要我有权这样做。因此，对一个个体自由（freedom）的限制是由其他人的自由设定的，而法西斯主义想要取消的也恰恰是这种自由。赫勒所谈的自由大多指的也是这种个体的自由（freedom）。在她看来，自由是现代社会中双重偶然性生存的人主动将自己的偶然性（contingency）转化成命运（destiny）的一种实践活动，正如她所说："我的自由是我'转身'的姿态，是我以'在推动某种可能性而不是其他可能性实现的过程中，充分利用我的偶然性、我的生命'的姿态接受偶然性挑战的姿态。总之，自由十分显著地是实践的。它就是**实践**（praxis）。"[1] 赫勒在20世纪90年代所理解的这种自由也蕴含在她早期的作品《文艺复兴时期的人》中，在这部作品中她区分了人类学的自由和政治自由，而她后来所说的自由既设定了初始的人类学的自由，也突出积极自由、自律的含义。因此，在她不同的时期、不同的领域中对自由的理解的侧重点也不同，在其早期作品中，她区分了人类学自由和政治自由，在其政治哲学视野中有积极自由与消极自由的混合运用，在其道德理论中又将自由与自律联系起来。仍然需要强调的是，尽管她是从不同角度来理解自由，但是这些自由之间并没有泾渭分明的严格界限，它们常常是互相关联在一起的，毕竟政治哲学与道德哲学大多时候都是交融在一起。但无论在哪个领域中区分和阐述自由，这一概念都与自由选择以及可能性紧密相连。

1. 自由概念的缘起以及类型

赫勒在《文艺复兴时期的人》中考察人的本质时阐述了自由的来源以及分化。在她看来，经过文艺复兴时期一直到法国大革命为止，对于人的本质的探究尽管是从动态的人的角度进行，但是法国大革命中所提出来的"自由、平等、博爱"已然是一种最重要的人类学的、本体论的事实，当然这同时也是一种政治要求。尽管动态的人在现实活动中存在着各种可能性，也存在着堕落的可能，然而，在文艺复兴时期尤其是晚期的思想家们都认为各种可能性、堕落等虽然也是人的本质的体现，但这并不改变平等和自由等价值是人最重要的本质。而且在阐述自由的缘起时，应注意到赫勒强调堕落的背后恰恰是自由推动的，这一点构成了

---

[1] Agnes Heller, *A Philosophy of Morals*, Basil Blackwell Ltd, 1990, p.127.

她后来在现代性理论中所说的现代自由的悖论：自由是现代人生存和进行各种论证的基础，然而作为各种可能性的自由本身却是不稳固的。

进而，在《文艺复兴时期的人》这部著作中，赫勒考察了自由的缘起。在她看来，文艺复兴时期的人类学的自由概念主要有两个来源：斯多葛—伊壁鸠鲁的自由概念和基督教的自由意志概念。在前者那里，自由主要指的是"按照自然生活"，他们这样来理解自由时是将重点放在了状态上，而不是成为自由的过程上，因此它还是一个静态的概念。然而，在基督教那里自由被理解成"自由的意志"，它更加强调人们根据自己的意志自由选择，这样一来它被赋予了动态性的过程，当然在基督教那里，这种选择只是在善恶之间进行选择，进而这种选择决定着选择者的生活和命运。因此，赫勒认为基础性的人类学的自由更多的是与基督教中的自由联系在一起。然而，文艺复兴时期，随着近代科技的发展、人的意识的逐渐觉醒，人在世界中主体地位的确立以及上帝地位的边缘化发展，包含着选择的自由本身也发生了变化，这种选择也不仅仅停留在善恶之间这种主要是伦理学领域中的选择，而是向外扩展到政治领域以及社会领域中，这样一来自由的范围不仅在扩大，而且一旦选择进入到政治领域中，就意味着行动相伴而行，因而最初并行不悖的抽象的**人类学的自由**（anthropological freedom）和具体的**政治自由**（political freedom）也在慢慢融合。

由此可见，赫勒在阐述自由的缘起和发展时区分了两种自由：人类学的自由和政治自由。在赫勒看来，前者主要是停留在理念的范围内，尽管它包含着动态的选择，然而它还是一种抽象的可能性的概念，而后者则意味着具体的过程，正如她所说的那样："然而，一旦历史的动力成为明确的，一旦社会和政治自由也是成功地在不断更新的众多具体选项中做出决定的结果以及一旦这——在不断出现的选项间的成功选择——是人类学自由的本质变得明显，那么两种不同的自由概念开始融合。这样一来，人类学的自由不再被解释为抽象的选择的可能性，而是一个人选择对他（对作为一个完整的人、对其个体性的主张和实现）最有利的行为和行动方式的具体过程……**因此，政治自由就是为人类学自由的实现提供最佳条件的一种状态。**"[①] 由此可见，这两种自由最初是分开的，

[①] Agnes Heller, *Renaissance Man*, Routledge & Kegan Paul Ltd, 1978, pp. 429-430.

而后随着作为可能性的人类学的理念一旦跨入到政治社会领域里，在众多可能性选择项中进行选择时，抽象的理念开始具体化，从而与政治自由进行了融合。与此同时，赫勒也强调，文艺复兴时期的思想家们也意识到自由意志的实现并不是无限制进行的，即自由总是有边界的，它经常会受到必然性的约束，因此他们谈的自由并不是绝对自由。那么如何解决这样的困境，她考察了斯多葛—伊壁鸠鲁学派和基督教的做法，认为两者在这个问题上实现了综合，即两者的解决办法都是将自由意志与必然性结合起来，人们为了自由而不得不选择这些必然性。从某种意义上来说，对自由和必然性的这种解决方式对赫勒的影响非常深刻，这不仅仅影响赫勒对自由的理解，而且影响到了她对现代性的看法，对人类历史的看法，尤其是在赫勒经历过大屠杀之后，这种影响更加显明，这从她后来的态度发生的转换——着眼于日常生活革命、放弃救赎主义、寻求激进民主（尽管最终放弃这一词汇，用对称性互惠来代替，但并不改变她致力的方向）、更加立足和接受现在、不再对人类社会未来无限进步充满盲目的乐观等——可以看出来。

无论怎样，赫勒在这里对文艺复兴时期人类学自由的阐述为其政治哲学奠定了坚实的理论基础，在之后的各种政治哲学思想的阐述中，她都将自由这一价值放在基础和核心的地位，而她对两种自由的阐述则为其后来对政治概念、民主政治以及大共和制等理论的阐述做了铺垫。当然，自由、生命等也是她个人一生中所坚守的价值。

2. 自由的应然要求

赫勒清晰地知道，尽管自由等是最初的人类学的事实，但并不意味着在现实生活中人们**实际上**就是自由的、平等的，即理念上作为自由意志、各种可能性的自由并不等于现实中人们实际的自由和平等。正是基于此，赫勒以卢梭的"人生而自由，但又无往不在枷锁中"这一悖论性的名句出发，将"**人应该自由**"作为其政治哲学追寻的目标之一。那么人如何实现这一**应然**的目标？在回答这个问题之前，还有一个问题需要明确：一旦所有的人生而自由成为自明的真理，那么所有都应该得到自由的人们应该得到什么？对于这个问题，赫勒也进行了回答："首先，法律的最大限度的保护，如果存在法律的话；其次，公共政治决策的使用，如果它是共同的实践的话。因此，如果人人生而自由，那么人人在法律面前必须平等并且依法受到最大限度的保护。此外，人人必须平等享有政治和公共决策制度的权利。"① 在明晰了人们应得之物或者所追求的东西之后，如何实现这一目标则成了应该回答的问题。这就涉及下面要讨论的内容。

3. 积极自由与消极自由的共同运用

众所周知，在西方现代政治思想史上对自由概念的阐释纷繁复杂，但其基本含义是指个人的自愿行动或选择不受他人的阻碍和限制。而对自由概念的理解，人们印象最深刻的莫过于以赛亚·伯林的理解了。他考察了思想史上众多自由中的核心性的两种自由，即所谓的"消极的自由"和"积极的自由"，并且对此加以详细的区分。在考察了杰斐逊、柏克、潘恩、穆勒等人对自由的理解之后，伯林表明，所谓消极的自由意味着不被别人干涉，是"'免于……'的自由，就是在虽变动不居但永远清晰可辨的那个疆界内不受干涉。"② 由此可见，伯林对消极自由的明确解读为私人的领域留下了一定的空间，尽管有些时候这个空间很小，但是仍然存在着，一旦受到威胁，那么个人就要寻找解决的途径。所谓积极的自由意味着"成为某人自己的主人的自由"③。在伯林看来，消极的自由是基础的自由，而积极的自由尽管初衷是好的，人们希望摆脱被奴役的状态，成为自己的主人，但是这中间也蕴含着强制的危险，因为积极的自我中蕴含的理性自我一旦僭越个体的界限，形成整体，那么反过来就会对个体造成压制。从两者的区别中我们可以看到，前者主要的目的在于不受限制，而后者的主要目的则在于主动行动，自己能够成为主人，即"自主"是积极自由的核心内容。

如果按照伯林的从积极和消极意义上来理解赫勒的自由的话，无疑她在其政治哲学中既注重其消极自由的重要性，又没有完全弃绝积极自由，这从她所构想的大共和制模式可以看到这一点。在这一模式中，积极自由与消极自由紧密相连，作为拥有公民身份的个人运用其公民德性来践行积极自由，纠正非正义并追求良善生活时，践行这种自由的人们与作为政治动物的人密切联系在一起，同时这种践行在一定程度上维护了消极自由，防止了非正义制度对个人的侵犯、压制和奴役。可见在积极自由与消极自由融合的地方，古老的共和政治自由观念和现代自由观

---

① Agnes Heller, *Can Modernity Survive?*, Polity Press in association with Basil Blackwell, 1990, p. 154.
② 伯林：《自由论》，胡传胜译，北京：译林出版社2003年版，第190页。
③ 伯林：《自由论》，胡传胜译，北京：译林出版社2003年版，第200页。

念也联系起来。赫勒同时也指出，公民主动参与政治事务的这种积极自由是由民主所调动起来的，而消极自由则不是由民主制度保证的，而是由自由主义制度来保证的。

4. 与自律相连的自由

赫勒在道德哲学领域中对自由的这种理解显然是受到了康德的自律观念的影响，即将自律视为自由的本体论术语，它和自由紧密地联系在一起，是自由展开的"场域"。而这也是赫勒在其"道德理论三部曲"的第一部《一般伦理学》（1988年）中所重点阐述的内容。在这里，赫勒区分了自律与道德自律，更多地将真正的自由与道德自律联系起来，同时也将自由与好人连接起来。所谓自律涉及所有可能的行动，主要体现的是个人自我管理及其独立性特征。自律是和选择分不开的，但并不是所有的选择都关涉自律的选择。自律的选择指的是，当个体在两个选项之间选择，并为这种选择的内涵和外貌打上自己个性的印记时，他就是在行使自律。换句话说，就本体论的意义来说，选择无疑是第一位的：没有选择也就不会有自律的选择，但是没有自律选择，却可以有选择，因为很多选择并不充分体现个性的特征。

正是在种种可选择性的想法和行动中，自律和自由紧密地联系在一起，即一个充分自主的人完全可以根据自己的性格选择和决定自己的行为方式，而不会被任何外在的条件所限制，他是完全自我确定的人，同时，他也是充分自由的人。大致来说，充分自主的人或者完全自我确定的人能够向着道德和其他方向发展，前者孕育着现代社会个性道德的状况，从而也作为确定性的"好人"存在，这也是赫勒所提倡的真正的自由，而后者虽然也将自己的偶然性特征转化成确定性，并且是作为自律的人而存在，但是这一选择由于没有和"善"相连，因而在成为自己的过程中前途未卜，或许会走向邪恶的境地，从而与真正的自由相悖而行。所以，赫勒区分了自律和道德自律，并极力阐明真正的自由与道德自律是同一的。所谓的**道德自律**就是以自己的方式下定决心选择自己作为"好人"，其主要内涵就是赫勒所说的道德（morality）。正如她所说，"道德自律是一个人选择与其已经接受为有效的准则一致的行动过程的自由。这里，'选择'意味着**保证**。"①

---

① Agnes Heller, *General Ethics*, Basil Blackwell Ltd, 1988, p.63.

进而，赫勒又进一步区分了自律和他律所演化出来的几种类型：绝对自律、相对自律、绝对他律、相对他律、绝对道德自律、相对道德自律、绝对道德他律和相对道德他律。为了能说清几者之间的关系，这里将用赫勒很长的一段原话来表述："**绝对自律**意味着作为人的人是**完全自由**的。**相对自律**意味着作为人的人在某一程度上是自由的，但是并不完全如此。**绝对他律**意味着作为人的人完全被外在于他自己/她自己的因素所决定。**相对他律**意味着作为人的人屈从外在于他自己/她自己的某一限制或权威。**相对他律以相对自律为前提，反之亦然。然而，绝对自律既排除绝对他律也排除相对自律。绝对自律意味着人是完全自由的道德主体**。这意味着这个人的每一个道德上相关的行为都源于其性格；意味着这些行为完全取决于其自由；意味着这个人无论做什么，都是善事和正确的事；意味着他的或者她的纯粹的良心或者纯粹的实践理性是唯一的引导。一个绝对自律的道德的个人不会根据任何其他的准则和法则行事，除非是根据被他/她自己的良心规定的内在善的尺度所首先证明的行为。任何约束都不能诱使这个人去违反他/她的良心已经得出的好的且有效的准则和法则。**绝对道德他律**意味着作为个人**资格**的人在每一个道德相关的行为中是一个完全的傀儡。这个傀儡中，存在这两类束缚：环境的具体准则和法则的束缚，这被这个人认为理所应当的，以及'个人的利益'、欲望和激情的束缚。**相对道德他律**意味着作为人的人可以受到某种性质的情境约束，这样一来，道德相关的行为必须进行，如果这些约束不存在，这个人就不愿意进行。**相对道德自律以相对道德他律为前提，反之亦然。**然而，绝对道德自律既排除绝对道德他律，也排除相对道德他律。……**相对道德自律与相对他律互为前提。**"①

总的来说，在这一领域中阐述的与自律、特别是道德自律相连的自由主要是为道德哲学领域中"好人何以存在"这一问题寻求支撑，人们在下定决心选择自己作为"好人"的过程中成为了自由的好人。

(二) 自由的悖论及其克服

现代性发展至今天，无论怎样强调现代人的自由选择都不过分。现代人出生时并没有被赋予固定的一切，在其今后的成长历程中，它们能够自由地选择，成为自己所希望的人，选择自己喜欢的生活方式……这

---

① Agnes Heller, *General Ethics*, Basil Blackwell Ltd, 1988, pp. 60–61.

都体现了现代人拥有极大的主动性和无限的可能性。然而,吊诡的是作为人生存始基的现代自由本身恰恰是漂浮的,是不稳固的也是虚空的。正如赫勒明确指出的那样,现代社会中人们出生在诸多可能性的现代条件中,其中没有可以依赖和可以被限制的社会图示,即现代人正经历着"被抛入自由"中的社会条件。然而,这种自由是空的,或者以存在主义的话语说,它是虚无。显然在这里,赫勒为我们揭示了现代人的悖论,同时更揭示了作为实践活动的自由在现代社会中面临的悖论。对此,她在《现代性理论》中给予了充分的说明。她认为,一方面,自由是现代人的基础,这意味着每一次论证都要诉诸自由,而自由则保证了论证的真与善。自由就像所有的传统一样被认为是理所当然的,并且不断被重复,它是所有论证都不再向前的"始因",是确立秩序和保证确定性的限度。因此,自由就像房屋的坚实基础:所有建立在它之上的东西都代代耸立——只有地震能动摇它。然而,另一方面,自由作为终极原理,作为现代性的"始因",却不能执行"始因"理应执行、而且在先前的历史中也一直在执行的任务。正因为如此,"根基牢固"的建筑以一种非辩证的方式被摧毁了。自由作为基础也就意味着一切都没有基础。因而,为了摆脱和克服这种虚无境地,为了找寻到真正的自己,现代人必须做出选择,不断地来填充它使自身的生存充满了意义。

那么现代自由何以处于这样的悖论境地中?赫勒所寻到的根源就在于如前所述现代人的生存境遇,现代人是被偶然"抛入"这个世界中,一出生就拥有双重偶然性:出生的偶然性和成长的偶然性。当然这种偶然性的生存是与意识相伴而行的,也就是说,现代人的确是被抛入这个世界中成为双重偶然性的存在,然而这种生存离不开对其的意识。对于两者之间的关系以及意识到的这种生存境况,赫勒也给予了说明:

> 一个人的偶然性意识源于已"被抛入"一个世界中的意识,在这个世界上,没有任何贯穿生命始终的路为新生儿预设。偶然性包含着更多的含义,而不仅仅指出生的偶然性。就迄今为止并没有遗传代码预先决定一个孩子出生在一个特别的时间、一个特别的世界而言,每个人的出生都是偶然的。出生的偶然性因此是本体论的事实,一种经验上的人的普遍性。偶然性是一个偶然又是它的"扬弃"(sublation)。这种偶然是双重的,不仅出生在如此这样一个世

界中我的存在是偶然的,而且我的整个存在仅仅成为一种完全的可能性(一丛几乎无限的可能性),并因此是不确定的。然而,恰恰正是作为后一方面的结果,现代男男女女们成为偶然的,并且不断地意识到他们的偶然性(这两方面同时发生)。结果,他们发现了出生的偶然在这一经验上的普遍性。偶然性以如下方式扬弃了出生的偶然。我们生而偶然,因为我们可能出生在任何社会里、在任何特定规范的管辖区域内、在任何历史时期中。然则,只有在现代社会中,偶然性才成为我们的运气。①

当我们明白现代人的生存境况以及现代自由的悖论特征时,如何能够克服它就成了亟待解决的问题。对于这一问题,赫勒在不同的领域中是从不同的角度来寻求突破的。在政治哲学领域中,她通过对好公民、公民美德、直接民主与代议制结合、大共和制等一系列问题的阐述来为现代双重偶然性存在的人寻求确定性的生存,同时也为积极自由和消极自由赋予意义,而在道德哲学领域,她则通过"生存的选择",尤其是"依据普遍性范畴的生存选择"来使得双重偶然性存在的人获得确定性的存在,在成为确定性存在的好人中,真正的自由或者说漂浮的自由充满了内容,它不再是一个漂浮和虚空的概念。基于本书主要是对赫勒的政治哲学进行概述,在其他地方会详细阐述她的政治哲学领域中的自由价值的运用,因此,在这里主要对赫勒的道德哲学领域中的"生存的选择"这一路径进行概要性的说明。

"生存的选择"并不仅仅指的是我们通常所说的在众多选项中的选择,当赫勒说到这个问题时,她更多指的是克尔凯郭尔理论意义上的"生存的选择"。这种选择不同于根据质料和形式的制作自己(making oneself),也不同于理性的选择,因为这种选择一经进行,不可取消、不可逆转,否则人们就会重新堕入偶然性生存的虚无中。这一选择与其他选择的区别如下:

首先,选择自己并不等同于制作自己。正如她指出:"实际上,'选择自己(choosing oneself)'不是'制作自己(making oneself)',而是'认识自己(knowing oneself)'的现代等同物。'制作自己'这一隐喻包

---

① Agnes Heller, *A Philosophy of Morals*, Basil Blackwell Ltd, 1990, p. 124.

含着它与自我创造（self-creation）有联系。人们将自我视为不固定的，视为原料。同时，他们又将同一个自我（或者它的一个特定方面）视为依据行动者本人设定的目标而将原料塑造成预设形状的创造者、工人、艺术家。一旦这一隐喻中的创造性的—艺术的维度消失，人们就很容易获得一个纯粹的目标导向的一般性的行动者这一实证主义者的形象，这种人拥有生活的策略并且理性地选择其自己迈出的每一步，以使之与预先考虑的'目标'相符。"① 而"对你自己的选择是对命运的选择（Choice of yourself is the choice of destiny）；更精确地说，选择你自己等同于把你自己视为一种特定命运的一个人。你并不'拥有'一个认识先于选择的自我。存在与存在的意识是不可分的。对自我的选择是**一种生存的选择**，因为它是对存在的选择。依据释义，生存的选择是不可逆转，不能取消。"② 正是因为生存的选择是不能取消的，所以它能够产生人们生活的目的，即它"恢复了"或者重新塑造了现代人生活中一出生就缺席的目的。

其次，生存的选择与理性的选择也存在着本质的不同。现代社会中，由于工具理性中的计算原则占据了主导地位，并渗透到了政治领域中，致使我们在政治选择中会经常自觉不自觉地运用计算方法计算得失。实际上，这其中蕴含着计算原则。这就留给我们一个问题：在政治实践中，是否有理性计算法则的位置？对此，赫勒通过对理性的选择和生存的自我选择之间差异的阐述给出了答案。赫勒认为："一定不要把依照理性选择理论所设计的生活策略和目标与这种自我选择的生活的内在目的相混淆。生存的选择是我们对我们自己的选择，并不是对具体目标的选择，甚至不是对**特定**生活目标的选择。为了实现一种生存选择的目标，没有任何工具能够被应用。内在于生存选择的目的是'目的本身（end-in-itself）'。"③ 这里，赫勒实质上确立了人们的行动以及政治行动应该致力于道德选择的一种态度，这体现了自由自律存在的人的一种性格特征、一种人生态度。

毋庸置疑，生活在现代社会中的人们无论在行动中，还是在性格上已经习惯于不断地进行"理性选择"的模式，即在不同的场合和情境下

---

① Agnes Heller, *A Philosophy of Morals*, Basil Blackwell Ltd, 1990, p. 9.
② Agnes Heller, *A Philosophy of Morals*, Basil Blackwell Ltd, 1990, p. 10.
③ Agnes Heller, *A Philosophy of Morals*, Basil Blackwell Ltd, 1990, p. 10.

习惯于从不同的选项中做出有利于自己的选择。这种现象的出现主要是因为尽管行动的目标和价值体系是固定的,但是在实现这一目标的过程中,人们所使用的方法和贯穿其中的价值体系不是唯一的,而是在不同的路径中有选择的空间。因此,在这种情况下,经常会出现个人为了自己的利益而不择手段的情况。不仅如此,"理性选择"模式很多时候容易将每个人单独的个性特征剔除出去,因为在同一行动的过程中,很多人都不会根据自己的性格特征来行动,都趋向选择更容易的方式来实现目标,而不选择那些能体现个人性格的方式来完成同样的事情。所以,理性的选择与确定性的选择是截然不同的两种行为模式,后者是人们对确定性的选择,从而使得人们能够成为一个真正自由的人。因为人们"无论生存地选择什么,(作为一种选择)都是不可取消的。一旦你取消了它,那么就会失去自己、你自己的个性、你自己的命运,从而再次堕落到偶然性中。只有在生存的选择中,在选择他们自己中,现代的男男女女们才能够将其偶然性转化成命运。"① 当现代人完成生存的选择这一跳跃、将偶然性转化成命运时,他们就拥有了自由这一普遍价值。无疑,赫勒发展的"生存的选择"理论也体现了作为现代人的她面临着自由的悖论,并没有处于无所适从的消极状态,而是以反思的后现代视角欣然接受这种悖论,并寻求其突破的途径,这也是现代人面对悖论的一种姿态。除此之外,她之所以如此关注"生存的选择",既是因为这一选择能够为人们提供确定性的存在方式,使人们能够寻求到生活和生命的意义,也是因为这样的选择能够与自由紧密相连。

更重要的是,赫勒在克尔凯郭尔的"生存的选择"基础上区分了依据差异性范畴(under the category of the difference)进行的生存的选择和依据普遍性范畴(under the category of the universal)进行的生存的选择。在她看来,真正的自由是与"生存的选择",特别是与依据普遍性范畴进行的生存选择互相包含的。依据差异性范畴,生存的选择尽管也贯穿着自由、自律,但是做出这种选择的人往往会使自己暴露在外力之下,常常受到外在力量的抑制。所以,在某种程度上说,尽管这一选择看起来是自由的,但是实质上却因这一选择而采取的行动随时被限制和束缚而不完全自由。赫勒对自由的这种理解,实际上是将自由与拥有道德个

---

① Agnes Heller, *A Philosophy of Morals*, Basil Blackwell Ltd, 1990, p. 11.

性的好人联系起来，或者换句话说，真正的自由基于道德，真正的自由中包含着道德要素。

除此之外，对于这一点的理解也可以从赫勒对两种选择之间的关系以及优先权的说明中看到。她认为，一个人可以同时拥有这两种生存的选择，但无论如何，这个人在行动和判断中必须给予道德考虑优先权，即作为好人，必须给予依据普遍性范畴进行生存的选择以优先权，尽管两种生存的选择都不可撤销，但依据普遍性范畴进行的生存的选择是**绝对的选择**，处于至高无上的地位，而依据差异性范畴进行的生存的选择则是**基本的选择**。如果一个人优先选择了前者，那么他就能够成为一个自律的、有责任的真正个体，就能够自如地游走在生活的各个领域中，而不必冒险做某事。正如赫勒所说："如果已经做了生存的选择（将我们自己作为道德的人），那么就会释放出一种动力，在这种动力中，个人将从道德（实践理性）的角度检验和检查领域内的规范和规则，并且能够在日常生活领域和特定的对象化的领域之间'转换'，而不会冒着破坏前者或后者的危险。"① 但是，如果一个人将两者之间的地位交换，给予后者以优先权，那么这个人就需要小心翼翼地行事，需要好的平衡感、好的反思、巨大的运气和朋友的帮助等，稍微不慎，这个人就有可能失去诚实、完整的个性、自律等好人所具有的特征。总之，"如果一个人依据普遍性的范畴选择自己，那么这个人就在伦理上选择了自己。如果一个人选择成为他所是的并且如他所是的，那么这个人就在伦理上选择了自己。在选择所有自己的决定因素中，这个人使自己自由地成为一个好人，一个自我命定为好的人。在选择成为一个好（正直）人中，一个人选择在善良和邪恶之间进行选择。"②

进而，赫勒又描述了这一真正自由的选择："我们是特定的父母的孩子，我们有一个特别的童年，我们患有特定的神经官能症，我们生在一个特别的环境中，无论富有还是贫穷，无论受教育还是未受教育——这些是已经存在的事实。在选择我们自己的过程中，我们选择所有的这些决定因素、环境、天赋、财富、弱点：我们选择我们的厄运和我们的好运——简而言之，选择存在于我们中的一切。因此，我们也选择作为**我们所是的好人的我们自己**，并且选择作为**我们所是的**我们自己。我们选

---

① Agnes Heller, *General Ethics*, Basil Blackwell Ltd, 1988, p. 161.
② Agnes Heller, *A Philosophy of Morals*, Basil Blackwell Ltd, 1990, p. 17.

择所有的我们的决定因素，并且因此使我们成为自由的。"① 显然，赫勒对依据普遍性范畴进行的生存选择这一问题的阐述实质上转换了人们理解自由问题的视角：从客体的视角转换为主体的视角，将人的被动接受转变为主动选择，即真正有个性的"好人"不再被动接受，而是主动选择已经存在的事实。

如此一来，视角的转换更强调了人本身的主动性特征，从而凸显了人的自由。同时，对道德的选择真正体现了个体的自由。因为在现实生活中，人们一旦依据普遍性范畴进行了生存的选择或者一旦生存地进行道德的选择之后，就不会将自己置于普遍道德律令的压力之下，就能够将自己的偶然性转化为确定性，而不至于处在飘忽不定的生存状态中。正如赫勒所说："践行自己的命运可以是惬意的、美好的和令人愉快的——即使这需要蒙受不公和痛苦。因为一旦生存地选择自己作为好人，那么就没有任何东西比失去我们的命运并因此失去我们自己更能够威胁到我们了。"② 但是，赫勒又进一步提出了一个问题：我们怎么知道一个人已经生存地选择他自己或者她自己作为一个好人（正当的人）？也就是说，人怎么知道自己已经成为一个拥有自由的人？她对此问题的回答是："我们从他或者她是好的这一**事实**中可以知道。人们以正当的方式行事、优先进行道德考虑而不是其他的考虑、宁愿蒙受不公正对待也不行不义之事、做正确的事情而不考虑社会制裁，这些事实是对于善的生存的选择的显现，而且并不存在着其他显现的方式。"③

当然，赫勒所延续的"生存的选择"理论与"完全的决定论"不同。前者是建立在现代人双重偶然性生存的特征以及自由的选择、自我决定基础上，在面临各种选择或者道德选择时，并没有外在的道德规则或者类似于上帝一样的强大的力量事先决定个人如何选择。人们的每个决定、每个行动都来自内部的自我决定，而并不受到来自外部的他者的指使和操控。赫勒在《个性伦理学》中借助 Vera 之口指出："生存的选择是一生的承诺。……已经做出生存的选择的人有一种自我实现的'感觉'，他'感到''在其体内'有一些东西等待着实现，或者他已经完全

---

① Agnes Heller, *A Philosophy of Morals*, Basil Blackwell Ltd, 1990, p. 14.
② Agnes Heller, *A Philosophy of Morals*, Basil Blackwell Ltd, 1990, p. 19.
③ Agnes Heller, *A Philosophy of Morals*, Basil Blackwell Ltd, 1990, p. 218.

实现了自己的命运，可以死亡或者休息。"① 这也说明了生存选择的力量来自于已经做选择的个人内部，来自于个人内部所做的最终决定。一个人要下决心终其一生去做好人或者从事具体职业的人，这就实现了生存的选择。当然，在实现这一目标的过程中，你可以改变达到这一目标的方式，但绝不会改变其方向，否则，一个人即便是活着，但却从未真正生活过。而"完全的决定论"中的个人，无论是主动还是被动地屈从于外在权威之下，都没有任何的自由而言，这样的人就是从来没有真正存在过的人。所以，"生存的选择"理论与"完全的决定论"之间的区分就在于：前者无论就选择还是行动都强调内部的主动性，无论是选择作为好人，还是作为从事其他职业的人，都是自我对于诸多决定因素的选择。这表明了现代社会中个体的主动性和创造性特征，而后者并没有为个人的主动性留下任何余地；前者能够将外在的束缚转化成了内在的自由，因为他们**主动**选择了这些束缚，而后者则完全处于外在束缚的奴役下。

同时，"生存的选择"与"唯意志论"也不同。众所周知，唯意志论的代表人物是主张"生存意志"的叔本华和主张"权力意志"的尼采，他们两人共同的特征都是将意志放在了至高无上的本体论的位置，而且世界都是由它而存在。但是，赫勒的"生存选择"，尽管强调了意志的重要性，却没有一种形而上的"意志"放在那里，仅仅存在着人们意愿某种东西或某件事情，在意愿的过程中，消解了高高在上固定存在的"意志"本身，在这一过程中，体现了人们的自由。正如赫勒所说："这种思考的方式并不暗含唯意志论，生存的选择亦如此。转身面对我们的偶然性并不是唯意志论；而是相反，它使决定因素转变并将其转换成我们**实践的**自由。"② 所以，如果非要说两种理论有什么联系的话，那便是意志在生存的选择中仅仅是作为一个可以依托的背景而存在。

在上面的讨论中，主要对赫勒理论中自由的各种所指进行了概要性的梳理，自由在赫勒不同的理论领域中侧重点并不完全相同，我们也阐述了赫勒所强调的现代自由本身的悖论，进而也试图讨论了在政治哲学领域中以及道德哲学中她克服悖论的途径。无论怎样，当我们回到她的政治哲学中来，可以很明显地看到她将自由等价值作为普遍的价值来看

---

① Agnes Heller, *An Ethics of Personality*, Blackwell Publishers Ltd, 1996, pp. 150–151.
② Agnes Heller, *A Philosophy of Morals*, Basil Blackwell Ltd, 1990, p. 126.

待,并且将这一普遍价值贯穿在她重新理解的现代政治概念中以及她的民主政治中。

二、重释现代政治概念

对政治(the politial)概念的关注以及重新阐释构成了赫勒政治哲学中很重要的一个问题。在她看来,在这个没有统一行动的政治阶级时代中,政治哲学需要明确政治的概念。但她所理解的政治概念不同于施密特、卢卡奇、海德格尔、阿伦特理解的政治概念。施密特将政治理解为敌友关系的二元划分;卢卡奇和海德格尔则把政治看做是集体性的,是作为实体的集体选择自己并因此选择自己的命运的行动。在卢卡奇那里这个实体就是在无产阶级阶级意识生成后的无产阶级,在海德格尔那里则是德国民族;阿伦特的政治概念是作为**活动**的行动,因此政治的最重要的时刻就是革命,尽管阿伦特维护民主政体的遗产,倡导直接民主,但是她坚决抵制暴民的行动。赫勒对政治概念的界定集中表现在她在1990年出版的《现代性能够幸存吗?》,同样她在访谈中也对政治概念进行了重新阐释,在前文对现代性的第三种逻辑的讨论中,我们已经谈到这个问题。在《现代性能够幸存吗?》这部著作的第六章"重新思考政治概念"(The Concept of the Political Revisited)中她把现代政治概念界定为:"**在公共领域中自由这一普遍价值的具体化**"[1]。这一短短的概念中包含着丰富的内容:第一,它首先界定了现代政治的范围,它不排除任何事情或任何人,现代社会中的任何人、任何事情都可以进入这一领域;第二,它是在公共领域中进行的;第三,它与自由这一普遍价值紧密相连,这也就意味着它与个人的自主选择密切相连。

实际上,赫勒对政治概念的重新界定源于对两种政治概念的不满:一种是对传统马克思主义理论中政治概念的反思。在传统的马克思主义理论中,政治权力的逻辑以及政治的概念经常会从经济的立场来思考,会被描述为"经济基础"之上的纯粹上层建筑的范围,集中体现就是经济基础决定上层建筑,经济决定国家和政治,反过来国家和政治的唯一功能就是在必要的范围内保证法律和秩序。因此,所有关于政治的概念都会把政治当作经济/社会的婢女。另一种对施密特定义的"敌友政治"

---

[1] Agnes Heller, *Can Modernity Survive?*, Polity Press, 1990, p. 123.

的批判。众所周知，施密特将政治简化为二元性的"朋友和敌人"，正如他所说："所有政治活动和政治动机所能归结成的具体政治性划分便是朋友与敌人。"① 施密特之所以这样界定政治，就在于他在回应现代自由主义和多元主义的发展对国家基础的挑战。当今随着自由主义和多元主义的发展，存在着将政治非政治化的情况，从而使得国家和国家主权容易失去了存在的基础。需要注意的是，施密特在政治概念中所说的敌人并不是指的私敌，而是公敌。那么谁是敌人，谁是朋友则由特定的国家来决断，而不是别的国家或者别的团体来决定。

正是基于以上的原因，尤其是针对第二方面施密特的政治概念，赫勒提出了异议。她提出的异议正如她所说的那样："我对施密特政治概念的反对主要不是因为它是片面的，这是所有有创造性的哲学思想的共同特征，而是因为它要求通过排他性而获得哲学的动力。因而它不仅仅是激进的，它是政治概念的一个彻底专横的公式。"② 也就是说，在赫勒看来，施密特将政治仅仅归结为朋友和敌人的二分，这太专断也太狭隘，不可否认，敌友关系是国家和政治团体之间关系中一种很重要也很常见的关系，然而现代社会中国家和政治团体之间的关系又不仅仅限于这种关系，更何况很多政治团体和机构之间的交往与敌友区分并没有多大的关系。

这种从批判施密特开始重新理解现代政治的概念并不只有赫勒一个人，同时代还有德里达、墨菲等哲学家都对此都提出了异议，也都对政治概念进行了转换。德里达最终回归了亚里士多德的传统，把政治理解成友爱政治学，而墨菲的立场跟赫勒很相近。在这里花些时间对墨菲的观点做些说明是必要的，在某种意义上，墨菲的很多分析能够充分论证赫勒的观点。墨菲首先肯定了施密特从"敌友"角度界定政治的意义，同时又表示在多元化发展的今天政治会以多种形式表现出来，而不仅仅是敌友关系，正如她在 1993 年的《政治的回归》中说到：施密特"使我们注意到了敌我关系在政治学中的中心地位，由此我们才意识到和人与人的敌对因素的存在相关联的政治这一维。它可能采用许多种形式并

---

① 卡尔·施密特：《政治的概念》，刘宗坤、朱雁冰等译，上海人民出版社 2015 年版，第 30 页。

② Agnes Heller, *Can Modernity Survive?*, Polity Press, 1990, p. 116.

且会以截然不同的社会关系类型表现自己。"① 在这里，墨菲既对施密特进行了肯定，同时也对他的政治概念的范围进行了扩展。也就是说她并不是要取消政治的概念，也不是要取消"敌人"，而是用一个更具包容的词汇"对手"（adversary）来置换它，如她所说的那样："一旦我们承认政治是必要的，并且不可能存在一个没有对抗的世界，那么需要正视的就是在这些条件下如何可能创立或维持一种多元民主秩序。这种秩序奠基于对'敌人'和'对手'（adversary）的区分之上。在政治共同体的语境中，它要求不能把反对者视为有待消灭的敌人，而应作为一个对手，其存在不仅是合法的而且必须被容忍。我们将攻击他的观念，但我们却不能质疑其自我辩护的权利。'敌人'这个范畴并没有消失，而是被置换了；它还是可以贴切地用在那些不接受民主的'游戏规则'并因此将自己逐出政治共同体的那些人身上。"② 墨菲的这样一种置换表明了现代社会中对抗关系的广泛存在，这样的对抗也构成了抗争的前提，而对抗和抗争未必是以你死我活的形式，更多的是在相互尊重的基础上共同存在。

更重要的是墨菲还区分了同样可以被翻译成中文"政治"的 the political 和 politics③。她在1994年发表的论文《后马克思主义：民主与认同》中首次明确区分了两者："我所说的'the political'涉及内在于所有人类社会的对抗维度，就像我已言明的，对抗可能采取不同的形式并生成于种种不同的社会关系中。而'politics'则指的是种种实践、话语和制度的整体——它旨在建立某种秩序从而把一直处于潜在冲突状态中的人类（因为人类总是受到'the political'的对抗维度的影响）的共存组织起来。这种理论视野试图把'polemos'（辩论）和'polis'（城邦）这两种意义结合起来，事实上，政治的观念也正是从这个地方诞生的。我认为，如果我们想要保护、巩固民主的话，这种理论视野就是至关重要的。"④ 随后墨

---

① 墨菲：《政治的回归》，王恒、臧佩洪译，南京：江苏人民出版社2008年版，第3页。
② 墨菲：《政治的回归》，王恒、臧佩洪译，南京：江苏人民出版社2008年版，第5页。
③ 对于这两个词的翻译，国内学者在翻译或者引用的时候使用的中文词汇是不同的，例如周凡教授在翻译墨菲的著作《论政治本性》时将 the political 翻译成"政治性"，把 politics 翻译成"政治"。因为在赫勒那里她在界定政治的概念时一直用的英文 the political，因此在本文中仍然使用"政治"的译法。
④ 尚塔尔·莫菲：《后马克思主义：民主与认同》，山小琪译，载《马克思主义与现实》，2008年第6期。

菲又在 2005 年出版的《论政治本性》中重申两者之间的区别，在这部著作中，她借用海德格尔的词汇来解释两者，politics 指涉到具体的（ontic）层面，它与多种多样惯常的政治实践相关，是一套实际的惯例与制度，而 the political 则与本体的（ontological）相关，它关涉社会被构建的方式，具有对抗的维度，这一维度是人类的构成性要素。通过前者，一种在后者所产生的冲突的背景中组织人类共存的秩序被创造出来，也就是说，通过一套实际的惯例与制度（politics），使得潜在的对抗（antagonism，它是 the political 中表现出来的一种比较激烈的形式）能够被驯服和被消耗，以抗争（agonism）的形式表现出来。在这里，墨菲将政治（the political）与本体论联系起来意味着人们之间的抗争将永远在场，它在各种不同的社会关系中可以采取不同的形式而在。因此，想要完全根绝抗争本身的做法最终被证明是不可能的。

尽管赫勒并没有如墨菲那样如此明确地区分 the political 和 politics，然而当她对政治进行界定时她使用的是 the political 这一词汇，而且如前所述，她将这一政治概念界定为"在公共领域中自由这一普遍价值的具体化"，这实际上蕴含着后来墨菲所理解的 the political 以及它内在包含着的对抗和抗争的维度，尽管她并没有明确表明这一点，然而她所谈到的现代社会中所存在的动态正义的问题以及政治的多种形式等，其实表明的都是政治的永不消失、永远都在场的观点，只是抗争的形式以及政治的边界一直处在不断的变动中。赫勒对政治的这种界定与现代社会中生存的双重偶然性的个人以及他们的日常生活紧密相连，使得现代革命在日常生活中发生着。实质上无论是赫勒还是同时代的墨菲等左派理论家对政治的这种界定一方面表明，她们在革命观上都告别了中心化的宏观革命，走向了多维度的微观革命。她们也都期望在不断变化的"我们/他们"的关系中进行抗争，以改变我们的整个生活以及生活方式；另一方面她们两人都试图回归古希腊的人和城邦的概念中，即人"是政治的存在物"，城邦是"公民的总和"，在城邦这一公共领域中公民可以自由地辩论。而在现代社会中，the political 并不是一件具体的政治的事情，它意味着动态的抗争和对抗的维度，因此它也构成了现代性本身的主要动力机制，任何人都可以进入公共领域以自由为基础对现行的一切进行质疑、批判和抵制，从而推动现代性运动。

概而言之，赫勒的政治概念的这一重新定义（自由的具体化，每个人都可以参与政治讨论和行动）为下面要讨论的民主政治提供了基础。同时，她所表述的现代政治概念也是她所建构的大共和制以及之前曾经论述过的真正的社会主义的应有之义。

三、民主的内涵以及民主政治的运转

在具体涉及赫勒的民主政治之前，有必要对民主和她在其学术旅程中对民主的看法以及它的内涵的改变进行说明。总的说来，她对民主的看法从最初的**激进民主**历经**形式民主**，最终固定为**对称性互惠**，这种变化当然与她所处环境的改变有很密切的联系，随着生活环境的变化她逐渐意识到之前的说法中隐含的危险，因此，最终她将民主的核心内涵界定为对称性互惠。当然，从她的民主含义的变化中我们很容易看到她对民主的态度从激进逐渐变得更加谨慎，也很容易看到其中贯穿着自由这一普遍价值。

（一）民主概念的转变：从激进民主到形式民主到对称性互惠

如前所述，民主本身会引起很多争论，诸如围绕着直接民主与间接民主、实质民主和形式民主等问题引发的争论。民主本身又是一个包罗万象的词语，在不同民族有不同的含义，正如勒庞所说的那样，民主这一词汇在拉丁民族和盎格鲁—撒克逊民族中代表着十分对立的含义。在拉丁民族那里民主更多地指个人意志和自主权要服从国家所代表的社会的意志和自主权。国家在日甚一日地支配着一切，集权、垄断并制造着一切。而在盎格鲁—撒克逊地区，尤其是在美国，民主一词是指个人意志的有力发展，国家要尽可能服从这一发展，除了政策、军队和外交关系外，它不能支配任何事情，甚至公共教育也不例外。[①]

对于这一词汇，我们都知道它起源于古希腊，希腊语的民主（demokratia）的词根分别是"demos"和"kratia"，前者的意思是"人民"，后者的意思是"统治"。所以，民主的原意就是人民的统治。这一原初含义在后来西方的发展进程中却被统治者盗用，他们为了给自己的统治提供合法性的基础，随意界定民主。正是面对这样的现状，美国学者道格拉斯·拉米斯在其《激进民主》中首先对民主正本清源，在考察各种

[①] 古斯塔夫·勒庞：《乌合之众：大众心理研究》，冯克利译，北京：中央编译出版社2004年版，第89页。

民主含义基础上力图恢复其"人民的统治"或者"人民的权力"的含义。他先后考察了"民主是关心人民福利""民主是拥有一位人民支持的统治者""民主是自由市场""民主无论如何不是共产主义""民主是共产主义""民主是美国宪政民主体系的代名词""民主是自由选举""民主是一种使富人和穷人很好相处的办法""民主是允许人民有自己的声音"等对民主的理解,并且对其中所蕴含的问题予以指出,就是要恢复民主本真的含义"民主是人民的统治或者权力"。在明晰了民主的含义后,拉米斯诉求的是激进民主。激进民主这一词汇是新左派政治理论的核心范畴,那么它意味着什么呢?拉米斯也给出了回答,"激进民主意味着本质、要素形式的民主,根本民主,确切地说就是民主本身"①,即通过一系列的制度程序等保障人民享有权力,这是所有政治的中心内容。

　　拉米斯对民主原本意义的推崇与熊彼特的理解并不相同,熊彼特早在《资本主义、社会主义和民主》一书中将民主理解为一种方法,正如他所说的那样:"民主是一种政治方法,也就是为达到立法与行政的政治决定而做出的某种形式的制度安排。所以其本身不能是目的,无论它在一定的历史条件下所产生的是怎样的决定都是一样的。"②他不同意民主的原初含义,即"人民的权力"或者"人民的统治",因为现实中的个人一旦进入到群体中就是非理性的,即便是受过良好教育的公民,只要进入到政治领域就会表现出无知和缺乏判断力。在这种情形下,这些人在政治问题上往往会听从别人的摆布,而职业政客、经济利益的代表等政治集团也会趁机最大限度地制造人民意志。因此,正是基于对作为整体概念的人民的怀疑,熊彼特才将民主界定为一种政治方法。

　　通过对照以上学者对民主的理解和界定,赫勒也曾将民主界定为"一种制度形式,它不是一个社会",她也曾经坚持过激进民主的看法,即将民主彻底化。但当她去了美国之后,意识到这种激进民主有转向"专制"的危险,因为民主是多数人的统治,并不是包括每个人的整体性的统治,因此非常有可能发生的是,当人们追求多数人的愿望和利益时而忽略少数人愿望的情况,那么这些少数人除了接受多数人的决定外

---

① 道格拉斯·拉米斯:《激进民主》,刘元琪译,北京:中国人民大学出版社2002年版,第17页。
② 约瑟夫·熊彼特:《资本主义、社会主义和民主》,杨中秋译,北京:电子工业出版社2013年版,第230页。

没有别的选择,即便是自己的愿望没法达成,这就会导致民主向着专制的方向发展,即多数人对少数人的专制。正是基于此,赫勒对民主的看法发生了改变,尽管她仍然相信和主张民主,但民主的说法和内容已经变成了稍微保守些的形式民主,对于形式民主的内容在前面已经谈到过,在这里就不加以赘述。最终,她将民主的核心内容进一步固定为更具包容性的"对称性互惠",这种转变正如她曾经在访谈录中说过的那样:"对我来说,去美国之前,在面对托克维尔的世界之前,民主只是一种观念(an idea)。它一直是没有问题的某个东西,不是因为我相信在民主制中他们有充分的自主权,我并不相信这一点。这太乌托邦。但是我仍然相信民主制是这样的东西,它只能是一种财富、只能是一种获得,并且你不会因为拥有更多的民主而失去任何东西。因此,当我谈论民主的激进化时,我是指使一切都成为民主的。民主不仅是政治的事情,而且也是工厂、经济和家庭的事情。现在我更愿意用的词是对称性互惠,但是我将对称性互惠描述为民主,我相信民主是关于对称性互惠的。现在我知道我原来是错的,我知道我描述过在美国我经常谈到的'极权主义的民主'。这是因为在一个民主制中,多数人能够对少数人发号施令,少数人在精神上或者身体上可以受到多数人的压迫,各类少数人都需要受到保护,而不受多数人的决定的影响,这样民主就不仅仅是一种财富。它有其自身内部的问题。一旦我看到了这些我就不再谈论民主的激进化。我仍然谈对称性互惠,但是在一种民主制中对称性互惠要么出现要么缺席。"① 由此可见,赫勒后来一直将对称性互惠当作民主中的核心内含。这一词汇其实是与非对称互惠(asymmetric reciprocity)相对而言的,它是赫勒在道德理论和政治理论中一直强调的内容,是给予和接受原则的具体化。这种民主内容的变化意味着赫勒将民主更多地与现代性、尤其是现代性中的现代社会格局联系起来进行考虑。

赫勒曾经在《现代性理论》中阐述现代社会格局这种现代性中的成分之一时,明确将现代社会格局与前现代社会格局并置来说明。在她看来,前现代社会格局就像一个金字塔,下宽上窄分层建造,每一层都规定着人们的社会地位,而这种地位是在人一出生就命定的。金字塔的顶端总是站着一个男性:酋长、君主、法老、皇帝等,而每一层里也有一

---

① Simon Tormey, "Interviews with Professor Ágnes Heller (II)", Budapest, 1ST/2ND July 1998, *Revista de Filosofía*, 1999, pp. 13–14.

个男性扮演着支配和统治性角色,在家庭里是一家之主等。正是由于顶端与低端的不平衡关系以及同一层内部男性和女性之间不对等,赫勒认为前现代社会格局是"非对称互惠"的安排,即整个社会格局中尽管层级之间以及人们之间的关系存在,然而这种关系生来就是不对称的。而与之相反,现代社会格局就是"对称性互惠"的安排。这主要源于现代人的双重偶然性的生存境况,即所有的现代人都被偶然地抛在世界中,每个人一出生没有命定的职能和角色,自身的职能和角色或者是命运都是在个人的不断选择中来确定的。尽管在这种选择中最终导致现实中存在着不对等的相互关系,但都不能否认现代人在跟他人交往中都承认对方和自己处于平等的地位。因此,在这里赫勒认为,所谓对称与否,并不是指社会的(人们所使用的方法以及人们的位置)平等与否,而是指能否对个人之间平等地位或立场的相互承认。它既是一个伦理学的概念,也是一个政治学的概念,赫勒认为:"政治上来说,对称性互惠是一种人们在他们想要做决定的时候能够进入的境况。在一种政治制度中,在民主制中,人们几乎虚构地假定,参与讨论的人们彼此是对称性的关系,没有人有权反对其他的人,这是一种相互的关系,它是做出最好的政治决定的方式。没有人运用权力反对其他的人,因此这种关系就是对称的。"① 对于非对称互惠,赫勒在《超越正义》中也进行了解释:我为你做了 X,我期望你为我做 Y。这个一般性的公式意味着:我这样做,因为我就是我所是的,并且我期望你这样做,因为你是你所是的。(至高的权威、上帝说,"我就是我"。)因此,"我命令,你服从"("我为你做了 X;我期望你为我做 Y")意味着我是指挥官,你是士兵;我是丈夫,你是妻子等等。②

进而,赫勒认为对称性互惠关系在现代社会中更加可取,正如她所说:"最基本的伦理规范之一,虽然不是最基本的那个,就是互惠关系比非互惠关系更可取。如果你拿一些东西,那么你也应该给予一些东西。在所有社会安排的框架内都是如此,没有例外。"③ 即这一道德准则与正义的社会和社会中正义的事情密切相关,它的存在是所有正义社会存在

---

① Simon Tormey, "Interviews with Professor Ágnes Heller (Ⅱ)", Budapest, 1ST/2ND July 1998. *Revista de Filosofía*, 1999, p. 14.

② Agnes Heller, *Beyond Justice*, Basil Blackwell Ltd, 1987, p. 23.

③ Agnes Heller, *A Philosophy of Morals*, Basil Blackwell Ltd, 1990, p. 53.

的前提之一。所谓"对称性的互惠"指的是平等地位的人们之间的相互关系,"非对称性的互惠"的意思是不平等地位的人们之间的相互关系。因为在现实中很少存在完全的对称性相互作用的社会,因此,赫勒一直希望的就是这样的社会,因为它是社会正常运转必不可少的重要条件之一,如果它能够规范化和普遍化,这就意味着民主的实现。

在赫勒将民主理解为一种制度,理解为对称性互惠的普遍化时,这实际上是对现实灾难的一种反思。她认为一旦给予者和接受者之间的关系中断或者平等关系被打破,即要么仅仅一方给予,而另一方毫无思考地被动接受,要么其中一方依靠强力推行自己的想法,而另一方没有反抗余地,这样就容易发生不道德或不正义的事情,如果走入了极端,"大屠杀"和极权主义的悲剧就不容易避免。正如赫勒指出:"互惠在所有不正义和忘恩负义的情况中(不管后者是否是不公正的行为)都会被中断(尽管仍然存在着一种关系)。故意中断给予—接受的互惠或者中断这种互惠的关系就是一种冒犯,除非是在惩罚的情况中以及在诸如不正义或者道德上恶的互惠的类型和关系中。"①

正是基于对邪恶事件发生的全面思考,赫勒又进一步提出了给予和接受关系中相互作用的一般准则和具体准则。一般准则就是:"**除了在应有的惩罚的情况中,不要主动中断给予和接受中的互惠关系,除非这种互惠的类型和/或关系是不正义的或者道德上恶的。**"② 除此之外,给予和接受相互作用的特殊准则是:"**要在你所有的给予和接受的行为中严格遵守对称性的互惠,除非道德准则另有规定。**"③ 这是为了保证社会更加公平而提出来的准则。这两条规定同时也是道德准则,而不是方向性的道德原则。因为它严格规定了人们该做什么、禁止做什么,所以这是现代人或者"好人"必须要遵守的准则。

尽管赫勒特别强调了"给予—接受互惠"的重要性,但对于在给予和接受的互惠关系中,如何给予、如何接受等细节问题上,她只是告诉我们一点:我们应该听从日常智慧(daily wisdom)的建议,尽管人们并不必然跟随它。日常智慧首先建议我们无论在给予还是接受上都要慎重,现实生活中人们总是在给予之前先是许诺,赫勒建议人们不要盲目而冲

---

① Agnes Heller, *A Philosophy of Morals*, Basil Blackwell Ltd, 1990, p. 57.
② Agnes Heller, *A Philosophy of Morals*, Basil Blackwell Ltd, 1990, p. 58.
③ Agnes Helle, *A Philosophy of Morals*, Basil Blackwell Ltd, 1990, p. 59.

动地轻易许诺，因为正当的人不会这样轻率，特别涉及重大的问题时一定要谨慎地思考，一旦做出许诺就要兑现。同时她还指出："日常智慧因此特别强烈地建议正当的人不要轻率地、一时冲动地许诺——尤其是如果承诺是重大的且兑现它会使人们的自我利益（或者他们所为之负责的那些人的利益）受到严格的限制时。"① 其次，日常智慧建议，如果我们并不确定他人具有良好的品性，那就不要直接接受别人的给予，最好等待看看这意味着什么，或者考虑是否在给予背后隐藏着工具化的动机。反之，如果我们确定（或者几乎确定）一个人良好的品性，特别是如果（任何友善的和重要的）给予来自于一个亲密的朋友，如果我们需要，最好毫不犹豫地立即接受它。一个人应该学会有尊严和优雅地接受。再次，日常智慧也建议，如果我们需要某件东西（物品、服务等），我们不应该等待其他人提供帮助，而是主动请求帮忙。无论如何，人们之间物品、服务等的接受和给予并不完全是一一对等的，只要双方都感觉到充足就好。

对称性互惠或者是民主的普遍化是赫勒乌托邦思想的一个重要组成部分。只有通过一系列的规则和法则联系起来的给予者和接受者能够相互尊重和承认对方，那么民主才可能得以实现。在这种思想里实际上也体现着平等这一民主最高的价值，即对他人尊严的尊重和承认。

（二） 自由等普遍价值贯穿在民主政治中

赫勒认为在现代民主政治中，自由、生命、平等、理性等普遍价值都贯穿在了民主政治中，其中平等显然是民主政治中优先关注的价值，然而在其中也贯穿着自由，这种自由是积极自由与消极自由的混合使用。诸如自由、平等、生命等既是贯穿在民主政治中的普遍价值，同时也构成了民主政治运行所遵循的原则，这些原则也是道德原则，尽管赫勒并不赞同道德化的政治，然而她却不否认政治与道德之间的关联，即政治应该遵守道德原则。

在赫勒和费赫尔看来，民主政治应该建立在一定的原则基础上，有原则的政治是民主的传统，虽然实际情况恰恰相反，但这一传统仍然存在。那么，民主政治应该建立在什么原则基础上呢？他们以美国《独立宣言》作为模型分析了具体的原则，并认为，生命、自由和对幸福的追

---

① Agnes Heller, *A Philosophy of Morals*, Basil Blackwell Ltd, 1990, pp. 61 – 62.

求是民主政治的建立所基于的三个原则，这三个原则既是形式的，也不完全是形式的，更重要的是，这三个政治原则也是政治行动的道德准则。之所以说这三个原则是形式的，原因在于它们并没有界定任何政府必须遵守的实质性目标，也没有提出任何具体的价值。这一点在自由这一原则中表现得特别明显。在这里，自由被理解为消极自由，因为如果一个政府不干涉其公民选择的生活方式，那么就只能遵守这一原则。之所以说这三条原则不是完全形式上的，原因在于它们也带来了一些实质性的思考，这一点对于"追求幸福"原则来说尤其如此。赫勒和费赫尔所理解的追求幸福主要是指追求公共幸福的权利，即追求参与所有政治决策过程的权利。同时，他们认为，这三个原则也是政治行动的道德准则，即违反了这三条原则就是违反了道德准则。对于这一点，赫勒和费赫尔详细介绍了民主政治的一般政治原则，这几条原则也都表明了政治行动的道德准则。

具体来说，民主政治遵循的一般性的政治原则包括以下几条。第一，每个公民的人身自由和每个国家的独立就像都建立于你的行为之上那样行动。这是**自由**的道德准则和政治原则。第二，依照所有的道德规则、国内法律和国际法律来行为，即使在仅有一个公民（或一个国家）的情况下，你也可能不赞成而违反它们。这是（政治的）**正义**的道德准则和政治原则。第三，在你所有的政治交易中假设所有男女都能作出政治决定。因此，把你的建议和计划提交给公众讨论并且依照讨论的结果行事，同每个准备与你合作的人在决策过程中合作。这就是（理性的）**平等**道德准则和政治原则。第四，认识到全体人的需要，只要满足这些需要与自由、正义和（理性的）平等不相抵触。这是**公平**的道德准则和政治原则。第五，在你所有的交易中，帮助那些遭受最深重苦难的阶级、群体和国家，除非这个假定与政治行为的其他准则冲突。这就是**平等**的政治原则和道德准则。① 如前所述赫勒和费赫尔所列举的这几条一般政治原则也都是道德原则，它们能为人们在涉及道德的各种决定时提供引导性的方向。

赫勒之所以要为民主政治界定这些原则很大程度上是为了避免雅各宾专政时期所引发的专制民主，这种民主观念表面上要求绝对的平等，

---

① 阿格妮丝·赫勒、费伦茨·费赫尔:《后现代政治状况》，王海洋译，哈尔滨：黑龙江大学出版社2011年版，第82—83页。

然而它却蔑视合法程序和个人的权利，最终导致了恐怖统治，正如美国学者罗兰·斯特龙伯格所分析的那样："左翼的雅各宾派根据自己对卢梭'公意'的解读，提出一种民主观念。他们的目标是平等，公意概念以及常常成为他们的权力基础的群众行动或暴民行动使得他们赞颂人民群众。这一思想倾向不太看重个体权利和议会制度，而把它们看成是自私和腐败的。1793 年的雅各宾宪法根本没有规定分权，也没有保障个人自由。它批准了一种基于民众意志的、由公民投票产生的专政，其权力授予少数人来行使。罗伯斯庇尔宣称：'我代表人民说话'。这种'集权主义的民主'有时候在某种深层意义上说是民主的，即具有亲民的情感、平等的热情和让人民直接统治的愿望（罗伯斯庇尔想建设一个能容纳一万两千人的大会场，让民众观看立法者的活动）。但是它蔑视合法程序和个人权利。其结果就是在 1792—1793 年极端的战争危急条件下的恐怖统治。"[①] 由此可见，过度强调平等优先的民主如果忽视个人自由最终形成的民主政治就会走向反面。因此这也是赫勒极力避免的理念，尽管她也主张平等，但这是建立在保障个人自由和权利、重视合法程序基础上的平等。

在民主政治中所贯穿的自由这一价值也凸显了积极自由和消极自由之间的区别：积极自由是民主政治中不可或缺的一部分，而消极自由则是自由主义的重要部分，并受到自由主义制度保证。换句话说，民主意味着多数人决策和统治，它需要现代人积极成为公民以参与到公共事务中来，成为社会和自己的主人，在这里显现的是积极自由。

那么在民主政治中，如何保证人们之间拥有平等的权利呢？赫勒认为权利—语言能够帮助人们达成这一目标。对于语言问题，或者更确切地说，对于不同的语言体系的现实运用问题能够引发的巨大力量，墨菲曾经给予了关注。她对法国大革命倡导的"自由、平等、博爱"的话语力所引发的结果这样说过："这种以《人权宣言》为象征结束了古代专制，提供了把各种不平等形式看成是不合法的和反自然的话语条件，并因此把它们看成同样是压制的形式。这里存在着民主话语深刻的颠覆性力量，能把平等和自由不断扩大到更加广泛的领域，因此，能够作为一

[①] 罗兰·斯特龙伯格：《西方现代思想史》，刘北成、赵国新译，北京：金城出版社 2012 年版，第 208 页。

种酵母,激发各种反对从属关系的斗争。"① 也就是说,由法国大革命倡导的"自由、平等、博爱"的话语的感召,才将社会变成了对抗的空间和场所。因为这是一套不同的话语体系,只有在这套不同的话语体系的对照下,才能将墨菲所说的人们之间的"从属关系"转化成"对抗关系",进而推动社会发生现实的改变,正如她继续说的那样:"从属关系,从其本身来看,不能成为对抗性的关系,原因正在于此。简言之,从属关系在社会代表之间建立了一系列彼此不同的立场,我们已经知道,差异系统使每个实证的社会同一性不仅不能是对抗的,还产生了消除社会对抗的理想条件——我们将面对一个被缝合的社会空间,其中每个同等不会被排除。正是在从属主体实证的不同特征被颠覆这个范围内,对抗才可能出现。'农奴''奴隶'等概念,其自身并不能标明对抗性立场,只有在一种不同的话语形态中,比如'天赋人权',这些范畴的不同实证性才可能被颠覆,从属关系才能被建构为压制关系。这意味着,没有从属的话语得以被解释的话语'外在性',就不会有压制关系。"②

正是因为不同的话语体系能够引发这样的力量,所以赫勒也对权利—语言进行了强调。她认为,权利—语言在现代社会执行着双重的任务:一方面可以从对称性互惠的立场解构自然策略,另一方面可以充当解决社会—政治安排中出现的冲突的语言。她也进一步描述了权利—语言的产生以及作用。假定世界上存在着很多不同的文化类型,每种都是独特的,都说着自己的语言。但由于都处在同一个星球上,所以这些文化之间也存在着冲突。而解决冲突的方式无非是暴力、武力、谈判和商谈。而在世界一体化的今天,如果每种文化以及文化中的人想要存活的话,只能通过谈判和商谈的方式解决彼此之间的冲突。自然而然地,彼此不能沟通的文化类型在商谈或者谈判中就需要一种共同的语言,因而最一般的权利—语言得以产生。这种语言能够将拥有不同立场的个体组织起来,一方面能达成最终的相互理解和较为一致的结果,另一方面它可以使组织起来的人们追求他们想要的人人在法律面前的平等以及依法受到最大限度的保护,也可以追求平等享有政治和公共决策制度的权利。

---

① 恩斯特·拉克劳、查特尔·墨菲:《领导权与社会主义的策略》,尹树广、鉴传今译,哈尔滨:黑龙江人民出版社2003年版,第172—173页。
② 恩斯特·拉克劳、查特尔·墨菲:《领导权与社会主义的策略》,尹树广、鉴传今译,哈尔滨:黑龙江人民出版社2003年版,第171页。

因此，赫勒主张这种权利—语言应当成为民主政治中的通用语。

在这里，赫勒以自由等普遍价值为基础谈到的民主政治中的权利—语言，以及描述的它的产生和作用，也让我们看到了哈贝马斯以语言为核心建构的交往行动理论的重要性。哈贝马斯在其著作《交往行动理论》中指出："交往行动的概念所涉及的，是个人之间具有的（口头上或外部行动方面）关系，至少是两个以上的具有语言能力和行动能力的主体的内部活动。"① 也就是说，根据他的说法，交往行动强调以语言为核心，建立起说话者和听话者之间的互为主体的关系，以达到相互理解的目的。为了达成这样一个目标，哈贝马斯对语言本身以及交往主体本身也进行了规定，即语言本身要遵循着一定的规范，他指出："一个成功的话语必须满足三项附加的有效性要求：（1）对参与者来说，它必须被认为是真实的，就它所呈示的某种东西而言；（2）它必须被认为是真诚的，就它所表达出言说者意向的某些内容而言；（3）它必须被认为是正确的，就它与社会认可的期望相一致而言。"② 再加上哈贝马斯所说的有效的话语交往需要具备四个规范性条件，即可领会性、真实性、正确性和真诚性，这四个条件具有普遍有效性，只有满足它们，以语言为核心的话语交往才能够进行下去。此外，哈贝马斯也对主体的交往资质进行了规定，即交往主体具有选择陈述性语句的能力，能够表达言说者本人意向的能力以及实施言语行为的能力。无论怎样，哈贝马斯对语言的重视和强调在某种程度上也影响了赫勒。她通过政治领域中权利—语言的强调表明，在自由和生命这两种终极普遍价值贯穿的民主政治中充满着对社会现实的深刻的质疑、反抗精神。赫勒对这一问题的关注也非常符合齐泽克的看法，齐泽克曾指出："把民主和抗争精神融合在一起，从而排除了两个极端：一方面，颂扬的英雄式的对决会终止民主及其主要法则（尼采、海德格尔、施米特）；另一个方面，在民主空间里排除真正的斗争，结果只会剩下贫血的、规则操作下的竞争（哈贝马斯）。"③

实质上，赫勒对"权利—语言"及其重要性的论述中，包含着对旧有的父权制、种族歧视、所有类型的服从关系以及现代极权主义等这些

---

① 哈贝马斯：《交往行动理论》（第 1 卷），洪佩郁等译，重庆：重庆出版社 1994 年版，第 121 页。
② 哈贝马斯：《交往与社会进化》，张博树译，重庆：重庆出版社 1989 年版，第 29 页。
③ 转引自周凡：《后马克思主义导论》，北京：中央编译出版社 2010 年版，第 308 页。

人们之间非对称关系的彻底解构,在这一解构过程中蕴含着她一直强调的动态正义的展开,当然也诠释着她对"**人应该**自由"以及"**人如何**自由"这些应然的问题,这更是对大共和制模式的补充。总而言之,赫勒对大共和制的构想发展了共和主义的思想,而她对自由等价值的探讨、对现代政治的重新界定以及对民主内涵的变化等的论述丰富了政治哲学的内容和理念。然而,并不能由此就说赫勒的大共和制是完美无缺的,它也存在着一定的局限。

第四节 对赫勒大共和制的简要评析

以上对赫勒的大共和制模式以及具体的运行进行了较为系统的论述,总体说来,这种模式或者政体如赫勒所意识到的那样,它有很多区别于其他乌托邦的独特特点,其实这些特点也可以说是这一模式的优点。如她指出的那样:"这种共和政体并不表示权力关系的消失。它唤起了长期存在的要做某些决定性修改的分权的思想。分权是统治权的划分,这使得每个人都有可能亲自行使某种政治权力。经济的—社会的权力是集体性的,因此,每个人也能够亲自行使经济的—社会的权力。所有的人都有平等的权利和机会成为两种权力(直接民主的政治团体和社会的自我管理团体)的参与者。此外,他们作为人都有平等的权利和平等的机会推选他们的代表。"[1] 从她对大共和政体特征的这些表述中可以看到,她继承了共和主义的传统,或者更确切地说,她的大共和制的构想既是现代共和主义的承接和拓展,又力图回归古典共和主义的尝试。她对自主性、公民积极参与公共领域等因素的提倡是对现代共和主义的延续,她强调的权力和主权的双重分离是对共和主义的拓展,而她对好公民、公民德性、公民身份、实践智慧、直接民主制和代议制的结合等因素的强调则表明她试图回归古典共和主义,尤其是要回归亚里士多德的共和主义传统。当然,我们并不否认赫勒所提出的这一模式直接源于中欧的现实,但如果放眼于共和主义的思想发展史,也可以说,赫勒所设想的这种比较独特的大共和制模式是在某些方面试图回到亚里士多德的共和主义传统而做的一种努力,她认为这种双重主权所构成的国家可以定义为

---

[1] Agnes Heller. THE GREAT REPUBLIC. *Praxis International*, April 1985.

亚里士多德"公民的总和"的城邦。无疑她同样赞同亚里士多德政治哲学的出发点：人是政治的存在物，她对亚里士多德的实践智慧的多次强调等都为她对公民、政治、自由等问题的重新阐述和理解提供了参照。尽管如此，这并不意味着她完全接受亚里士多德的思想，例如她和亚里士多德不同的是她并没有如亚里士多德那样将民主政体看做是共和政制这种正体的变体，而是要维护一个贯穿自由、尤其是积极自由的民主政体。

无论怎样，赫勒的大共和制政体或者模式丰富了共和主义的思想，然而这绝不是说赫勒的思考完美无缺。在她的大共和制中对积极的好公民的强调非常重要，也很有意义，然而公民也是个人以特定的身份在社会政治领域中的参与，我们不能排除下面的情况：作为个人存在的积极公民在某些特定的时刻或者特定的情境中也会变得毫无理性，从而发生蜕变并进一步阻碍大共和制的运行。也就是说，尽管赫勒在其大共和制模式或者政体中强调了公民责任、公民勇气、公民美德对于成为好公民的重要性，但我们仍然要思考的一个问题是：如果回到公民本身，回到作为一个人而存在的公民，好公民在所有场合都能保证一直理性的、积极参与政治生活吗？我们知道人本身都会有弱点，对此赫勒也一直强调这一点，好公民并不是完美的人，他们也有很多缺点。然而，政治领域中好公民如何能够一以贯之地保持理性和自身的好的确是一个问题。对于这一点，熊彼特从心理学的角度对政治中的人性的分析为我们深入思考这个问题提供了另一个角度。

熊彼特在阐述这个问题时，首先引用了勒庞对群体特点的阐述，即群体中的个人进行活动时，道德约束与文明方式突然消失，而个人内在的原始冲动、幼稚行为和犯罪倾向会突然爆发。对此，熊彼特指出，尽管勒庞的结论有些过于狭隘，因为他的这一结论并不适合英国人或者英裔美国群众的正常行为，但是"一定不能忘记，群众心理现象绝对不限于在拉丁市镇的狭窄街道上暴动的暴民。每一个议会，每一个委员会，每一个由十几位60岁以上的将军组成的军事会议，不管以怎样温和的形式，都无不流露出暴民闹事时那种非常触目惊心的特征，尤其是流露出责任心的削弱、思考水平的低下和对非逻辑影响的较多的敏感。"① 熊彼

---

① 约瑟夫·熊彼特：《资本主义、社会主义和民主》，杨中秋译，北京：电子工业出版社2013年版，第245页。

特的这段话实际上为我们考虑公民以及公民责任问题敲响了警钟,原本人们以为只有暴民才会拥有野蛮、原始的本性,也才会在融入群体中时变得毫无理性,尽显疯狂的形态,但作为一个人的公民也可能会有这些特征。而且更加可怕的是,熊彼特进而表明,即便有些人,诸如报纸的读者、广播的听众、一个党的党员,就算不亲自聚集在一起,也会特别容易逐渐发展为心理学上的人群,形成疯狂状态,在这种状态下,与他们试图进行理性争论只会煽起他们的兽性。这表明更可怕的一种情况,与进入到疯狂状态中的人们或者公民之间进行理性商谈或者争论变得不可能,因为他们内在的野蛮本性已经显露。

另外,熊彼特还谈到了公民责任的局限性。他认为,在所有公民充满现实意识的内心小圈子里,对日常生活所作的大多数决定都是跟他直接相关的事情,包括有关他自己、他的家庭、他的职业、他的嗜好、他的朋友和敌人、他的区乡与选区,以及他的阶级、教会、工会或者社会团体等,因而,思想和行动的明确性和合理性不是这种对人和对事的熟悉,也不是那种现实感和责任感所保证能做到的。也就是说,出于人会顾及到与自己相关的人和事的本性,公民在现实中只能承担与自己相关的人和事的责任,未必会扩及整个社会的范围。同时,他在分析公民责任、责任感的局限性时,进一步分析了其引发的后果。他认为这样较弱的现实感不仅造成责任感的削弱,并且促使有效意志的丧失,而反过来,责任心的减弱和有效意志的缺乏又解释了普通公民对国内国际政策的无知和缺乏判断力的原因。因此,熊彼特得出结论:"一旦典型的公民进入政治领域,他的精神状态就会降到较低的水平上。他会没有丝毫犹豫地承认其辩论和分析的方法是单纯的,仅限于他实际利益的范围。他又成为原始人了。他的思想变得容易引起联想和充满感情。"① 由此,引发的后果就是公民在政治问题上常常会听任超理性以及一些偏见和冲动的操控,从而在政治上所运用的推理方法非常无力,也无力控制得出的结论,因而会造成各种状况发生,在某些关键时刻这会给国家造成致命的错误。无疑,通过熊彼特从心理学的角度对作为人的公民的分析使人们在对待公民、公民责任问题上能全面一些,在政治领域中,即便有好公民的生成、公民责任的在场,但这并不能保证共和政体会朝着越来越完美的方

---

① 约瑟夫·熊彼特:《资本主义、社会主义和民主》,杨中秋译,北京:电子工业出版社2013年版,第249页。

向进行，也并不能保证社会一定会向着完全公正的方向前进，尽管政治制度和社会都在向着更加公正、完美的方向前进着。因此，在这一模式中赫勒对好公民赋予了太大的期望。

此外，与此相关的问题在于在后现代主义的今天，或者以后现代视角看待现代性的今天，能否将自由主要界定为直接的政治参与？通过前面的介绍，可以知道赫勒在大共和制的模式中将自由主要理解为积极自由，而积极自由就是主动参与公共的政治领域，力图纠正社会中的不公，然而这些都需要公民美德，也就是需要好公民拥有完全包容、公民勇气、团结、正义、实践智慧以及准备进行理性话语的理智德性等美德。然而在现代社会中这是否可能则成了一个问题，因为我们所处的历史境况与亚里士多德所处的时代完全不同，在古希腊城邦中有公民们追求的共同善，而在现代多元社会中并不存在共同善，因此现代社会中的大共和制依赖的由公民美德支撑的公民的积极参与是否可能则成了一个问题。对此，研究赫勒思想的学者安赫尔·里韦罗曾经注意到了这个问题，他在其2003年的一次研讨会上提交的文章《论新共和主义自由的可欲性》（"On The Desiderability of Neo-Republican Liberty"）中集中探讨了赫勒的新共和主义思想，在这篇文章的最后他也提出了这样的疑问并且表明：多元主义社会中的大共和制不再依赖于公民美德，而应依赖宪法安排。在这样的社会里，没有一种可以辨认的共同善，而是有一套允许共同善的制度，或者更确切地说，多元化的善出现在社会中。这意味着政治自由更多地是以我们能够完全控制我们的消极自由而存在于我们之中。为了保护可以保障我们自由的制度，我们不再需要共同体基础上的公众参与，我们需要的是一个可以使政治问责成为可能的积极的公民社会。也就是说，在安赫尔·里韦罗看来，在现代这个多元主义的社会中，大共和制的运行应该主要依赖于制度，而不应该主要依靠美德，因为客观的制度更能够保障大共和制的正常运转。此外，他也主张政治问责的重要性，实际上在这里安赫尔·里韦罗转移了人们对"公民的"关注焦点，在赫勒那里，拥有公民美德的好公民关注的是社会中的制度是否公正，并围绕着它们进行商讨和辩论，而在安赫尔·里韦罗看来，他更关注的是公民是否积极问责的问题或者政治问责是否可能的问题，这种转变实际上对公民本身的道德要求降低了。因此，从某种意义上说安赫尔·里韦罗的质疑既反映了赫勒所构建的大共和制模式在现代社会运行的难度，也表明里韦罗的设想降低了大共和制施行的难度。无论怎样，尽管赫勒的大共和制中存在着某些局限性，然而并不否认这一模式存在诸多价值和意义。

第五章 分配正义中"三位一体"模式的倒置

众所周知，20世纪70年代罗尔斯在对古典功利主义和直觉主义的批判中复兴了规范政治哲学，承继了近代哲学史上的契约论传统，创建了作为公平的正义这一与目的论相反的义务论。然而，随着人们对他的重要著作《正义论》的广泛传阅，对其正义论中阐述的"差别原则"[①]的批判也逐渐展开。当然，无论赞同还是反对，都不能否认罗尔斯的正义理论在政治哲学领域中的重要地位。加拿大学者威尔·金里卡在评价罗尔斯的重要性时说得非常到位，他评价道："他的理论对政治哲学领域的巨大影响力并不在于人们都对此表示赞同（事实上很少有人同意他理论的全部内容），而在于后来的理论家正是在反对罗尔斯的过程中才确立了自己的理论。他们通过将自己的理论与罗尔斯的理论进行对比来解释自己的理论。这样，如果我们不能够理解罗尔斯，我们也就不能够理解其他后续的正义理论。"[②] 的确，罗尔斯通过与分配正义的主流思想——机会平等的理念——进行对比，从而进行了独特的差别原则的论证，而为了论证差别原则，罗尔斯首先对"原初地位"进行了论证。正是在罗尔斯构筑的优先原则和差异原则的正义观基础上，诺齐克构建了强调自由至上的资格理论、德沃金发展了自己的资源平等理论。同样，赫勒在对其分配正义理论的论述中也质疑了以罗尔斯为代表的当代自由理论家们的某些观点，这种质疑主要针对他们分配正义观中共同包含的"三位

---

① 这里需要首先说明的是：尽管罗尔斯在后来对《正义论》中的某些观点有所修正，但这与本文中赫勒对其分配模式的批判并没有太大的关系，赫勒对在《超越正义》（1987年出版）中对于罗尔斯的分配正义的模式的批判主要集中在他的《正义论》以及之前的一些文章中表达的观点。

② 威尔·金里卡：《当代政治哲学》，刘莘译，上海：上海译文出版社2011年版，第58页。

一体"的模式。赫勒揭示了这一模式中存在的问题,创造性地倒置了这一模式,即把"三位一体"的分配模式中的"起点"的平等分配置换成起点的不平等分配,"结果"的不平等置换成结果的平等,从而把人们对分配正义"起点"的关注点从财富、收入等物质因素引向其他需要等精神因素。这样一种置换,大大拓展了当代自由理论家们的分配正义模式,从而也丰富了分配正义的模式。本章主要从这样一个比较微观的层次上讨论赫勒的正义观对当代西方以罗尔斯、诺齐克、德沃金等哲学家为代表的自由理论家们的正义观的批判。

第一节 当代自由理论家们的分配正义中蕴含的共同模式及存在的问题

当代自由理论家们的分配正义模式被赫勒概括为"三位一体"的模式,这种模式包括三个方面:被赋予利益和一定才能的、作为竞争者和接受者的个人;作为再分配者的国家;国家再分配并且由不幸的个人获得的钱,这主要以收入、福利支出等形式表现出来。而赫勒在其理论中尽管在某种意义上承认这一模式,但是她也对其进行了质疑,认为其中最大的问题在于生活机会的平等首要取决于或者只取决于收入,用金钱来衡量生活机会的平等,赫勒正是在质疑其问题的基础上反其道而行之,提出了在分配中应该考虑道德的因素。

一、"三位一体"模式是自由理论家们的分配正义中共同的模型

罗尔斯在《正义论》中所提出的正义观继承了西方近代以来由洛克、卢梭等哲学家提出的契约论传统,首先他假设了人们处在平等的原初状态中,这一状态相当于之前契约论中表述的自然状态。这种原初状态正如罗尔斯所说的那样:"当然不可以看作是一种实际的历史状态,也并非文明之初的那种真实的原始状况,它应被理解为一种用来达到某种确定的正义观的纯粹假设的状态。"[1] 也就是说,它是罗尔斯据以论证其正义观所假设的一种状态,人们可以质疑其整个论证,但是不能质疑作

---

[1] 约翰·罗尔斯:《正义论》,何怀宏、何包钢、廖申白译,北京:中国社会科学出版社1988年版,第12页。

为基础的原初状态是否是真实的。

罗尔斯所描述的原初状态的基本特征是：进入这一状态中的人们对于自己以及别人在社会中的地位和状态一无所知，他们被假设为都是有理性的人，对别人的利益表现得相对冷淡，正是在这一无知之幕的掩盖下，才会保证他们选择正义的原则，因为如果不这样选择的话，那么他们也担心当幕布被揭开时，自己处于的正是不利者的位置上。那么他们将会选择哪些正义原则是罗尔斯关注的问题。在其著作中，罗尔斯在经过一些铺垫和论证之后对人们将会选择的两个原则进行了全面的陈述：

> 第一个原则
> 每个人对与所有人所拥有的最广泛平等的基本自由体系相容的类似自由体系都应有一种平等的权利。
> 第二个原则
> 社会和经济的不平等应这样安排，使它们：
> ①在与正义的储存原则一致的情况下，适合于最少受惠者的最大利益；并且，
> ②依系于在机会公平平等的条件下职务和地位向所有人开放。①

而这两个原则是按照词典式次序进行排列的，也就是说，其中存在着优先满足的问题。他认为第一原则优先于第二原则，即自由的优先性，第二原则中的公平机会又优先于差别原则，即正义对效率和福利具有优先性。这两个优先性意味着只有在前面的原则满足之后才能考虑后一个原则，前面的原则还没有满足就不能考虑之后的原则。此外，他还形成了正义的一般观念："所有的社会基本善②——自由和机会、收入和财富及自尊的基础——都应被平等地分配，除非对一些或所有社会基本善的

---

① 约翰·罗尔斯：《正义论》，何怀宏、何包钢、廖申白译，北京：中国社会科学出版社1988年版，第302页。

② 在这里对"social primary goods"的翻译，我认为国内学者刘莘的翻译更贴切些，即把它翻译成"社会基本益品"，参见他翻译的威尔·金里卡的《当代政治哲学》（上海译文出版社2011年版）一书的第58页。在本文因为涉及引用，所以没有对原文进行改动，仍然沿用"基本善"的译法。

一种不平等分配有利于最不利者。"①

对于自由的优先性在自由理论家们内部并没有引起很大的分歧,他们理论的前提都是建立在基本自由得到保证的基础上的,分歧主要在于罗尔斯提出的差别原则上,对社会中的最不利者或者对处于较差状况的人们给予了关照是否侵犯了某些人的自由,这就涉及了经济领域中是否出现自由和平等这两种价值之间的冲突问题。在经济领域中,罗尔斯比较注重平等的价值,尽管最终也不可能实现真正的平等,而诺齐克更加注重自由的价值。正是在此基础上,他用持有正义代替分配正义的说法,主张最弱的国家、资格理论等。诺齐克在论证资格(权利[entitlement])理论的时候,首先表明了持有正义的主题由三个论点构成:持有的最初获得或者对无主物的获得;从一个人到另一个人持有的转让;对持有中的不正义的矫正。进而他对这三点的解释之后得出持有正义的一般纲要是:"如果一个人按获取和转让的正义原则,或者按矫正不正义的原则(这种不正义是由前两个原则确认的)对其持有是有权利的,那么,他的持有就是正义的。如果每个人的持有都是正义的,那么持有的总体(分配)就是正义的。"② 根据诺齐克对持有正义论点以及纲要的具体解释可以看到,他所强调的正义是正当的持有的正义,持有物也可以被分配或者被转让,但是这种分配和转让完全基于持有者的自愿,而不是被强制或者如罗尔斯所关注的要有利于最不利者。也就是说,诺齐克更加关注给予者的权利是否得到了保护。此外,诺齐克还明确指出:"分配正义的权利理论是历史的,分配是否正义要依赖于它是如何演变过来的。"③ 在这一点上,诺齐克和功利主义者以及福利经济学也区分开来,后者主张的分配正义是即时的、非历史的。

此外,德沃金在其很多文章以及著作中也关注了平等这一价值,尤其关注的是资源如何平等的问题,正如他在其著作《至上的美德》中明确指出:"本书认为,平等的关切要求政府致力于某种形式的物质平等,我把它称为资源平等(equality of resources),虽然其他称谓也可能同样

---

① 约翰·罗尔斯:《正义论》,何怀宏、何包钢、廖申白译,北京:中国社会科学出版社1988年版,第303页。
② 罗伯特·诺齐克:《无政府、国家与乌托邦》,北京:中国社会科学出版社1991年版,第159页。
③ 罗伯特·诺齐克:《无政府、国家与乌托邦》,北京:中国社会科学出版社1991年版,第159页。

合适。"① 他对资源平等的推崇是在与不同形式的福利平等的对比和反驳中进行的。为了论证其资源平等这一真正的平等分配理论，他设计了"拍卖模型"来加以论证。这一模型假设如下：假设有一条船只不幸遇难，其幸存者被冲到一个荒岛上，在这个岛上资源也比较丰富，因为短期内得不到救援，他们需要长期居住在岛上。因此，他们决定选出一个人对岛上资源进行平等分配，为了能够满足所有人认定的平等分配，也为了能够通过妒忌检验（envy test），即一旦这种分配完成后，如果其中有人选择分给别人的那份资源而不选择分给自己的那份，那么这种资源的分配就是不平等的，如果平等分配一旦完成，每个人都满意，而不会出现宁要别人的那份资源而不要自己的那份的情况，那么这种分配就是平等的。因此，这种平等分配其实存在着相当大的难度，它一定要通过妒忌检验。为了达到真正平等，德沃金又假设了用岛上的贝壳先平均分配用来充当钱币，然后将岛上的物品以拍卖的形式进行出售，最终达成每个人满意，从而完成了他所说的资源平等模型。当然这种拍卖并不是一次完成的，而是要反复进行，最终没有任何人妒忌别人在拍卖过程中所得为止，这就达到了一种理想的平等状态。②

以上大致概括了罗尔斯、诺齐克、德沃金等当代政治哲学家们的分配正义理论的简要原则和设想，从中可以看出他们是从不同的角度对分配正义进行了阐述，尽管在对于如何平等以及什么平等等问题上他们之间存在着分歧，但是赫勒认为他们的分配正义总的来说表现为共同的"三位一体"模式，这种模式包括三个方面：被赋予利益和一定才能的、作为竞争者和接受者的个人（原子）；作为再分配者的国家；国家再分配并且由不幸的个人获得的金钱（以收入、福利支出等形式表现出来）。而赫勒在其理论中尽管在某种意义上承认这一模式，但是她也对其进行了批评，认为其中存在着一些问题。当然赫勒的批评并不是对他们的理论逐一进行的，诚如她所说的那样：她"将不会把批评集中在任何特殊的'分配正义'理论上，而是集中在他们中大多数人所谈的某些关键性

---

① 罗纳德·德沃金：《至上的美德：平等的理论与实践》，南京：江苏人民出版社2008年版，第3页。
② 罗纳德·德沃金：《至上的美德：平等的理论与实践》，南京：江苏人民出版社2008年版，第63—67页。

问题上。"① 由此可见，在这里赫勒并没有针对某位政治哲学家的分配正义理论进行完全的否定，而只是针对他们的某些观点进行质疑和批评，从而将他们理论中尤其是罗尔斯的分配正义中体现的"三位一体"的分配模式倒置过来。当然赫勒并不否认这一模式在当今有其存在的环境，但是她也表明现代社会中并非只有一种单一的生活方式，因而这不是唯一被认可的正义分配的模式。

二、"三位一体"模式中存在的问题

这一模式在赫勒看来最大的问题是：生活机会的平等首要取决于或者只取决于收入。如果以收入的高低来衡量机会平等的话会引发一些不良后果：人们的天赋不能够平等地发展为才能；以机会平等为前提反而引发生活机会的不平等。具体如下：

第一，人们的天赋不能平等地发展为才能。在赫勒的理论中，她首先接受了同时代的机会平等的理念以及罗尔斯所意欲达到的生活机会平等的目标，但不赞同这一模式中生活机会的平等的标准，即生活机会的平等首先或者仅仅取决于收入。众所周知，机会平等的理念是现代社会中流行的一种看起来比较合理的平等观，即当面临着竞争时，人们都不会因为种族、性别或者社会背景等因素而处于不利的位置，每个人都面临着同等的规则和机会。在机会平等的理念下行动，无论最终人们会得到什么样不利的结果，都不会抱怨，因为人们处于"同一起跑线"上，这种观点看起来合理，但仍然存在着问题，即它忽略了人们自然天赋的不平等。因而，罗尔斯正义论针对这一问题，进一步提出了"差别原则"，以此弥补因为自然的天赋不同带来的不平等结果，德沃金也针对不充分的机会平等理论发展了自己的一套比较复杂的正义理论。然而，无论机会平等理念，还是罗尔斯和德沃金所修正的机会平等观点都暗含着一个问题：机会平等的衡量是以收入为标准的。这样一来，在单一的生活方式中，人们为了最大限度地去追逐这一目标，就会发展自己众多天赋中能够促进收入增长的天赋。正如赫勒所说的那样，如果我们坚持"三位一体"的想法，那么无论人们要展现什么特殊的才能，他们必须同时地或者展示创造财富的才能，或者展示在合理化制度框架内良好驾

---

① Agnes Heller, *Beyond Justice*, Basil Blackwell Ltd, 1987, p. 182.

驭的才能或者两者兼而有之。只有能够展示这两种才能的人才能获得更高的收入，即便是有的人将自己的天赋发展了其他的才能，但只要不以这两种才能为目标，那么就因为收入不高而在社会中处于穷人或者不利的地位。因此，在这里尽管赫勒接受了罗尔斯的生活机会的平等的前提，但是她并不满意于罗尔斯将平等仅仅归结于物质财富或者收入的方面。

第二，以机会平等为前提反而引发生活机会的不平等。如前所述，罗尔斯以机会平等理念为参照，运用"差别原则"力图修正机会平等理念中忽略自然天赋不平等的缺点。这一原则的提出看起来似乎修复了分配不正义的情况，但是赫勒却进一步对罗尔斯的"差别原则"进行了追问和反驳。在赫勒看来，尽管罗尔斯提出了"差别原则"，但是他并没有正视天赋发展过程中因社会环境而引发的不平等问题。也就是说，如果"差别原则"有效的话，那么现实生活中的人们就会为了获得更高的收入而优先发展某些能够增加收入的天赋，从而忽视了其他天赋的发展，对此，她指出："如果**收入**的差异是回报的差异，如果更高的收入应给予那些改善很多穷人生活状况的人，那么人们就会寻求把那些能帮助穷人的天赋发展成才能，因为他们希望赚到更多的钱。"①

在这里实质上赫勒还是回到了上一个问题，即需要自由地发展各种天赋还是根据"差别原则"的要求只需要发展能增加收入的天赋。在这一问题中，赫勒谈到了罗尔斯接受的曼德维尔的观点，并且指出尽管如此，但罗尔斯差别原则中仍然存在着一定的问题。众所周知，曼德维尔曾经在《蜜蜂的寓言》的第一部分中以诗歌的形式描述了蜂巢中众多蜜蜂的行为，实际上他是将人比喻成这些蜜蜂，人类社会则如蜂巢一样。在诗中他分析了律师、医生、神甫、士兵、国王、正义女神、骗子、寄生虫等，这些人更加看重的是自己的私利，为了达到这一目的，尔虞我诈、阴险狡诈，这导致了蜂巢里充满了各种谎言，例如他在分析律师和医生时曾形象描述的那样："律师这个行业的诀窍之根本乃是均分办案所得，聚敛资金……他们像不法者，虽未成为被告，但对自己的罪，他们想必知晓。他们总是故意拖延出席听证，却掰着手指计算聘请的费用；为了给一项邪恶的理由辩护，他们便去检索浏览法律全书。如同窃贼商店和客栈之所为，寻找着最能乘虚而入的机会。医生们将自己的财富及

---

① Agnes Heller, *Beyond Justice*, Basil Blackwell Ltd, 1987, p.193.

名声看得比垂危患者的健康还重，也重于其医术；他们最下功夫研究的，并非医术的规则法度；而是凝思的外表和无味行为，以便获取药剂师的青睐赞美；以便获取接生婆、神甫和来自一切为生与死服务者的赞誉。"① 曼德维尔在描述了这些职业的真实本质后说道，虽然每个部分充满了恶，然而，整个蜂国却是一个乐园，也就是说，整个社会发展中充满悖论的是：各个部分的恶德却并没有影响整个社会的繁荣，没有影响整个社会变成了乐园，即私人的恶德将导致公共的利益。在赫勒看来，曼德维尔对资本主义的描述对于罗尔斯来说可能会接受。正如赫勒说道："曼德维尔愤世嫉俗地表明：每种公共恶、每种不平等、对各种形式的奢侈、权力和名誉的追求，都在实际上改善着很多不利者的境遇。如果他是对的（如果我们从长远角度来看待西方资本主义发展的话，他确实是对的），罗尔斯的观点可能接受这样的情况。罗尔斯不仅考虑了最不利者的利益，而且也对激进福利国家中'改善'的含义进行了高度评价。"② 但赫勒认为，如果接受这样的观点来证明其差别原则的话，那会存在着一些困难，在一定意义上人们很难决定哪些活动能够帮助最不利者，例如：成功的小说家们能够帮助这些人吗？如果他们能帮助的话，那么他们应该获得较高收入吗？因此，如果仅仅由物质等方面的收入来作为衡量一切的标准时，即如果衡量富有的人和穷苦的人或者处境不利者的标准仅仅局限于物质收入的话，那么在付诸实践时容易出现这样的困难；同时也会出现天赋会被抑制发展进而引发生活机会不平等的情况，如赫勒所说的那样："如果货币奖励是**这种**奖励本身，如果'最富有的'和'最贫穷的'人都由收入来衡量的话，并且只能由它来衡量的话，那么，大部分的天赋将根本不会发展成才能，或者至少这种发展将不会受到先已存在的（a priori）社会的鼓励。不管人们如何修改'三位一体'的模式，对所有人来说平等的生活机会都是无法企及的。我们甚至不可能接近于这一理想的实现。"③ 也就是说，如果在改善社会中最不利者或者最穷的人的过程中人们可以获得更多的收入的话，那么人们会发展那些帮助穷人的天赋并将之发展成为才能，而忽略其他天赋的发展，当然在获

---

① 伯纳德·曼德维尔：《蜜蜂的寓言》（第一卷），北京：商务印书馆2019年版，第10—11页。
② Agnes Heller, *Beyond Justice*, Basil Blackwell Ltd, 1987, pp. 192–193.
③ Agnes Heller, *Beyond Justice*, Basil Blackwell Ltd, 1987, p. 193.

取更多收入的境况过程中也可能会涉及很多不正当的手段。这样一来，尽管人们拥有机会平等这一前提，但因为分配正义模式的标准单一，从而使得人们不能平等地发展天赋从而导致了生活机会不平等的结果，如同赫勒所说的那样："如果我们必须在先已存在的一个特定社会中找寻自己的道路，那么'平等的**机会**'，即使是真实的，也不会给我们提供**生活机会的平等**。"①

正是基于"三位一体"的分配模式中出现的问题，因此，赫勒才勾勒了倒置的"三位一体"模式。这一可替代的分配模式如下："（1）每个人都从社会财富中获得将其天赋发展成才能所必需的东西。这意味着**起点的不平等分配**。（2）每个人都从社会财富中获得使用其天赋所需的东西（不平等仍然存在）。（3）当人们决定发展任何其他的天赋时，他就会获得实现这种天赋所需的东西（不平等仍然在第二个和第三个'起点'处存在）。（4）为了满足发展天赋以外的需要，每个人都能获得**平等的份额**（无论它是以分配的商品和服务、收入、股息，还是其他形式）。"② 总的来看，在这一可替代的新模式的描述中，赫勒与这些自由理论家们不同的是她并不关注最初物质等要素是否**平等**分配的问题，她更在意最终每个人在发展天赋（尤其是那些看似不值得发展的天赋）中是否获得平等份额的问题。尽管赫勒描述了可替代的分配模式，但她并没有完全拒绝"三位一体"模式，在她看来，这种模式有其适应的环境，在以"三位一体"模式占主导地位的生活方式中，这种模式就是不公正的，因此，赫勒说道："它只能在**诸共同体**（communities）中，在一种特定形式的公共生活中，才是公平而公正的。这种分配模式可以在多种不同的生活方式中发挥作用，但是，在所有的生活方式中必须有一个共同点：马克思所说的'生产资料'的集体所有权。"③ 因此，赫勒所阐述的可替代的分配模式有其适用的环境，即以"生产资料"的集体所有权为特征的多种生活方式的存在。为了阐明赫勒所描述的倒置的"三位一体"模式，需要厘清如下的问题："生活机会平等"这一价值实现的前提是什么，是以分配平等还是某些形式的分配不平等为前提？分配正义中的关键问题"尊重的分配应给予什么"？是应给予"基因抽奖"

---

① Agnes Heller, *Beyond Justice*, Basil Blackwell Ltd, 1987, p. 191.
② Agnes Heller, *Beyond Justice*, Basil Blackwell Ltd, 1987, p. 200.
③ Agnes Heller, *Beyond Justice*, Basil Blackwell Ltd, 1987, p. 200.

中赢得的天赋还是只给予道德优点？尊重应该"依据某物"还是应同等给予每个人？保证倒置的"三位一体"模式实施环境的多种生活方式何以同等存在？下面几个部分就针对这三个主要问题来加以分析。

第二节 "生活机会平等"实现的前提：
分配平等还是某些形式的分配不平等

如果说当代自由理论家们的分配模式中是以分配平等为前提的话，那么赫勒则反其道而行之。通读赫勒对其可替代的分配模式（倒置的"三位一体"模式）的描述可以看出，她并不赞同起点处的分配平等，尤其是物质的平等分配，她最终描述的新模式立足于起点处某些形式的分配不平等。原因就在于，她更加尊重个人的独特性并以此为前提，每个人都有自己独特的天赋，都有自己想要优先发展某种天赋的需要，此外，发展某些天赋需要获得更多的社会财富，因此，起点处不应该平等分配。那么，如何保证赫勒所说的起点的不平等分配，那就依赖于各种社会规范和规则的制定和实施，只有这样，才能够践行康德的"人是目的"的绝对律令，也才能更接近自由和平等的普遍价值。尽管罗尔斯和德沃金等当代自由理论家们也考虑到了个人天赋的不同，所设计的分配模式中也充分补偿了天赋的差别，但是如上所分析的那样，这种模式仍然存在着一些问题，从而导致最终的结果的不平等，而这恰恰是赫勒力图要避免的问题。具体说来，赫勒以某种形式的不平等为前提的分配模式的分析如下。

第一，分配平等（主要指物质方面的）并不能保证"生活机会平等"和正义的实现。赫勒首先界定了分配平等和分配不平等，分配平等指的是"社会（国家、社区）中的每个成员都能得到这个社会所创造的可自由支配的财富的同等**份额**"；分配不平等指的是"根据某些（尚不明确）标准，一些人得到了比其他人多的份额"。[①] 在赫勒看来，分配平等（主要指物质方面的）并不能保证"生活机会平等"和正义的实现。对这一问题的论证，在前面已经涉及过一些，即便是人们都得到了同等份额的物质或者资源等，也都有同样的合法权利获取所有有利的社

[①] Agnes Heller, *Beyond Justice*, Basil Blackwell Ltd, 1987, p.189.

会地位，从而拥有平等地发展某些天赋的机会，但是，因为人们处在特定的社会中，因为这一社会中所流行的某些规则的诸多限制，人们并没有机会发展其他的天赋，从而造成其生活机会的不平等以及不正义的现象。在这里，赫勒的这种看法实际上将人们的关注点引向了对社会通行的分配正义的规范和规则问题的思考上。此外，赫勒对当前流行的分配不平等假设的理由也进行了批评，这一批评也将人们的目光引向了对深层次的社会统治结构的思考。当前流行的分配不平等假设的理由是：人们通常会认为，不平等分配是由于某些类型的工作比其他的更重要、更有用。赫勒对此进行了驳斥，她认为，这一论点是错误的，鉴于特定形式的社会分工，所有类型的工作都对社会再生产做着同等贡献。从这个角度说，医生的工作并不比管道工的工作更重要，首相的工作也不比农民的工作更重要，因为所有这些工作对社会再生产来说都同等必要。而收入差异的评价与不同类型工作内在的"有用性"没关系，它是实际的统治结构所固有的，有用无用之间的区分也是这一结构强加的。由此可见，尽管赫勒赞同初始点的分配不平等，但并不赞同其不平等分配的理由，而这种理由之所以盛行与深层的社会统治结构密切相关。

第二，发展某些天赋需要获得更多社会财富就会使得最初的分配不平等。赫勒首先表明，发展天赋不能以其是否有道德优点而发展，也不能用收入的高低来评判是否有道德优点或者道德优点的多少。她之所以廓清这些问题，就是因为这些问题意味着：如果由天赋发展出来的才能在道德上是令人称赞的，那么拥有更多的收入或者报酬是公正而公平的，因此，人们就应该因为而且只能因其道德优点获得更高的收入或者报酬。但在这里赫勒指出了其中蕴含的一个悖论：如果人们因道德优点而获得报酬，那么我们应该完全没有**道德的**优点。也就是说，人们因为无条件地遵守道德规范这种行为是值得尊重的行为，拥有这种道德优点的人们并不是为了要获得高额的回报而这样做的，但最终却获得了金钱上的回报，这就意味着金钱奖励已经替代了应得的尊重，一旦拥有道德优点的人们获得物质和金钱上的报酬，那么将走向反面，这个人身上就不存在着道德上的优点。在这里，赫勒实际上触及到了下一部分中要重点谈的问题，对尊重的分配。此外，赫勒也质疑了这样一种行为，即社会应该阻止分配大量的社会财富用于发展对那些不值得的人的能力，这种行为表明社会财富应该用在发展那些值得发展的天赋和能力上才是公正的。

可是赫勒认为，判断一种行为是否公正应该取决于社会规范和规则，而不是取决于其他的因素。在这里赫勒实际上再一次回到了各种规范和规则的重要性，正如她所说的那样："如果我们接受这样一种社会规则的观念，即如果某些天赋的发展要求（以任何形式的）更大的社会支出，社会就应该持续不断地在每一种相关的情况中分配'剩余物品'，那么这样做就是公正的，而不用考虑这种天赋是否也是优点。此外，如果任意一个共同体一致认为，把更多的钱花费在发展一个人的天赋上而不是花费在发展许多人的天赋公正的话，那么这也是一个公正的行为，与'优点'无关。"[1] 在这里，一方面赫勒考虑到了人所拥有的所有天赋都应该得到发展，此外，她也考虑到了一些天赋较差的人，他们发展天赋或者看起来不值得发展的能力需要更多的社会财富。因此，先于人而存在的各种规范和规则就会起到很重要的作用，因为它们是一个社会正义与否的标准。

第三，各种规范和规则的制定要保证初始分配不平等的实施。如上所述，赫勒认为要保证人们初始分配的不平等就需要依仗各种规范和规则，她之所以如此强调规范和规则的重要性，就是因为规范和规则是塑造特定社会中人们的价值观以及维护社会正义的必备条件。对于这一点，赫勒在对静态正义（形式的正义）的阐述中进行了说明。所谓静态正义或者形式正义指的是"同一规范和规则一致且持续地应用于该规范和规则所应用的社会群体内的每个成员身上"。[2]

众所周知，我们每个人都生活在特定的社会和群体中，人们在社会化的过程中，必须了解和遵守特定群体的规则和规范，在持续不断地遵守中，人们特定的价值观得以完成，同时，只要这些规范和规则能够持续并一致地应用于群体的每个成员中，那么这些人就被公正地对待。当然这并不表明，现有的规范和规则永久有效，如果人们在自由和生命等普遍价值的指导下，认为现行的规范和规则存在着问题，可以质疑并挑战现行的规范和规则，也正是在这里动态正义出现。在对动态正义的讨论时出现另外一个问题，即何种规则和规范有效的问题，在这里我们回到了正在讨论的问题上。为了尊重人们的差异性，也为了保证生活在特定社会中的每个人的天赋都能够充分发展，进一步为了保证每个人发展

---

[1] Agnes Heller, *Beyond Justice*, Basil Blackwell Ltd, 1987, p. 194.
[2] Agnes Heller, *Beyond Justice*, Basil Blackwell Ltd, 1987, p. 5.

天赋所必需的东西，人们遵守的应该是承认和尊重每个人独特发展需要的社会规范和规则，也就是说，社会规范和规则应该是注重发展人的各种天赋和能力的社会规范和规则。只有这样，尽管初始之处分配并不平等，但这是在尊重个人差异基础上的不平等，但结果因每个人都发展了其想要发展的天赋从而使得最终的结果是平等的。所以，在这里重要的是制定什么样的规范和规则的问题。

以上已经阐明了赫勒倒置的"三位一体"的分配模式中，要想达成生活机会的平等，其前提应该是某些形式的分配不平等，而不仅仅是自由理论家们所设想的一般意义上的机会平等或者物质的平等。进而，赫勒又深入探究生活机会的平等这一价值的实现，表明分配正义的达成中关键的要素则是要弄明白"尊重应该给予什么"的问题。赫勒为什么要将这个问题看得如此重要？在我看来，一方面，她对尊重的理解与罗尔斯在论证其正义的原则时对尊重的理解并不相同，另一方面她也切中了现代人的要害：现代人过度崇拜金钱等物质性的要素。无疑这种崇拜在赫勒看来也体现在了"三位一体"的分配模式中，即在这一分配模式中，金钱等物质要素在分配中作为主要的衡量标准。正是基于此，为了使其分配理论更全面，赫勒就要进一步追问尊重应该给予或者归于什么的问题。

第三节　分配正义中的关键问题：
尊重的分配应给予什么？

如上所述，赫勒首先追问的是："尊重应给予'基因抽奖'（genetic lottery）中赢得的天赋还是只给予道德优点？尊重应该'依据某物'还是应同等给予每个人？"[1] 赫勒对于这个问题的回答与罗尔斯的回答有些微妙的不同。

在罗尔斯的正义观中，他认为一种正义观的适当特征就是："它应当公开地表示人们的相互尊重。"[2] 这种相互尊重在罗尔斯的论证中是作为一种自然义务而存在的，即人们有义务给予作为道德人，亦即作为具有

---

[1] Agnes Heller, *Beyond Justice*, Basil Blackwell Ltd, 1987, p. 195.
[2] 约翰·罗尔斯：《正义论》，何怀宏、何包钢、廖申白译，北京：中国社会科学出版社1988年版，第177页。

一种正义感和一种善的观念的人所应得的尊重。尽管在这里罗尔斯将尊重与道德人联系起来，但是他所谈到的尊重却更多地指应给予每个人，正如他认为的那样，这是处于原初状态中的人在寻找正义原则时知道的事情，他们只有在社会中尊重别人才能获得安全感，人们只有生活在履行相互尊重义务的社会中才能彼此获益。因此，在罗尔斯的视野中，生活在社会中的人为了获得安全感以及利益，他们在原初状态时就会寻求包含相互尊重的原则，人们所寻求的正义的两个原则也包含着人们不能把他人仅仅视为手段。在这里罗尔斯也从契约论的角度解释了康德的"人是目的"的绝对律令。

而赫勒在对此问题回答之前运用了较大的篇幅区分了"承认"（recognition）和"尊重"（respect）这对范畴，用以表明尊重并不应同等给予每个人。这对范畴主要的区别在于："承认应给予以个人（person）身份存在的人（person）——它应给予单个的存在（specific being），给予自我（ipseity）。尊重应给予人类（humankind）（给予人性化[humaneness]），因此应给予作为人类一员中的每个人。在我们的判断和行动中，所分配的承认必须是**同等的**。承认所有的天赋意味着我们赋予每个人，而且是**同等地**赋予每个人以培育天赋的权利。我们的承认与优点（merits）并不成比例。"① "同等的尊重不应给予每个个体人的单个的存在（自我）。作为人类的一员，每个人都应该受到同等的尊重，尊重的程度**与其道德优点成比例**，不过不与其优秀成比例。"② 通过对赫勒描述的承认和尊重区别的引用，可以看到两者的区别主要如下：第一，承认是同等地给予单个人的，只要是作为个人身份的人存在，都应该获得同等的承认；而尊重是给予以群体中成员的身份而存在的个人的，也就是说，能够得到尊重的某个人必定不是作为单个人而存在的个人，而是作为某个群体成员而存在的个人。第二，承认与一个人是否拥有道德优点无关，即这个人无论是有道德的好人还是邪恶的人，都应该得到承认。同样，个人所拥有的所有天赋也都应该予以承认。而与之相反，尊重是与一个人拥有的道德优点有关系，但与这个人是否优秀无关。赫勒之所以特别强调这一点，原因在于现代社会中有些人以邪恶的方式将天赋发展成才能，使之看起来很成功或者物质上富有，那么这些人是否应该得到尊重？

---

① Agnes Heller, *Beyond Justice*, Basil Blackwell Ltd, 1987, p. 195.
② Agnes Heller, *Beyond Justice*, Basil Blackwell Ltd, 1987, p. 196.

因此，赫勒区分了这一对范畴，并且表明，如果人们在满足其需要的时候将别人用作工具，那么我们可以在充分承认其需要的同时谴责其满足需要的方式，即在这里存在着承认，但是不存在尊重。赫勒对于承认和尊重的区分实际上也蕴含了她所提出的问题的答案：尊重应只给予道德优点，它应该"依据某物"给予人们。

如上所述，赫勒谈到的承认主要是对以个人身份存在的人的承认，它给予的是单个存在的个人，赫勒之所以区分承认和尊重，一方面表明她与罗尔斯在"尊重应给予什么"这一问题的回答不同，另一方面主要是因为在"三位一体"模式中罗尔斯混淆了"承认"使用的语境。在赫勒看来，罗尔斯的"差别原则"中所特别关照的"最不利者"这一群体中，这个群体的每个人得到承认是作为群体中的一员而得到的承认，而不是作为一个单个的人而得到的。在这种情况下，如果中央机构承担着分配相称的尊重的工作，那么结果通常是很偶然的，在这里天赋和道德优点之间的界限模糊。也就是说，在这里，中央机构并不能区分社会中处于不利境况中的这些人到底是因为天赋不足所致还是道德缺点所致。因此，承认和尊重之间的区分必须明确。

此外，赫勒也谈到承认和尊重应该成为自我承认和尊重的指南，也就是说，承认和尊重不仅仅是指向别人，同时也指向自己：人们既应该同等地承认别人的天赋和才能，也应该同等地承认自己所有的天赋和才能；既应该根据别人的道德优点尊重别人，也应该尊重自己。只有承认自己所有的天赋，才能够在此基础上发展自己的天赋、个性等，只有尊重自己，才不会为了获取金钱、权力等方面的成功而将自己仅仅当做手段来使用。

需要补充的是，赫勒在区分承认和尊重这对范畴时，也进一步区分了承认和满足，即承认并不等于满足。赫勒一直反复强调的是所有人的天赋、才能和需求都应该同等地得到承认，但她同样也强调，由于受很多条件的限制，因此并非人的所有需求都能得到满足，至少不能同等地得到满足。因此，她也建议："'从生活机会平等'这种普遍观念的实现，既不以满足所有人的需要为前提，也不以平均分配现有物质资源给每个人为前提。它预设的前提是，满足培育我们天赋的所有需要，无论这些天赋是什么，除非满足一种天赋的需要意味着把其他天赋只作为手段来使用。"①

---

① Agnes Heller, *Beyond Justice*, Basil Blackwell Ltd, 1987, p. 198.

在这里，赫勒之所以首先要弄清楚"尊重的分配应给予什么"这一问题，主要的原因一方面如上所说的她要揭示罗尔斯"差别原则"中存在的问题，另一方面也在于她要弥补德沃金所主张的分配结构应该"敏于志向"（ambition-sensitive）而"钝于天赋"（endowment-insensitive）中存在的缺点。我们知道，"敏于志向"意味着在资源平等的前提下，人们更加注重志向的作用，人的命运取决于自己的自由选择，当然，如前所述，因为现实生活中也存在着天赋较差的人，因而德沃金提出了补偿自然天赋劣势的方案来加以弥补，但无论怎样，他更加注重志向在分配正义中的重要作用。而德沃金和赫勒对于"志向"一词的理解稍有不同，如果说"志向"在德沃金那里主要是在肯定的意义上来谈的，那么赫勒则看到了这个词中包含的否定意义。在她看来，"如果'志向'意味着'优点'，而不意味着潜在的缺点的话，那么根据其道德善赋予人们相称的尊重也将会是错位的。成功包含着道德优点。社会所分配的承认是不平等的，尽管所有的承诺都是平等的，那么分配给个人的尊重将主要遵循着不平等分配的承认的模式。"① 也就是说，在将天赋转化成才能这一志向实现的过程中，既涉及道德优点，也可能涉及道德缺点。其中"意志力、勤奋、牺牲、勇气、热情都是具有优点的品质和行为。但是，将天赋转化成才能也能意味着将人视为纯粹的手段来使用；残忍、对苦难麻木不仁、自私——这些都是缺点的行为。"② 只有具有道德优点的行为和表现以及取得的成功才值得尊重，也才意味着分配正义的实现，而把人当做手段优先承认和发展某些天赋来实现的志向和成功则不值得尊重，分配正义也不会实现。正是在此意义上，赫勒一直都在强调所有人的天赋必须得到平等的承认，在这里可以看到康德哲学中"人是目的"这一绝对律令对赫勒的深刻影响。尽管如此，但她并不主张所有人都要得到尊重。

之所以说在赫勒的理论中"尊重的分配应给予什么"是分配正义的关键问题，是因为这是厘清"分配是否要根据道德优点来进行"这一问题的关键。当然，无论是在罗尔斯还是在诺齐克的分配理论中都明确拒绝了应按道德应得进行分配的观点，如罗尔斯曾经指出："常识倾向于假设：收入、财富和一般生活中的美好事物都应该按照道德上的应得来分

---

① Agnes Heller, *Beyond Justice*, Basil Blackwell Ltd, 1987, p. 198.
② Agnes Heller, *Beyond Justice*, Basil Blackwell Ltd, 1987, p. 194.

配。正义即为由德性决定的幸福。虽然人们认识到决不能完全地实现这个理想，但它却是分配的正义的适用观念，至少是一个首要原则。当环境允许时，社会应当试图实现它。作为公平的正义反对这一观点。这样一个原则不会在原初状态中被选择。"① 诺齐克的持有正义中也拒绝了这一点，正如他所说："任何人都能把他拥有权利的东西给任何别的人，而不管接受者在道德上是否应得这份赠予。"② 而赫勒亦然如此，只是赫勒更进了一步，她更加细致区分了"承认"和"尊重"，"尊重"应该给予作为群体成员存在的个人的道德优点，而"承认"是应该给予作为单个人存在的个人，对个人及其天赋和才能的承认并不看其是否有道德优点，都应该得到平等的承认，因此，分配应该是建立在"承认"的基础上来进行的。

那么如何使得天赋和才能都能够得到平等的承认，如何使人在发展天赋的过程中能够以正当的方式进行从而得到尊重，这就要允许并承认多种生活方式的存在，并且人们可以在不同的生活方式之间自由转换。因为不同的生活方式中分配正义的模式并不相同，有的生活方式中占主导地位的是"三位一体"的模式，但有的并不是。因此，多种生活方式的同等并存以及人们可以在其中自由转换为赫勒所描述的分配模式提供了可能。也就是说，如果人们可以在不同的生活方式中自由转换的话，那么人们就不必只是生活在单一的生活模式中将某种特定的天赋发展成才能，而忽略其他天赋的发展，他们也可以自由地发展其他的天赋。因此，倒置的"三位一体"模式的实施需要承认多种生活方式的合理性并存。

第四节　倒置的"三位一体"模式实施的环境：多种生活方式的同等并存

赫勒一直强调想要发展多种天赋而不是只发展某种特定的天赋，要想达到生活机会平等的目标，那现实生活中就需要有多种生活方式的并

---

① 约翰·罗尔斯：《正义论》，何怀宏、何包钢、廖申白译，北京：中国社会科学出版社 1988 年版，第 310—311 页。

② 罗伯特·诺齐克：《无政府、国家与乌托邦》，北京：中国社会科学出版社 1991 年版，第 220 页。

存,每种生活方式都有独特的主导的分配模式。只有这样才为多种分配模式留下空间,也为人们的选择留下了余地,人们才可以自由决定优先发展哪种天赋,而不是像"三位一体"的分配模式占主导地位的单一生活方式中,人们只能选择优先发展追求收入等物质因素的天赋。那么,多种生活方式何以可能联系在一起共同存在、多种生活方式的并存如何实现以及现代人如何能够实现不同生活方式的转换就成了亟待回答的问题。对这几个问题的回答总的来说如下:第一,多种生活方式能够联系在一起而并存,源于它们拥有共同的规范化基础,赫勒对此的阐述主要体现在她的不完备的伦理—政治的正义概念中;第二,多种生活方式并存的关键要素是程序正义的建立;第三,现代人可以通过自己的自由选择来进行不同生活方式的转换,尤其是通过道德的选择才能自如地进行这一活动,在这一选择中,人们也把自己的各种自然天赋发展成了不同的才能。

一、不完备的伦理—政治的正义概念为多种生活方式的并存提供规范化基础

对于"多种生活方式何以可能联系在一起而并存"这一问题的回答,可以从赫勒构想的不完备的伦理—政治正义概念中找到答案。在赫勒的构想中,她放弃了想要为现代社会构建完备的伦理—政治正义概念的想法,而转向不完备的伦理—政治正义的概念,之所以如此就在于赫勒充分意识到了现代人的生存处境,现代人一出生就处于双重偶然性的生存中,即出生的偶然性和生存的偶然性中,他们生活在现代性的世界中,没有什么绝对正确和永恒的标准来引导和决定人们的生活,因此,赫勒放弃了完备的伦理—政治正义的概念,转而主张不完备的伦理—政治正义的概念,而这一主张正如赫勒所说的那样:"我们的伦理—政治的正义概念之所以是不完备的,并不是因为我们放弃了设计一种对于我们(在这里'我们'代表分享一种特定的历史—文化传统的人们)来说最好的生活方式,而是因为我们意识到对于'我们'来说是最好的可能对于每个人来说不是最好的,意识到一种特殊的乌托邦可能对于一个特定的人群来说是最好的,即使它对于'我们'来说不是最好的。"[1]

---

[1] Agnes Heller, *Beyond Justice*, Basil Blackwell Ltd, 1987, p. 221.

当然，赫勒立足的是现代社会的生活方式，这种现代的生活方式与前现代社会的生活方式相比较而言，最不同的特征在于它们是建立在自由、生命和平等这些普遍价值基础上通过对称性互惠的纽带联系在一起的。而不完备的伦理—政治正义的概念正如她所说的那样就是"寻求**为不同的生活方式建立一个共同的规范化基础**"。① 换句话说，赫勒想要寻求解决的问题是：在现代社会中，需要多种生活方式的并存，但是以对称性互惠为纽带的多种生活方式如何能够平等并存，能够保持它们平等共存的那个规范到底是什么？在寻找这个共同的规范化基础的时候，赫勒转向了不完备的伦理—政治的正义概念，说到底这样的一个概念的重要因素是她一直强调的"黄金规则"，人们根据这一法则来形成一种作为正义程序的动态正义的正常运转。

二、作为正义程序的动态正义是多种生活方式能够并存的关键

如上所述，赫勒给出的答案是借助于在对静态正义的阐述中所提出的"黄金规则"，这一法则的**一般化**和**普遍化**可以成为多种生活方式并存的共同规范化基础。所谓的"黄金规则"就是"我待你的方式与我期望你待我的方式同样。"② 这一法则之所以被提出并适用是因为赫勒已经假定现代多种生活方式的并存是按照对称性互惠的纽带联系在一起的，也就是说，这一法则适用于人们之间的对称性关系，而不适应于非对称关系。所谓对称性关系，主要指人们在相互交往过程中的社会地位的平等，而不是德行和优点方面的平等；非对称的关系指的是人们在相互交往中存在着上下级的非对等、支配等情况。在赫勒那里，"黄金规则"的**一般化**意味着黄金规则既是静态正义也是动态正义的规则，而**普遍化**则意味着这一法则实施的程序被设想为适用于全部人类群体的公共规范。因此，她也将"黄金规则"的一般化和普遍化称之为政治至善，进而将符合政治至善标准的生活方式和文化的多元性称之为社会至善。前者实现了"所有人都自由的平等"的普遍规范，后者实现了"所有人生活机会的平等"的普遍规范。

实质上，"黄金规则"的一般化和普遍化的过程就是正义程序展开

---

① Agnes Heller, *Beyond Justice*, Basil Blackwell Ltd, 1987, p. 220.
② Agnes Heller, *Beyond Justice*, Basil Blackwell Ltd, 1987, p. 21.

的过程，而这一过程恰恰是现代多种生活方式能够并存的关键要素。赫勒在论述正义程序的开展时实际上借鉴了哈贝马斯的"商谈伦理"。众所周知，哈贝马斯曾经以言语为核心建立了其著名的交往行为理论，用之来处理人与人之间以及国家之间、民族之间的关系。而赫勒在考察了哈贝马斯的"商谈伦理"后，认为商谈除非在普遍化的基本原则指导下进行，否则就不能达成真正的共识，达成的只能是理性的妥协，为此，她重新制定了哈贝马斯的普遍化的基本原则，具体如下：

> 每种有效的社会的和政治的规范和规则（每部法律）都必须符合如下条件：对要求满足每一个个体需要的那种法律（规范）的普遍遵守而引发的可预见的后果和副作用能够被相关的每个人接受，关于实现自由和/或生命这种普遍价值的准则的主张能够被每个人接受，无论他们所致力追求的价值是什么。这些规范的后果和副作用必须优于所有替代的法规所产生的后果和副作用，并且该规范必须比其它替代法规在更大程度上（更充分地）实现自由和/或生命的普遍价值。①

也就是说，为了确立有效的社会的和政治的规范和规则，需要的唯一的正义程序（"黄金法则"的一般化和普遍化）就是对话，在这种对话中，人们诉诸自由和生命的普遍价值，每个人都可以对现行的规范和规则提出质疑。赫勒所描述的不完备的伦理—政治的正义概念对于作为正义程序的动态正义的强调实际上正如迈克尔·沃尔泽（Michael Walzer）所说的那样："这是一种关于论证（argument）的理论，是大量的集中于程序而不是实质问题并把商谈视为关键程序的现代理论之一。目的在于确定商谈的结构而不'确定'其结论，即不事先决定其结论。结构的正义论证着结论的正确性，**无论这些结论是什么**。"② 沃尔泽的评价无疑是对的，然而这样一种程序也并非完美无缺，对于其存在的可能的问题，沃尔泽也提出了疑问。在他看来，赫勒所构想的不完备的伦理—政治的正义概念正趋向于完备，正如他所说的那样，自由而平等的商谈者，他们致力于追求生命和自由，实践着容忍和相互尊重的美德，他们并不

---

① Agnes Heller, *Beyond Justice*, Basil Blackwell Ltd, 1987, pp. 240 – 241.
② Michael Walzer, The virtue of incompletion, *Theory and Society*, 1990 (19).

像雅典娜从宙斯的头上出来那样能从哲学家的头脑中跳出来。他们是历史的产物，是很多代努力的结果，他们存在于一个适合其性能的社会并因此支持、加强和再生产如他们一样的人们。因此，从这一点上来说，赫勒的构想在他看起来接近完备。

赫勒并不否认各种生活方式自身所通行的各种规范和规则，她只是在为现代社会中多种生活方式寻求一个最低或者最弱的基础，正是这一共同的基础才将各种生活方式维系起来，也为人们的自由选择和转换提供了支撑。如果没有这一共同基础，那么在文化相对主义不断发展的今天，一旦相对主义发展到极端必然走向虚无主义。因此，赫勒对这一共同基础的强调具有很重要的价值，它既为多种分配方式的存在提供了依据，又避免了文化极端相对主义乃至虚无主义的发生。

三、自主选择是实现不同生活方式之间转换的核心因素

现实社会中的每个人出生在一个特定的社会中，每个人生来也拥有很多的天赋，个人的成长实际上是根据自我选择而进行的一系列自我构建的过程，因而赫勒说道："把天赋发展成为才能的过程构成了'自我的构建'。每个人都是自我塑造（self-made）的人，因为每个人都是自为（self-making）的人。世界是'赋予'我们的，在其中我们做出自己的选择。所有的选择（类似生存的选择）都是一系列有意行为的结果。生存的选择（将道德天赋发展成为才能的决定）是**我自己**的选择。"① 可以说，选择构成了人们、特别是现代人的宿命。其中，道德的选择尤其重要，一旦完成这样的选择，实现了道德自我的构建，人们既可以在不同的生活方式之间自由转换，也可以将自身的双重偶然性转化为确定性的生存。因此，对道德的选择构成了赫勒后期对道德理论阐述的重要内容。②

在赫勒看来，在将天赋转换成才能的选择过程中人们会面临种种限制，但是现代社会仍然为人们的道德选择留下了空间和余地。正如她所

---

① Agnes Heller, *Beyond Justice*, Basil Blackwell Ltd, 1987, p. 309.

② 限于篇幅和内容，在这里对这个问题不做详细阐述，读者如果感兴趣可以阅读赫勒的"道德理论三部曲" *General Ethics*（Oxford：Basil Blackwell Ltd, 1988），*A Philosophy of Morals*（Oxford：Basil Blackwell Ltd, 1990）and *An Ethics of Personality*（Oxford：Blackwell Publishers Ltd, 1996）目前，这三本书也已经被翻译成中文。

说的那样："存在着一种**社会限制**，大意是说，每个人对于**为了幸存必须把某些天赋发展成为才能**，尽管这些特定的天赋应该是什么并不是一件预先确定的事情。没有任何社会限制要求我们必须选择自己（作为诚实的人），唯一的限制就是我们必须培养遵守规则的能力，当然还有一定程度上遵守规范的能力。"① 也就是说，赫勒认为在当代社会中尽管存在着很多限制，但人们仍然可以进行自主选择优先发展哪种天赋，是选择优先发展道德天赋还是优先发展能增进其收入、权力的天赋，这就取决于人们如何构建自己。无疑，赫勒更倾向于前者，这不仅仅因为优先发展道德天赋是其倒置的"三位一体"模式的核心，而且因为这一选择对于现代人来说是依据普遍性范畴所进行的生存的选择，它能够将处于人们双重偶然性存在的生存状态转化为确定性的生存。对于选择、特别是"生存的选择"及其类型的论述，赫勒在随后的著作《道德哲学》中进行了重点阐述。

对于这一问题，前面已经比较清楚地阐述过，赫勒区分了依据普遍性范畴所做的生存选择和依据差异性范畴所做的生存选择，所谓依据差异性范畴的生存选择，就是你选择你自己作为从事某种特别事业的人，或者用韦伯的术语，是作为"这一特别职业的人"，在这种选择中，你选择自己以差异（difference）的方式生存着，你可以选择自己成为一位艺术家、一位诗人等，通过这种选择，你成为了你所是的。与之相对，所谓依据普遍性范畴所做的生存的选择，完全是一种基本的道德选择，是对道德本身、对好人本身的彻底选择。诚如赫勒指出的那样："依据普遍性范畴选择我们自己等同于选择我们自己**作为好人**。这之所以是道德选择，是因为这是对伦理道德的选择。"② 即对道德的选择实质上也是生存地选择我们自己，而"生存地选择我们自己"意味着命定使我们自己成为我们所是的，即伦理地选择我们自己意味着注定使我们自己成为我们所是的好人。这种道德选择在某种意义上也可以说是对我们生来拥有的道德天赋的选择，只有选择并将这一天赋发展成才能，我们才真正完成了道德上的"自我构建"。所以自由的选择很重要，但选择什么更为重要。只有完成真正的道德选择，人们才能在不同的生活方式之间自由转换，也才会达成真正的分配正义。

---

① Agnes Heller, *Beyond Justice*, Basil Blackwell Ltd, 1987, p. 310.
② Agnes Heller, *A Philosophy of Morals*, Basil Blackwell Ltd, 1990, p. 13.

回顾赫勒对多种生活方式并存的阐述可以看到，在某种意义上她借鉴了诺齐克的乌托邦的理念，不同的是赫勒更加强调再分配的重要性。诺齐克认为，人们所追求的美好社会的各种条件放在一起经常是矛盾的，这些条件不可能同时和连续地实现社会和政治的所有善。既然如此，就转而设想对我们所有人来说最好的世界，而这一设想就是乌托邦的设想。诺齐克通过对乌托邦结构的描述得出了如下的结论：

> 在乌托邦中，将不是只有一种共同体存在，也不是只有一种生活方式。乌托邦将由各种乌托邦组成，其中有许多相当歧异的共同体，在这些共同体中，人们在不同的制度下过着不同的生活。对大多数人来说，某些共同体比别的共同体更吸引人，各种共同体盛衰不一，人们将离开某个共同体而去别的共同体，或者在某一共同体中度过一生。乌托邦是各种乌托邦的一个结构，是一个人们可以自由地联合起来，在理想共同体中追求和实行他们自己认为好的生活观念的地方，但在那里，任何人都不可把自己的乌托邦观念强加给别人。乌托邦社会是具有乌托邦精神的社会。（有些人当然可以满足于他们的现状，并非每个人都将加入特殊的试验性共同体，很多最初拒绝的人将在随后情况明朗时才加入某些共同体。）我希望所提出的这一部分真实、部分虚构的陈述的意思，是说乌托邦是一种元乌托邦；是一种在其中可进行各种乌托邦试验的环境；是一种在其中人们可自由地做自己事情的环境；是一种若要使较多的特殊乌托邦被稳定地实现，它就必须在很大范围内被首先实现的环境。①

从诺齐克的这段描述中可以看出，这种允许多种方式存在的乌托邦就是一种元乌托邦，是容纳各种乌托邦组织的一个结构。显然，赫勒也接受了这种乌托邦的结构，承认多种生活方式的存在，但是她并不接受诺齐克所主张的排除一切形式的再分配原则。前面已经阐述过诺齐克的持有正义更加强调个人持有的权利，更加强调自由相对于平等的重要性，因此，他反对强制性的再分配，无论以什么样的理由和形式。而对于赫勒来说，她并不赞同这一点，她更加主张的是某种生活方式或者某种乌

---

① 罗伯特·诺齐克：《无政府、国家与乌托邦》，北京：中国社会科学出版社1991年版，第311页。

托邦组织中应该允许再分配原则，因为这是保证多种生活方式并存、某种生活方式不会消失的前提。因为如果完全排除再分配原则的话，那么经过几代的发展，有些生活方式或者共同体因为匮乏或者不可控因素的影响可能会消亡，这样一来，就不能确保公共生活的再生产，进而"所有人生活机会平等"的价值也不会实现。因此，赫勒尽管接受了诺齐克的某些思想，但同时她也允许某种生活方式中的再分配原则的存在，这也可以说赫勒并没有完全摒弃"三位一体"的分配模式以及罗尔斯、德沃金等理论家的某些想法，只是将这个问题提升到了另外一个水平上。

总的说来，赫勒所构建的分配正义的模式与当代自由理论家们的"三位一体"的模式根本上的分歧就在于衡量分配正义的标准是否只是注重收入、权力等物质因素。如果是的话，那么人们在生存中更重要的天赋就没有机会发展成才能，生活机会的平等也永远是空想，康德的"人是目的"的绝对律令也不能完全被践行，而赫勒的个性也无法真正实现。此外，这两种模式中的分歧还在于起点上应该更注重人们获得的**平等的**物质等东西，还是应该更注重人们获得的发展其天赋所**必需的**东西，两者之间存在着很大的区别。无疑，"三位一体"的分配模式的答案是前者，尽管在人们的发展过程中存在着不平等，但要保持起点的平等，无论这种平等是物质，还是其他的要素；而赫勒的模式却是后者，在起点处不应该过度关注人们获得的东西是否平等，因为每个人都是独特的，某些天赋的发展必定比其他天赋的发展需要更多的社会支出或者更多的东西，而所有的天赋都要被同等地承认，因此只需要分配给人们发展天赋必需的东西，而必需的东西对每个人来说肯定都不一样，这就造成了在起点处的分配根本不可能平等，但就每个人都平等地发展了其独特的才能而言，他们在结果上却是平等的。因此，赫勒对于起点上的"平等的和必需的"这两者之间的区分构成了其分配模式的独创性。

需要再次强调的是，赫勒对分配模式的这种创造性的倒置不要被误认为她已经彻底抛弃"三位一体"的模式，毕竟在当今社会中这种分配模式适用的生活方式仍然居于主导性的位置，大多数的现代人仍然处在"重占有的生存方式"中，因而赫勒并没有完全抛弃这一模式，同样亦需要强调的是，赫勒并没有因这一可替代的分配模式的提出，就完全否定并摒弃了当代自由理论家们所持的正义观。正如之前提到她对诺齐克理论的阐释时明确说过，为了保持多种生活方式的并存，她恰恰主张在某种生活方式中保留再分配原则。这就表明赫勒并没有完全摒弃"三位一体"的分配模式，因此，人们应该将赫勒的模式理解为是在"三位一体"模式上的扬弃，或者更确切地说是拓展和丰富。确实如此，赫勒的倒置的分配模式在某种意义上克服了罗尔斯等自由理论家设想的分配模式的缺陷，拓宽了平等的范围，将之扩展到对人们的所有需要的平等承认。为此，她批判性地借鉴了诺齐克的乌托邦理论，表明了当代社会中多种生活方式的并存，有的生活方式中允许"三位一体"的模式，而有的生活方式中则允许其他的模式，人们可以在各种生活方式中自由转换。正是基于此，赫勒的倒置的分配模式对于分配正义理论的扩展以及现代人的生存都具有重要的指导意义。

尽管这样，赫勒阐述的这种模式并非完美无缺。她的可替代的模式中的最大问题是：并没有充分考虑给予者，只考虑接受者，这就使得赫勒回避了诺齐克解释的比较清晰的所有权问题，尽管我赞同她对诺齐克的批评，即诺齐克摒弃所有的再分配原则。如前所述，赫勒在探讨本章的第一个问题，即"生活机会平等"的普遍价值的实现是以平等分配为前提还是以某些形式的不平等为前提时，曾经说过："目前我并不关注（财产、收入和福利开支等等）不平等或平等的**来源**。"[①] 接着她界定了分配平等（社会、国家、社区中的每个成员都得到这个社会所创造的可自由支配的财富的同等份额）和分配不平等（根据某些尚不明确的标准，一些人得到了比其他人多的份额）。在我看来，赫勒所说的并不关注（财产、收入和福利开支等等）不平等或平等的来源，实际上是回避或者搁置了这一问题。搁置这个问题的原因也可以说对它的讨论与接下来赫勒所阐述的新分配模式关系不大，但是如果这个问题说不清楚的话，就无法说明白赫勒所阐述的新模式。我们都知道，在特定时间内，社会所创造的可自由支配的财富是一定的，那么如何能够保证赫勒所说的新模式的各个方面的实现？例如，如何保证能满足第一个方面：每个人都从社会财富中得到将其天赋发展成才能所必需的东西？尽管每个人因发展其天赋不同而所必需的东西不同，但如果因为社会提供的必需的东西有限，而人们在发展天赋的过程中对其的需求远远超过社会提供的数量，那么应该如何分配？这就会引发人们之间的冲突，从而一方面就要求我

[①] Agnes Heller, *Beyond Justice*, Basil Blackwell Ltd, 1987, p. 189.

们必须回答财富的来源问题,另一方面也要求我们进一步追问在已经创造的可自由支配的财富中,每个人的贡献是多少的问题。在这里似乎又陷入了循环论证的悖论中,因为进一步的追问就意味着要依照每个人贡献的多少来决定被满足的顺序。而这种分配又陷入极度不平等中,由于那些天生有缺陷的人自然贡献的少。实际上,在这里我们又回到了罗尔斯和诺齐克的争论中,经济领域中当平等和自由出现冲突时,优先选择"差别原则"还是"权利原则"?赫勒曾经回答过这个问题,"即使某个人对社会财富的贡献可能要大于其他人对社会财富的贡献,但为什么对这种更大贡献的承认应该采取更多(物质、收入等等)财富来作为报酬的形式决不是自明的。赞扬、赞同和道德奖励可以代替金钱或者物质的报酬。即使在今天,某些成就也可以通过这种方式(没有奖金的表扬、奖状等等)得到承认……如果对社会财富有'更大贡献'的回报的奖励仅限于尊重的话,正义就不会削减。"[①] 的确在这里,看上去赫勒通过对人们贡献回报标准的转变解决了罗尔斯和诺齐克之间争论的焦点问题。但是,这却有赖于多种生活方式的真正形成。

此外,尽管赫勒强调个人的天赋和需要都要得到平等的承认,但这并不等于同等满足它们,也就是说,如前所述,她的确区分了承认和满足这对范畴。但如果我们试着将目光转到满足上,是否有滑入功利主义窠臼中的嫌疑?仍然出于同样的理由,自然资源是有限的,如果人们要求得到满足的资源超过自然资源的承受范围,那么应该如何进行分配?是否要根据在整个社会范围内达到最大社会利益的标准来进行分配?是否认为正义的制度就是最大限度增加善,即最大量地增加合理欲望的满足?如果答案是肯定的,那么赫勒的理论就导向了功利主义,尽管很清楚赫勒绝对不是功利主义者。

因此,赫勒的设想很好,但要践行她的乌托邦的设想,实现多种生活方式的并存以及分配正义模式的多样化发展尚需时日,道阻且长,但幸好,行则将至……

[①] Agnes Heller, *Beyond Justice*, Basil Blackwell Ltd, 1987, p. 190.

结语　承继与反思

如导论中所说，围绕着卢卡奇所形成的布达佩斯学派始于1964年（根据赫勒自己的说法），但直到1968年之后人们才能开始谈论这一学派。学派终结于1976年，终结的原因赫勒在访谈录里也为我们做了解释："瓦伊达，我们中的浪漫主义者，告诉我们如下的话：你们永远不会战胜资本主义，社会主义是胡说，马克思主义也是。"① 细细品味起来，这一学派的终结带有些许悲剧色彩，因为其最终的终结并非因其主要代表人物的谢世，并非外在政治高压导致学派的终结，尽管这几位哲学家的确都曾遭遇过政治压迫，在1973年他们也因其理论与官方意识形态不同而被迫失业，并且被没收了护照，从而最终被迫在1975年之后纷纷离开布达佩斯，但是这一学派的最后解体却是因为瓦伊达的学术方向最终背离了学派的初衷，从复兴马克思主义走向了弃绝马克思主义，从而瓦解了学派存在的基础，当然他们因遭受政治压力被迫离开布达佩斯这一外在环境也加速了解体的进程。

众所周知，这一学派的形成始于卢卡奇及其这几位代表人物"复兴马克思主义"的初衷。正如赫勒所说的那样："卢卡奇相信布达佩斯学派是关于马克思主义的复兴，这意味着我们需要回到根源，回到马克思本人那里。我们必须忘记马克思之后的马克思主义。我们必须回到根源以开始新的一切，回到起点，因为一切都已经偏离了正轨，沿着错误的方向前进。现在我们——布达佩斯学派——必须做其他人没有做过的事情。我们必须回到马克思，开始在正确的方向上发展哲学。我们把我们自己称作是马克思主义者和社会主义者，正因为如此，我们才成了马克

---

① Simon Tormey, "Interviews with Professor Ágnes Heller（I）", Budapest, $1^{ST}/2^{ND}$ July 1981, *Revista de Filosofía*, 1998, p. 36.

思主义者和社会主义者。"① 进而，赫勒又说道："我们知道'真正的社会主义'，我们知道这（指当时苏联东欧实行的社会主义——作者注）不是社会主义，我们想要寻找真正的马克思，因为我们看到的并不是'真正的'马克思。"② 从赫勒的访谈录中我们很容易看到布达佩斯学派的学术目标，就是要立足于马克思主义，对其反思并重新回到马克思本人的思想，从而寻求真正的社会主义的出路。然而最终瓦伊达在反思马克思主义以及重释马克思思想的道路上却与马克思主义公开决裂，从而也瓦解了这一学派存在的根基，因此，这一历经 12 年的学派的终结未免带有某种悲壮的色彩。这样的结局着实令人有些意外，因为在 1975 年的时候，这个学派的四位主要代表人物共同写的《关于卢卡奇〈本体论〉的笔记》中还曾经说过："尽管 20 世纪 50 年代（即我们开始把自己看做哲学上独立的、有思想的人）以来，我们对于超越世界资本主义阶段的要求从未动摇，并且确信必须以马克思为出发点完成这一超越，但我们还是对'传统'马克思主义的理论框架产生了更多、更深的怀疑、问题和疑问。"③ 也就是说，在 1975 年的时候，他们仍然认为超越资本主义阶段的想法是必然的，虽然他们一直都认为，为了复兴真正的马克思主义就需要对传统马克思主义进行质疑并进行补充和发展，但没想到在之后的较短时期内，这一学派竟然走向了终结。

在学派终结之后，有很多思想遗产仍然值得我们继承，其中包括他们对斯大林社会主义的批判，赫勒对现代政治概念的洞见，对积极公民的强调以及她的进步观等。然而也有很多问题仍然有待我们思考：如何看待赫勒一直强调的她是一个真正的马克思主义者？如何评价赫勒的政治哲学以及她所坚守的社会主义？赫勒的政治哲学带给我们怎样的警示？……这些问题构成了今天我们需要继续研究赫勒、布达佩斯学派乃至于东欧新马克思主义等思想的意义所在，当然也是本书的意义所在，同时厘清这些问题也有助于抑制当前极端相对主义和虚无主义的趋势，更重要的是，今天在我们国家进行新时代社会主义建设的过程中重新回

---

① Simon Tormey, "Interviews with Professor Ágnes Heller（Ⅰ）", Budapest, $1^{ST}/2^{ND}$ July 1981, *Revista de Filosofía*, 1998, p. 29.

② Simon Tormey, "Interviews with Professor Ágnes Heller（Ⅰ）", Budapest, $1^{ST}/2^{ND}$ July 1981, *Revista de Filosofía*, 1998, p. 29.

③ 阿格妮丝·赫勒主编：《卢卡奇再评价》，衣俊卿等译，哈尔滨：黑龙江大学出版社 2011 年版，第 169 页。

到这些理论遗产中去，既能够避免很多过去曾经犯过的错误，又能够增强我们的"四个自信"。因此，下面首先对赫勒政治哲学中包含的道德因素这种很鲜明的特征进行概括，然后试图回答上面所提出来的有待思考的问题。

一、赫勒的政治哲学中，它包含着很强的道德因素，然而她又力图回避道德化的政治，这构成了赫勒政治哲学中非常重要的特征

"政治理论到底无涉于道德理论，还是与此密切相关？"这在政治学说史上是一个有争议的问题。在马基雅维利的政治理论中，政治无关于道德，他把国家看作是纯粹的组织权力的机构，他有句名言"只要目的正确，可以不择手段"。尽管马基雅维利的种种主张是基于当时意大利的现实情况以及他为建立一个共和制的统一国家而努力进行的尝试，但这种与道德无涉的政治观点又是后来的很多学者极力避免的，苏联学者沃尔科戈诺夫在找寻斯大林的错误时说过："最可怕的是，斯大林在政治中也没有为道德的价值找到应有的位置。他认为，一道工作的人告发自己的同事是'人民的敌人'，那才是最高尚的行为。"[①] 也就是说，如果这种政治观点盛行，如果相互告发被视为高尚行为时，那么整个社会就会重新堕入混乱的丛林状态中，而社会中的人也将不是真正的人，正是基于此，他才继续说道："不知为什么我们习惯于这样认为：人道主义，道德，一般人的道德准则，据说都是'小资产阶级人道主义'和劝善范围的东西。可是道德的出现先于政治的、法律的、甚至宗教的意识。当人们最早产生对自觉交往的需要时，就产生了道德。离开了道德，人永远不能成其为人。"[②] 从这层意义上说，道德先于政治、法律，在人类社会中，道德与政治都是交织在一起。无疑，坚持道德与政治密切相关也是赫勒的政治哲学所主张的观点，她曾多次强调，在公共的政治领域应保持道德的位置，因此她强调公民美德、政治的道德规范等，在这一点上，她与马基雅维利区分开来，更多地走向了亚里士多德的共和主义思

---

① 德·安·沃尔科戈诺夫：《胜利与悲剧》（第一卷），张慕良等译，北京：世界知识出版社1990年版，第294页。
② 德·安·沃尔科戈诺夫：《胜利与悲剧》（第一卷），张慕良等译，北京：世界知识出版社1990年版，第295页。

想。然而她也一再强调道德并不属于某个领域，而是作为众多领域的共同场景而存在，正是因为她很清楚道德化的政治是危险的、能够带来恐怖的政治，因此她才反复强调要避免道德与特定的政治领域的深度融合。

在布达佩斯学派中谈论道德与政治的错误联结及其危害最多的人则是费赫尔，因此，在这部分中我们稍微向外扩展些，主要谈费赫尔对道德化政治的批判。费赫尔对道德化政治的批判主要是通过分析法国大革命中的雅各宾派和罗伯斯庇尔来进行的。当然，对雅各宾派的分析过程中必然绕不开的一个人，那就是卢梭以及他的政治思想，因此费赫尔的分析也涉及了卢梭的理论以及卢梭的卡桑德拉（Cassandra）预言，在这里先从卢梭的社会契约论以及公意、道德共同体进行分析。

卢梭的公意理论是在他所订立的社会契约论中提出的，它是社会契约的基础和内容。卢梭的社会契约论也是始于自然状态中的人们不能保护自己，其生存受到威胁，于是在不能产生新力量的情况下，只能运用并结合自身的力量来达到自保的目的，在这种情况下，人们就需要订立契约。但是卢梭的社会契约与洛克和霍布斯的社会契约论存在着差异，他考虑的社会契约是在为个人提供保障的同时又需要让渡个人全部的自由、财产等与生俱来的权利，诚如他所说：社会契约所要解决的根本问题就是"要寻找出一种结合的形式，使它能以全部共同的力量来卫护和保障每个结合者的人身和财富，并且由于这一结合而使得每一个与全体相联合的个人又只不过是在服从其本人，并且仍然像以往一样地自由。"① 而这样订立出来的契约实质上是卢梭著名的一个理念"公意"的体现，因为这个契约的条款可以简化为一句话：每个结合者连同自己的所有权利全都转让给所在的这个集体。正是在这里也可以看到卢梭和洛克以及霍布斯契约论的不同，后两者所谓的权利转让是部分转让，而卢梭的则要求全部转让。为什么会这样？卢梭也进行了进一步的解释，他认为，首先，每个人把自己的全部贡献出来，如果参与订立契约的所有人都这样做的话，那就意味着人人平等，因此就没有人会成为别人的负担；其次，这种转让是全部的、毫无保留的，因为如果有的人全部转让，而有的人保留了某些权利的话，那么就容易演变成暴政或者契约成为一纸空文的状态；最后，如果所有的人向共同体全部地、毫无保留地贡献

---

① 卢梭：《社会契约论》（第3版），何兆武译，北京：商务印书馆2003年版，第19页。

了自己和自己的权利，那么就意味着人们并没有向任何个人贡献自己。在做了如上的具体解释后，卢梭认为，如果抛开一切非本质的东西，那么社会公约可以简化为以下内容："我们每个人都以其自身及其全部的力量共同置于公意的最高指导之下，并且我们在共同体中接纳每一个成员作为全体之不可分割的一部分。"① 由此可见，正是在这里，公意形成，它高于个人，来源于订立契约的人们的完全转让权利。

在卢梭的解释中，人们由订立契约而结合成的这个共同体是一个道德的共同体，它因为所有人毫无保留地转让自身的权利而获得了同一性，同时也获得了生命和意志，而所谓的共和国则指的是这个由全体个人的结合所形成的公共人格，当它主动时，它就是主权者。同时，为了避免订立的这个契约成为空头文件就需要进一步规定它，因而它内在包含着这样的内容："任何人拒不服从公意的，全体就要迫使他服从公意。"② 卢梭认为，如果没有这一规定，契约就是荒谬的，并且容易遭到滥用。概括起来，由公意支撑的这个共同体有两个特征：它是一个道德共同体，在这一共同体中，道德和政治密切相连；它具有强制性，这种强制性来源于共同体中的其他人和主权者。尽管在这个契约中，卢梭本意是为了保证契约的有效性和公意的统一性，而且他也区分了公意和众意，即前者着眼于公共利益，它是不可分割的统一体，而后者着眼于私人利益，它只是个人意志的总和。但是公意中也潜藏着危险：公意有被操纵的可能。尽管卢梭强调为了很好地表达公意，国家内部不能有派系的存在，即便如此，如果这个共同体足够大，使得每个人无法直接面对全体中的其他人时，那么通过中介力量所表达的个人意志难免会发生歪曲，最终导致的结果是即便没有派系以及派系斗争，公意仍然可以被某些政客操纵反过来清除它所认定的道德恶人。

费赫尔也正是看到了这种潜在的危险，所以他在分析法国大革命中雅各宾派的恐怖政治时才详细分析了道德政治和道德共同体引发的后果。费赫尔认为，公意面临着人类学的困境，"公意并不等于个别意愿的总和，它更是共同构成人民（le peuple）的每个公民的'共和国的意志'。在这个意义上，人类作为公民，作为**道德人和集体**（êtres moraux et collectifs），有着不可让渡的自由法则的能力。而且，一旦建立起来，**公意**

---

① 卢梭：《社会契约论》（第3版），何兆武译，北京：商务印书馆2003年版，第20页。
② 卢梭：《社会契约论》（第3版），何兆武译，北京：商务印书馆2003年版，第24页。

就不能被破坏。但是，参与进这个集体意志的个体成员可以被成群结队地毁灭，从卢梭关于当代文明的悲观论出发，他认为这种情况是极其可能发生的。"① 也就是说，费赫尔认为公意的设想虽然很美好，然而一旦在现实中实施它就有可能会造成对个人的压制，甚至会造成个人的牺牲。费赫尔之所以注意到公意的这个困境，就在于他认为卢梭所设想的公意和道德共同体与他对文明的悲观态度之间存在着张力。众所周知，卢梭对待文明的发展一直持着悲观的怀疑态度，因而费赫尔将他所说的话称作为"卡桑德拉预言"，卢梭的预言正如费赫尔所概括的那样：不要相信所谓的理性胜利进军，不要相信在奢华财富的"人造文明"、被宠坏的心灵和变态需要等方面的进步，不要相信利己主义，不要相信会有一些自信的药方，它们是有助于建立一个自由和理性社会的简单方法。即使这个方案是完全可行的，那也是无比复杂的，比由现代世界中骗人的哲学家们专为轻信的人类所设计的方案复杂得多。②

那么面对公意的这种人类学困境如何进行补救呢？费赫尔说道，哲学的革命者们有两种补救方法，其中的一种就是雅各宾派宣称并相信道德化的政治和政治化的道德的方式。正如他所说的那样："雅各宾派想要达到的目标是，为了一个'正确'的共和政治打破恶性循环，这种共和政治可以用现实和完整的形式达到公意，前提是所有参与者在道德上都是善的。同时，在一个腐朽文明当中道德的善只能通过一个正确的共和政治来获得。雅各宾派坚信，他们是通过宣称道德政治和政治道德来达到目标的。"③ 进而，雅各宾派理解的共和国也是公意的转化，它内在地包含两个要素："首先，从与个人野心、贪婪和利己主义相比，它被看作是'社会'时空扩展和集体意志。其次，与所有革命中的政治敌人相比，它被看作美德的体现和协商，而这些政治敌人在教化的政治和政治化的道德中呈现出'腐败'和'邪恶'。"④ 从这里可以看到，雅各宾派

---

① 费伦茨·费赫尔：《被冻结的革命：论雅各宾主义》，刘振怡、曹丽新译，哈尔滨：黑龙江大学出版社 2014 年版，第 70 页。
② 费伦茨·费赫尔：《被冻结的革命：论雅各宾主义》，刘振怡、曹丽新译，哈尔滨：黑龙江大学出版社 2014 年版，第 66 页。
③ 费伦茨·费赫尔：《被冻结的革命：论雅各宾主义》，刘振怡、曹丽新译，哈尔滨：黑龙江大学出版社 2014 年版，第 71—72 页。
④ 费伦茨·费赫尔：《被冻结的革命：论雅各宾主义》，刘振怡、曹丽新译，哈尔滨：黑龙江大学出版社 2014 年版，第 74 页。

所理解的体现着公意的共和国中道德占有很重要的位置，或者说它就是道德的，凡是不符合其道德标准的就是敌人，反之就是朋友。对于雅各宾派力图要建立的这种包含强烈美德或者德性内容的共和国，费赫尔认为它是一个需要绝对的道德基础的术语，而"美德或者德性"本身又恰恰是一个非绝对的中性词。之所以这样说，是因为在不同的解释者那里它包括着不同的内容，在罗伯斯庇尔那里，美德意味着平等，而且是绝对的平等，"我说的美德，就是热爱祖国和祖国的法律，而不是什么别的东西。但是，因为共和国政体或民主的实质是平等，所以应当得出这样的结论：热爱祖国必须包括热爱平等在内。"① 这意味着什么呢？意味着革命者为了达到实质的平等，可以操纵美德，以阻碍美德或者美德的名义压制或者清除他们眼中的敌人。这就是费赫尔分析的卢梭的德性共和国的方案在现实中可能会演化为恐怖的场景，尽管费赫尔也强调卢梭的哲学不是法国大革命发生的原因，这意味着卢梭不必为法国大革命中的恐怖政治承担责任，但人们却可以说法国大革命与卢梭的哲学密切相关。

　　费赫尔在分析雅各宾专政时也提到了受卢梭的影响而产生的另一个因素——同情心——也至关重要。通常来说，同情心是一个正面的词汇，因为同情他人的不公正待遇，因此呼吁要改变现状，但正如费赫尔所说，同情心有着一张雅努斯的脸，它有双面性的特征：一方面，它对于别人的痛苦遭遇感到惊愕，强烈要求减缓或者消除这种痛苦，超越人造文明的"正常的"利己主义，当然这是哲学革命的伟大道德贡献，而另一方面，由于救赎性专制主义，它呈现出一种危险的形式。哲学革命者把他自己视为绝对善的储存库，一个人可以提取任何东西的宝库，只要他是沿着革命的方向前进的，这个方向预示着所有人类痛苦的消除。正是由于同情心具有这两个方面，因此费赫尔说，对抗制宪会议反对死刑的罗伯斯庇尔与恐怖系统重要头目的罗伯斯庇尔是同一个人。正是在不断的同情中，在不断的希求变革中，他才能找到自身存在的价值和意义，也才有归属感，因而这就造成了恐怖性的统治，由同情心的正面意义开始的事业走向了其反面。费赫尔在分析这一点时，实质上也表明他并不赞同救赎政治的看法，现实中任何想要救赎世界的革命者或者救赎者都有可能滑向救赎的反面，演变成压制的力量，从而发生现实的灾难和悲剧。

---

① 罗伯斯比尔：《革命法制与审判》，赵涵舆译，北京：商务印书馆1979年版，第172页。

也正是为了避免这种灾难,赫勒虽然在其政治哲学中也强调道德因素,但是她并不主张道德化的政治,而是强调了政治领域与道德领域之间的区分,她尽管提倡公民的美德,但其共和制的构想一直坚持自由的价值,坚持对称性互惠的重要作用,避免家长式的管理模式。

此外,费赫尔也通过分析罗伯斯庇尔这个人物来表达道德化政治会给人们和社会带来灾难和悲剧。在政治领域中,一个将自己看做是最高主宰并把自己看作是最终的道德裁决人时,那么这个人就有施行恐怖行为的可能,如果这样,人类社会必然陷入悲剧的境地中。

在分析罗伯斯庇尔这个人时,不能否认他的初衷可能是美好的,即在面对信仰危机、政治危机、道德危机等各种危机时,理性试图要重建一个人为的、和谐的社会秩序,因而最高主宰就面临着一个任务:建立道德共和国,即要为共和国提供一种道德基础,而且对于罗伯斯庇尔而言,"人民的幸福"是政治议程中的主要内容,这一点很容易让我们想起康德的道德理论,对于这一点,费赫尔也进行了比较,他说道:"因此,在并不曾知晓伊曼努尔·康德(Immanuel Kant)这个名字的情况下,他在这一点上就像其他许多人一样,和康德有着惊人的一致(当然,他们之间有着根本不同之处),因为康德主张尽管自由寻求统一,但对幸福的追求却是不同的。罗伯斯庇尔在'利己主义'中找到了追求幸福这种造成分裂影响之根源,并准备运用恐怖之剑来对付富人的'利己主义',甚至准备用高压手段来限制敌人。"① 也就是说罗伯斯庇尔和康德的目标是一致的,但是对于实现目标的方式却截然不同,现实表明,恐怖主义手段并不能实现崇高的目标,只会导致现实社会出现更大的混乱和无序状态。因此费赫尔认为罗伯斯庇尔树立最高主宰崇拜是一项长期的活动,其最终的目的是想把道德戒律变成约束力很强的法律法规,以此使得政治制度建立在严格的道德基础之上。

最后,费赫尔也谈到了一个领袖如果把自己塑造成政治道德家的话,那是比较糟糕的方式,对于这一点,费赫尔赞同康德的理论。康德虽然主张道德与政治的结合,但应该避免一种错误的结合方式,即"政治道德家"的方式。而且康德还列举了政治道德家的三条邪恶准则:做了再说;如果做了,就不要承认;分而治之。这类政治道德家因为遵循邪恶

---

① 费伦茨·费赫尔:《法国大革命与现代性的诞生》,罗跃军等译,哈尔滨:黑龙江大学出版社 2010 年版,第 219 页。

准则，因而他们比实用主义政治家或者其他政治家们要坏得多。而且，他们力图使道德律成为自己的政治准则，并且认为自己的任务就是尽可能地把存在的理由和道德律协调起来。也就是说，道德政治家将自己等同于新确立的神祇，是道德上完满的人，而且拥有一双能够洞察别人的双眼，拥有巨大的监督能力。特别是在恐怖状态建立起来时就更可怕，对于这一点，史蒂文·史密斯说得很明确："在法国大革命期间，当恐怖统治建立起来，去清除民族中所有那些被怀疑具有不纯洁思想的'人民的敌人'时，这当然是千真万确的。当公安委员会的成员们，即那些被委托去监督共同善的人，甚至连他们自己的动机都开始怀疑时，大革命就吞噬了自己。在这种环境下，怀疑然后公开指责自己的邻居、朋友和同事的那种诱惑就变得难以抗拒了。"① 无论怎样，罗伯斯庇尔注定是个悲剧性的人物，他所主张的道德化的政治或者赞同的道德政治家走入了困境：在上帝死了、诸神走下神坛的时代怎么会有如上帝或者如神一般完满的人呢？是谁赋予平凡之人能够洞穿别人是否道德完满的能力？

二、如何看待马克思主义和社会主义是值得我们继续深思的问题

这主要源于瓦伊达以及布达佩斯学派的终结，之前已经说过这一学派的终结是因为瓦伊达在看待马克思主义和社会主义的看法上与其他三位代表人物产生了分歧。前面也说过，赫勒在接受访谈时谈到了这场分歧，瓦伊达认为，社会主义不能战胜资本主义，社会主义和马克思主义是毫无价值的想法。对于这种说法，我们也可以从瓦伊达在1981年出版的《国家与社会主义》这部著作的导言中读到："我花费了相当长一段时间才理解到马克思主义复兴的观点不再适合我了。这种复兴要么会再次产生一场左派激进的先驱运动，某种如共产主义运动起初发生的那样，要么会直接充当一种虚弱的智力之梦，充当镇定和抚慰我们良心的药剂：我们没有放弃什么，我们正在维护我们神圣的人类价值，如果这个世界不需要我们的人道主义的社会主义（清除了一切偏见和危险教条），那么情况将变得更坏。我不想在这些可供选择的方案中选任何一个，所以，我别无选择，只能承认，要放弃的正是马克思的方法，而不仅仅是他的

---

① 费伦茨·费赫尔：《法国大革命与现代性的诞生》，罗跃军等译，哈尔滨：黑龙江大学出版社2010年版，第263页。

考察结果,不仅仅是对这个或那个论点的信仰。"① 从这段话以及赫勒的说法中可以看到,正是因为瓦伊达对社会主义和马克思主义看法的彻底改变,才导致了布达佩斯学派的终结。尽管瓦伊达因为对当时匈牙利的社会现实以及斯大林式的社会主义和还原论的马克思主义太失望了才说出上面的话,但在赫勒看来,瓦伊达这样的说法解构了布达佩斯学派存在的最基础的东西,因为这一学派的兴起源于复兴马克思主义,如果瓦伊达认为马克思主义毫无价值,马克思主义的方法和结果都需要放弃的话,那么布达佩斯学派也就不存在了。我们如何看待瓦伊达的这种放弃?在某种意义上可以说瓦伊达将斯大林主义与社会主义混同起来,最终在反对斯大林主义的同时也放弃了复兴马克思主义的事业和对社会主义的坚持,从而重新回到资本主义的怀抱,赫勒则与之相反,她在毫不留情地批判斯大林主义以及斯大林式社会主义的同时,将之与真正的马克思主义和真正的社会主义相区别开来。

实际上,如果仔细品读瓦伊达的这段很悲情的话,其中包含着值得我们深思和玩味的问题:马克思主义理论中,如果在解释权力的含义以及它的起源时,我们不用还原论的观点来解释,即如果我们不从经济的角度来解释它以及它的起源,而采用瓦伊达所说的权力是规则的集合这一角度来解释的话,那么我们如何回答"规则到底是如何产生的"这一问题?那与之相连的一系列问题就是:我们应该坚持怎样的马克思主义?新的时代马克思主义对我们有怎样的意义?资本主义社会真的是人类社会最终的社会形态吗?斯大林模式的社会主义之后,我们如何看待社会主义?进而,我们如何对待西方社会占主流的自由主义意识形态?因此,瓦伊达的做法以及布达佩斯学派的解体并不是终点,它提醒我们在西方资本主义社会与原来相比发生了很大变化的时候,更应该深入研究和发展马克思主义,并且思考真正的社会主义的构建问题。

在本书即将完成之时,中美之间的贸易战围绕着具体的问题正在愈演愈烈。对这场贸易战的分析,尽管人们可以从经济、政治等角度来加以分析,但从意识形态角度进行分析也不容忽视,对此,我比较赞同国内学者高善文的看法,他在《贸易摩擦的背后,是国运的彼此较量》的网文中谈到这场贸易战也可以看作是美国维护本国国家利益的表现,美

---

① 米哈伊·瓦伊达:《国家与社会主义》,杜红艳译,哈尔滨:黑龙江大学出版社2015年版,导言第7页。

国国家利益中的一个层次就是维护自己的意识形态、价值观念和生活方式，并在全球范围之内对此进行推广。而中国在加入 WTO 后随着经济实力的越来越强大，却没有认可和接纳美国的意识形态和价值观念，反而日益背离，这引起了美国的警惕和反思，也影响到了美国对华的各项政策。这足以说明，时至今日意识形态、价值观念之间的竞争仍然真实而潜在地进行，而且它是国家利益的重要组成部分，因此，在我国坚持的社会主义道路、马克思主义以及马克思主义信仰也至关重要，学者可以从各个角度重新诠释它们，但却不可以扔掉或者否定它们。正如赫勒在谈到布达佩斯时所说的那样，她认为，布达佩斯学派的确在解构着马克思主义，但是解构的目的是想让它以某种方式在场。

无论怎样，在经历了一系列 20 世纪的事件后，不能回避的一个事实是，在今天人们已经无法彻底抛弃、割断马克思主义的传统，正如拉克劳所说的那样："任何值得尊重的知识传统从来都不相信它已经完全解决了与过去的纠葛。难道我们真的彻底终结了亚里士多德、康德和黑格尔？当然不是，更不用说马克思了。知识的历史是一个不时再现过去的循环运动，结果导致了不断的更新和再发生的过程。在这一意义上，这是'新'主义和'后'主义的领域。超越就是去重新发现。"[1] 同时，以马克思主义的立场来说，在今天我们也不能回避人类社会终将走出资本主义社会、走向社会主义和共产主义的社会发展趋势。从这种意义上来说，尽管瓦伊达失望之余力图要割断和马克思主义传统以及与社会主义的联系，但是这一传统仍然留存在那里，随着时代的发展，仍然会在哲学家的不断解构和超越中在场。因此，与瓦伊达的态度相反，很多哲学家转换了方向，他们更多的是在不断解构和建构这一传统中发展了马克思主义，并力图构建社会主义。这其中就包括赫勒，她在谈到瓦伊达时，表达了自己不同的态度："布达佩斯学派在解构马克思主义；不是拒斥，不是推出去，而是不断地系统的解构。解构到最后人们可能说'它消失了'，但是我们并没有那样做，因为我们感到那不是我们的任务。我们解构马克思主义，但是我们想说，它以某种方式继续存在着。"[2] 这段话表

---

[1] 恩斯特·拉克劳：《我们时代革命的新反思》，孔明安、刘振怡译，哈尔滨：黑龙江人民出版社 2006 年版，第 243—244 页。

[2] Simon Tormey, "Interviews with Professor Ágnes Heller (I)", Budapest, $1^{ST}/2^{ND}$ July 1981, *Revista de Filosofía*, 1998, p. 37.

明了赫勒对待马克思主义和社会主义一贯的态度，尽管她在承继马克思思想的过程中，对后来的马克思主义和斯大林式社会主义有质疑和批评，但是她对马克思主义和社会主义始终抱有信心，这也为我们建设中国特色的社会主义提供了有益的指导。

三、如何理解赫勒一直强调的自己是真正的马克思主义者？

赫勒在接受西蒙·托米的采访时一直强调她自己是马克思主义者，尽管别人并不承认她是马克思主义者，但她却说她并不是正统意义上的马克思主义者。如何理解赫勒的自我定位是一个需要明确的问题。在我看来，她所说的马克思主义者并不是从传统的教条主义式的继承马克思和恩格斯理论的意义上来谈的，也不是从斯大林式的马克思主义意义上来谈的，而是从是否创造性地发展马克思主义的意义上来评判一个人到底是不是马克思主义者。如果从这一意义上来评价赫勒的话，那么赫勒的确如她所说的那样是真正的马克思主义者。

之所以这样说，**首要的原因在于她创造性地发展了马克思的思想**。她早期在对马克思的需要理论的解读中明确提出了"激进需要"、从马克思的特性的人中发掘出特性与个性的范畴、对马克思和卢卡奇所强调的个人与类本质之间的联系的继承等，所有的诸多前面已经介绍的思想都可以表明赫勒对马克思思想的继承和丰富。当然在新的科技理性一体化的背景下，她也创造性地发展了马克思思想中的革命主题，即在新的历史背景下需要进行日常生活革命的问题。因此，从这一点上可以看到她是真正的马克思主义者。**其次，她真正继承了马克思的批判的精神和方法**。我们知道马克思最核心的精神就是基于实践基础上的批判精神，马克思在对现实的资本主义社会的种种批判中体现了这种精神，而赫勒也继承了这一精神，她继续对西方社会进行全方位的批判，不仅如此，因为匈牙利特殊的社会背景，她也对斯大林主义进行深刻的批判，这种批判能够为我们坚持怎样的马克思主义和社会主义提供了有益的借鉴。**最后，一旦选择后，她矢志不渝地持有着马克思主义中蕴含的社会主义的信仰**。在前面的论述中已经说过，赫勒选择了跟随卢卡奇力图要成为一个哲学家以及追随他的复兴马克思主义的目标后，就一直坚守着她的选择，而这种选择也是她一生践行的生存的选择，无论卢卡奇本人的境遇如何，无论社会主义遭受了怎样的挫折和低谷，她都没有放弃跟随卢卡奇以及坚持社会主义的信仰。在这一点上她不同于瓦伊达的态度。瓦伊达认为，未来社会主义并不能战胜资本主义，资本主义是永恒的。这种断言在赫勒看来意味着瓦伊达认为他自己具有预言性的力量，他知道将来是什么。而这恰恰是赫勒所弃绝的态度，因为人不是全知全能的神，永远不知道未来一定会怎样。因此，她并不同于瓦伊达对社会主义的态度和做法。当然赫勒也不同于传统马克思主义的态度，在传统马克思主义看来，未来社会主义一定会战胜资本主义获得胜利。而赫勒则立足于当前，对于将来采取悬置的态度，对于未来她认为我们并不能进入到将来，我们现在能够做的就是立足于现在坚持的社会主义的道路。在这里需要注意的一点就是：她将社会主义和社会主义社会做了一个区分，她接受前者，但拒绝接受后者，因为在她看来，后者的说法并没有太大的意义。

纵观赫勒的整个政治哲学乃至她的整个思想，很多时候都是建立在相互矛盾的范畴之间小心翼翼的平衡上。日常生活的三种领域、现代性的三种逻辑、每种逻辑内部的各个范畴之间、现代性的两种想像……一旦这种平衡被打破，无论是现代性还是日常生活都处在危险之中，人们也将堕入虚无主义的境地中。因此，她对政治哲学以及后期对道德哲学的阐述表面上看起来是希望告诉现代人"我们应该做什么？"等问题，实际上是对存在的思考，她通过对其意义的思考来思考存在本身，正如海德格尔曾经指出："只要存在进入此在的理解，追问存在的意义就是追问存在本身。"① 也就是说，对于赫勒这个此在来说，她通过对现代性的探寻，通过对其能否幸存以及如何幸存的思索来追问存在的意义，通过这一追问来揭示存在本身。在上帝不在的世界中，人们如何存在、如何行动，才能不会走入到生存的虚无主义境地中去，因此，从根本意义上说，她的政治哲学是对这一大问题的具体思考的成果。

坦白地说，本书的最后其实留下了很多未决的问题，我想这主要源于现代社会的开放性和未定性特征。还需要说明的是：本书的完成不仅仅是一个暂时的终结，而且是进一步评论的开始，赫勒以及布达佩斯学派这些思想家们留下来的思想遗产还有待继续挖掘。总的来说，他们的

---

① 海德格尔：《存在与时间》，陈嘉映、王庆节译，北京：商务印书馆2018年版，第195页。

思想存在着很多共同之处或者相似之处：他们都直接或者间接地受了反犹主义浪潮的影响；他们都是20世纪五六十年代的"修正分子"；他们都坚定地批判着法西斯主义和斯大林式社会主义；虽然瓦伊达对乌托邦的热情不是很高，但是他们都在身体力行地践行着激进乌托邦，进行微观领域的批判和变革，虽然瓦伊达最终放弃了这一学派最初的目标，但这并不意味着他对马克思主义和社会主义的思考毫无价值；他们都肯定自由、平等、生命等价值的作用；他们也都强调道德主体和道德选择的重要性。所有的这些共同点足以说明尽管这个世界有时候很丑恶，尽管还存在着很多不确定性，但他们内心中仍然没有绝望，而是充满着希望，这也为他们以及现代人的生存提供一个基础，这样的态度让我想起了萨特的态度以及萨特的希望，他毕生追求的就是个体的绝对自由、与之相伴的绝对责任，以及在此基础上的道德共同体，因而他对现世也充满着希望，此书就以萨特最后一次访谈中所说的一段很著名的话结束吧：

"不管怎样，这世界似乎显得丑恶、不道德而又没有希望。这是一个老人的平静的绝望，而他将在这种绝望之中死去。但是我抵制的恰恰就是绝望，而我知道我将在希望之中死去；但必须为这种希望创造一个基础。"[1]

---

[1] 萨特：《存在主义是一种人道主义》，周煦良，汤永宽译，上海：上海译文出版社2012年版，第113页。

参考文献

一、中文和译文文献

[1]《马克思恩格斯全集》(第3卷),北京:人民出版社1960年版。

[2]《马克思恩格斯全集》(第25卷),北京:人民出版社2001年版。

[3]《马克思恩格斯选集》(第1—4卷),北京:人民出版社2012年版。

[4] 马克思:《1844年经济学哲学手稿》(单行本),北京:人民出版社2000年版。

[5]《列宁选集》(第1卷),北京:人民出版社2012年版。

[6]《列宁专题文集:论马克思主义》,北京:人民出版社2009年版。

[7] 纳吉·伊姆雷:《为了保卫匈牙利人民》,南晓译,北京:人民出版社1983年版。

[8] 卢卡奇:《历史与阶级意识》,杜章智等译,北京:商务印书馆1999年版。

[9] 卢卡奇:《审美特性》(上,下),徐恒醇译,北京:社会科学文献出版社2015年版。

[10] 卢卡奇:《民主化的进程》,张翼星、夏璐译,北京:中国人民大学出版社2016年版。

[11] 波兰尼:《大转型:我们时代的政治与经济起源》,冯钢等译,杭州:浙江人民出版社2007年版。

[12] 栗本慎一郎:《布达佩斯的故事》,孙传钊译,上海:上海三

联书店 2012 年版。

[13] 赫勒：《日常生活》，衣俊卿译，哈尔滨：黑龙江大学出版社 2010 年版。

[14] 赫勒：《人的本能》，邵晓光等译，沈阳：辽宁大学出版社 1988 年版。

[15] 赫勒：《历史理论》，李西祥译，哈尔滨：黑龙江大学出版社 2015 年版。

[16] 赫勒主编：《卢卡奇再评价》，衣俊卿等译，哈尔滨：黑龙江大学出版社 2011 年版。

[17] 赫勒：《激进哲学》，赵司空、孙建茵译，哈尔滨：黑龙江大学出版社 2011 年版。

[18] 赫勒：《后现代政治状况》，王海洋译，哈尔滨：黑龙江大学出版社 2011 年版。

[19] 赫勒：《现代性理论》，李瑞华译，北京：商务印书馆 2005 年版。

[20] 安德拉什·赫格居什、阿格妮丝·赫勒等：《社会主义的人道主义》，文长春、王静译，哈尔滨：黑龙江大学出版社 2014 年版。

[21] 费伦茨·费赫尔：《法国大革命与现代性的诞生》，罗跃军等译，哈尔滨：黑龙江大学出版社 2010 年版。

[22] 费伦茨·费赫尔：《被冻结的革命：论雅各宾主义》，刘振怡、曹丽新译，哈尔滨：黑龙江大学出版社 2014 年版。

[23] 米哈伊·瓦伊达：《国家与社会主义》，杜红艳译，哈尔滨：黑龙江大学出版社 2015 年版。

[24] 卡莱尔·科西克：《现代性的危机——来自 1968 时代的评论与观察》，管小其译，哈尔滨：黑龙江大学出版社 2014 年版。

[25] 米沃什：《被禁锢的头脑》，乌兰、易丽君译，南宁：广西师范大学出版社 2013 年版。

[26] 科拉科夫斯基：《自由、名誉、欺骗和背叛——日常生活札记》，唐少杰译，哈尔滨：黑龙江大学出版社 2011 年版。

[27] 莱泽克·科拉科夫斯基：《经受无穷拷问的现代性》，李志江译，哈尔滨：黑龙江大学出版社 2013 年版。

[28] 雷德拉格·弗兰尼茨基：《马克思主义与社会主义》，杨元恪，

陈振华译，哈尔滨：黑龙江大学出版社 2014 年版。

[29] 李晓晴：《激进需要与理性乌托邦——赫勒激进需要革命论研究》，哈尔滨：黑龙江大学出版社 2011 年版。

[30] 傅其林：《阿格妮丝·赫勒审美现代性思想研究》，成都：巴蜀书社 2006 年版。

[31] 赵司空：《后马克思主义与后现代的乌托邦—阿格妮丝·赫勒后期思想述评》，上海：上海社会科学院出版社 2013 年版。

[32] 修昔底德：《伯罗奔尼撒战争史》，徐松岩、黄贤全译，南宁：广西师范大学出版社 2004 年版。

[33] 雅各布·布克哈特：《意大利文艺复兴时期的文化》，何新译，北京：商务印书馆 1979 年版。

[34] 罗伯特·拜德勒克斯，伊恩·杰弗里斯：《东欧史》（上、下），韩炯等译，上海：东方出版中心 2013 年版。

[35] 罗兰·斯特龙伯格：《西方现代思想史》，刘北成，赵国新译，北京：金城出版社 2012 年版。

[36] 萧高彦：《西方共和主义思想史论》，北京：商务印书馆 2016 年版。

[37] 马克·科兰斯基：《1968：撞击世界之年》，洪兵译，北京：民主与建设出版社 2016 年版。

[38] 德·安·沃尔科戈诺夫：《胜利与悲剧》（第一卷），北京：世界知识出版社 1990 年版。

[39] 弗朗索瓦·多斯：《从结构到解构》（上卷），季广茂译，北京：中央编译出版社 2004 年版。

[40] 尼古拉斯·布宁、余纪元：《西方哲学英汉对照词典》，北京：人民出版社 2001 年版。

[41] 亚里士多德：《政治学》，吴寿彭译，北京：商务印书馆 1983 年版。

[42] 亚里士多德：《尼各马可伦理学》，廖申白译注，北京：商务印书馆 2003 年版。

[43] 西塞罗：《论义务》，王焕生译，北京：中国政法大学出版社 1999 年版。

[44] 罗伯斯比尔：《革命法制与审判》，赵涵舆译，北京：商务印

书馆 1979 年版。

[45] 康德：《道德形而上学原理》，苗力田译，上海：上海人民出版社 2005 年版。

[46] 黑格尔：《法哲学原理》，范扬、张企泰译，北京：商务印书馆 1961 年版。

[47] 基尔克果：《或此或彼》（上下部），阎嘉译，北京：华夏出版社 2007 年版。

[48] 卢梭：《社会契约论》（第 3 版），何兆武译，北京：商务印书馆 2003 年版。

[49] 尼采：《悲剧的诞生》，周国平译，北京：生活·读书·新知三联书店 1986 年版。

[50] 尼采：《权力意志》（上，下卷），孙周兴译，北京：商务印书馆 2011 年版。

[51] 海德格尔：《尼采》（上，下卷），孙周兴译，北京：商务印书馆 2002 年版。

[52] 海德格尔：《存在与时间》，陈嘉映、王庆节译，北京：商务印书馆 2018 年版。

[53] 海德格尔：《演讲与论文集》，孙周兴译，北京：生活·读书·新知三联书店 2005 年版。

[54] 萨特：《存在与虚无》，陈宣良等译，合肥：安徽文艺出版社 1998 年版。

[55] 萨特：《存在主义是一种人道主义》，周煦良，汤永宽译，上海：上海译文出版社 2012 年版。

[56] 恩斯特·布洛赫：《希望的原理》（第 1 卷），梦海译，上海：上海译文出版社 2012 年版。

[57] 悉尼·胡克：《理性、社会神话和民主》（中译本），金克、徐崇温译，上海：上海人民出版社 2006 年版。

[58] 霍克海默：《批判理论》，李小兵等译，重庆：重庆出版社 1989 年版。

[59] 霍克海默、阿道尔诺：《启蒙辩证法》，渠敬东、曹卫东译，上海：上海人民出版社 2006 年版。

[60] 马尔库塞著：《单向度的人》，刘继译，上海：上海译文出版

社 2006 年版。

［61］弗洛姆：《逃避自由》，刘林海译，北京：国际文化出版社 2007 年版。

［62］哈贝马斯：《现代性的哲学话语》，曹卫东译，北京：译林出版社 2011 年版。

［63］哈贝马斯：《交往行动理论》（第 1 卷），洪佩郁等译，重庆：重庆出版社 1994 年版。

［64］哈贝马斯：《交往与社会进化》，张博树译，重庆：重庆出版社 1989 年版。

［65］米歇尔·福柯：《规训与惩罚：监狱的诞生》，刘北成、杨远婴译，北京：三联书店 1999 年版。

［66］拉米斯：《激进民主》，刘元琪译，北京：中国人民大学出版社 2008 年版。

［67］麦金太尔：《追寻美德：道德理论研究》，宋继杰译，北京：译林出版社 2011 年版。

［68］鲍曼：《现代性与大屠杀》，杨渝东、史建华译，北京：译林出版社 2011 年版。

［69］吉登斯：《现代性的后果》，田禾译，北京：译林出版社 2011 年版。

［70］佩里·安德森：《后现代性的起源》，紫辰、合章译，北京：中国社会科学出版社 2008 年版。

［71］尔夫冈·韦尔施：《我们的后现代的现代》，洪天富译，北京：商务印书馆 2004 年版。

［72］阿伦特：《人的境况》，王寅丽译，上海：上海人民出版社 2009 年版。

［73］阿伦特：《极权主义的起源》（第二版），林骧华译，北京：生活·读书·新知三联书店 2014 年版。

［74］罗尔斯：《正义论》，何怀宏、何包钢、廖申白译，北京：中国社会科学出版社 1988 年版。

［75］罗伯特·诺齐克：《无政府、国家与乌托邦》，何怀宏等译，北京：中国社会科学出版社 1991 年版。

［76］罗纳德·德沃金：《至上的美德：平等的理论与实践》，冯克

利译，南京：江苏人民出版社 2008 年版。

[77] 伯纳德·曼德维尔：《蜜蜂的寓言》（第一卷），肖聿译，北京：商务印书馆 2019 年版。

[78] 马歇尔·伯曼：《一切坚固的东西都烟消云散了》，徐大建、张辑译，北京：商务印书馆 2003 年版。

[79] 威尔·金里卡：《当代政治哲学》，刘莘译，上海：上海译文出版社 2011 年版。

[80] 恩斯特·拉克劳、查特尔·墨菲：《领导权与社会主义的策略》，尹树广、鉴传今译，哈尔滨：黑龙江人民出版社 2003 年版。

[81] 恩斯特·拉克劳：《我们时代革命的新反思》，孔明安、刘振怡译，哈尔滨：黑龙江人民出版社 2006 年版。

[82] 墨菲：《政治的回归》，王恒、臧佩洪译，南京：江苏人民出版社 2008 年版。

[83] 墨菲：《论政治的本性》，周凡译，南京：江苏人民出版社 2014 年版。

[84] 约翰·阿克顿：《自由史论》，胡传胜、陈刚、李滨、胡发贵等译，北京：译林出版社 2012 年版。

[85] 伯林：《自由论》，胡传胜译，北京：译林出版社 2003 年版。

[86] 古斯塔夫·勒庞：《乌合之众：大众心理研究》，冯克利译，北京：中央编译出版社 2004 年版。

[87] 约瑟夫·熊彼特：《资本主义、社会主义和民主》，杨中秋译，北京：电子工业出版社 2013 年版。

[88] 戴维·赫尔德：《民主的模式》，燕继荣译，北京：中央编译出版社 2004 年版。

[89] 施密特：《政治的概念》，刘宗坤、朱雁冰等译，上海：上海人民出版社 2015 年版。

[90] 加尔布雷思：《丰裕社会》，徐世平译，上海：上海人民出版社 1965 年版。

[91] 高宣扬：《当代政治哲学》（上、下卷），北京：人民出版社 2010 年版。

[92] 马细谱：《战后东欧——改革与危机》，北京：中国劳动出版社 1991 年版。

[93] 衣俊卿：《人道主义批判理论——东欧新马克思主义述评》，北京：中国人民大学出版社2005年版。

[94] 衣俊卿：《东欧新马克思主义精神史研究》，哈尔滨：黑龙江大学大学出版社2015年版。

[95] 孔明安等：《当代国外马克思主义新思潮研究》，北京：中央编译出版社2012年版。

[96] 顾肃：《自由主义基本理念》，北京：中央编译出版社2003年版。

[97] 赵汀阳：《论可能生活》（修订版），北京：中国人民大学出版社2004年版。

[98] 刘小枫主编：《施特劳斯与古典政治哲学》，上海：上海三联书店2002年版。

[99] 黄继锋：《东欧新马克思主义》，北京：中央编译出版社2002年版。

[100] 周凡：《后马克思主义导论》，北京：中央编译出版社2010年版。

[101] 金雁：《从"东欧"到"新欧洲"：20年转轨再回首》，北京：北京大学出版社2011年版。

[102] 包刚升：《民主崩溃的政治学》，北京：商务印书馆2014年版。

[103] 理查德·沃林：《阿格妮丝·赫勒论日常生活》，文长春译，载《学术交流》，2018年第7期。

[104] 尚塔尔·莫菲：《后马克思主义：民主与认同》，山小琪译，载《马克思主义与现实》，2008年第6期。

[105] 陈友海：《"形式民主"现象之大观》，载《紫光阁》，2008年第1期。

[106] 叶红：《欧文·豪——一位不该被历史风尘淹没的当代美国社会文化批评家》，载《外国文学动态》，2006年第2期。

[107] 刘擎：《反思共和主义的复兴：一个批判性的考察》，载《学术界》，2006年第4期。

二、英文文献

[1] Agnes Heller, *The Theory of Need in Marx*, St. Martin's Press,

1976.

[2] Agnes Heller, *Renaissance Man*, Routledge & Kegan Paul Ltd, 1978.

[3] Feher, F., Heller, A., and Markus, G., *Dictatorship over Needs*. St. Martin's Press, 1983.

[4] Agnes Heller, Beyond Justice, Basil Blackwell Ltd, 1987.

[5] Agnes Heller, *General Ethics*, Basil Blackwell, 1988.

[6] AgnesHeller, *Can Modernity Survive?* Polity Press, 1990

[7] Agnes Heller, *A philosophy of Morals*, Basil Blackwell Ltd, 1990.

[8] Agnes Heller, *An Ethics of Personality*, Basil Blackwell Ltd, 1996.

[9] FerencFeher and Agnes Heller, *Eastern Left*, *Western Left*: *Totalitarianism*, *Freedom and Democracy*, Polity Press, 1986.

[10] Mihaly Vajda, *The State and Socialism*, Allison & Busby, 1981.

[11] Vajda, Mihaly, Fascism as a Mass Movement, Allison & Busby, 1976.

[12] Douglas M. Brown, *Towards A Radical Democracy*: *The Political Economy of the Budapest School*, Unwin Hyman, 1988.

[13] JohnGrumley, *Agnes Heller*: *A Moralist in the Vortex of History*, Pluto Press, 2005.

[14] SimonTormey, *Agnes Heller*: *Socialism*, *Autonomy*, *and the Postmodern*, Manchester University Press, 2001.

[15] Simon Tormey: "Interviews with Professor Agnes Heller (Ⅰ)", *Revista de Filosofía*. No. 17, 1998.

[16] Simon Tormey: "Interviews with professor Agnes Heller (Ⅱ)", *Revista de Filosofía*, No. 18, 1999.

[17] *The essence is good but all the appearace is evil*—An Interview with Agnes Heller by Csaba Polony.

[18] Agnes Heller and Stefan Auer "An Interview Kith Agnes Heller" *Thesis Eleven*, May 2009.

[19] Cornelius Castoriadis, *The Castoriadis Reader*, Translated and Edited by David Ames Curtis, Blackwell Publishers Ltd, 1997.

[20] Agnes Heller. Past, Present and Future of Democracy. *Social Re-*

search. No. 4, 1978.

[21] Feher and Heller. Class, democracy, modernity. *Theory and Society*. No. 2, 1983.

[22] Agnes Heller: Marx and Modernity, *Thesis Eleven* No. 8, 1984.

[23] Agnes Heller, THE GREAT REPUBLIC, *Praxis International*. April 1985.

[24] Agnes Heller, The Three Logics of Modernity and the Double Bind of the Modern Imagination, *Thesis Eleven*, Number 81, 2005.

[25] Agnes Heller, The Three Logics of Modernity and the Double Bind of the Modern Imagination, *Thesis Eleven*, No. 1, 2005.

[26] Ángel Rivero, On The Desiderabilityof Neo-Republican Liberty, Paper presented at the ECPR Joint Sessions of Workshops, Edinburgh March-April 2003.

[27] Kaitlyn Tucker Sorenson, "*Dionysian Socialism?*": The Korčula Summer School as Kurort of the New Left, *Forum for Modern Language Studies*, No. 4, 2019.

图书在版编目（CIP）数据

阿格妮丝·赫勒政治哲学的现代性逻辑和民主诉求 / 王秀敏著. —北京：中央编译出版社，2023.5
ISBN 978-7-5117-4359-6

Ⅰ.①阿… Ⅱ.①王… Ⅲ.①阿格妮丝·赫勒（Agnes Heller 1929-2019）–政治哲学–哲学思想–研究 Ⅳ.①B515

中国国家版本馆CIP数据核字（2023）第034091号

阿格妮丝·赫勒政治哲学的现代性逻辑和民主诉求

责任编辑	彭永强　李媛媛
责任印制	刘　慧
出版发行	中央编译出版社
地　　址	北京市海淀区北四环西路69号（100080）
电　　话	（010）55627391（总编室）　（010）55627308（编辑室） （010）55627320（发行部）　（010）55627377（新技术部）
经　　销	全国新华书店
印　　刷	北京时捷印刷有限公司
开　　本	710毫米×1000毫米　1/16
字　　数	274千字
印　　张	17.25
版　　次	2023年5月第1版
印　　次	2023年5月第1次印刷
定　　价	85.00元

新浪微博：@中央编译出版社　　微信：中央编译出版社（ID: cctphome）
淘宝店铺：中央编译出版社直销店（https://shop108367160.taobao.com）　（010）55627331

本社常年法律顾问：北京市吴栾赵阎律师事务所律师　闫军　梁勤
凡有印装质量问题，本社负责调换，电话：（010）55626985